O MEMORANDO DA «TROIKA» E AS EMPRESAS

O MEMORANDO DA «TROIKA» E AS EMPRESAS

José Casalta Nabais
Suzana Tavares da Silva
Ana Maria Rodrigues
Maria Odete Oliveira
Joana Nunes Vivente
João Reis,
Jorge Leite
J. M. Coutinho de Abreu
Alexandre Soveral Martins
Carolina Cunha

O MEMORANDO DA «TROIKA» E AS EMPRESAS

AUTORES
José Casalta Nabais, Suzana Tavares da Silva,
Ana Maria Gomes Rodrigues, Maria Odete Oliveira,
Joana Nunes Vivente, João Reis, Jorge Leite
J.M. Coutinho de Abreu, Alexandre Soveral Martins
Carolina Cunha

EDITOR
EDIÇÕES ALMEDINA, S.A.
Rua Fernandes Tomás n.ºs 76, 78, 80
3000-167 Coimbra
Tel.: 239 851 904 · Fax: 239 851 901
www.almedina.net · editora@almedina.net

PRÉ-IMPRESSÃO I IMPRESSÃO I ACABAMENTO
G.C. GRÁFICA DE COIMBRA, LDA.
Palheira – Assafarge
3001-453 Coimbra
producao@graficadecoimbra.pt

Julho, 2012

DEPÓSITO LEGAL
346222/12

Os dados e as opiniões inseridos na presente publicação
são da exclusiva responsabilidade do(s) seu(s) autor(es).

Toda a reprodução desta obra, por fotocópia ou outro qualquer
processo, sem prévia autorização escrita do Editor, é ilícita
e passível de procedimento judicial contra o infractor.

Biblioteca Nacional de Portugal – Catalogação na Publicação

CONGRESSO 10 ANOS DO IDET: O MEMORANDO DA
«TROIKA» E AS EMPRESAS, Coimbra, 2011

O memorando da «Troika» e as empresas / Congresso 10 Anos
do IDET : O memorando... ; org. Instituto de Direito das Empresas
e do Trabalho. - (IDET. Colóquios)
ISBN 978-972-40-4855-0

I – INSTITUTO DE DIREITO DAS EMPRESAS E DO TRABALHO

CDU   347
       336

NOTA DE APRESENTAÇÃO

O IDET – Instituto de Direito das Empresas e do Trabalho nasceu em 2001. Entendeu a Direção que os 10 anos de existência deviam ser assinalados.

É finalidade estatutária do IDET promover a investigação e o ensino do direito das empresas em geral, do direito do trabalho, do direito fiscal das empresas.

Tem feito algo nestes domínios.

Organizou já dez cursos de pós-graduação de Direito das Empresas, dez cursos de pós-graduação de Direito do Trabalho, cinco cursos de pós--graduação de Direito Fiscal das Empresas, três cursos de pós-graduação de Direito do Desporto Profissional. Frequentaram estes cursos mais de 1800 alunos.

No âmbito dos cursos, promoveu largas dezenas de conferências proferidas por especialistas portugueses e estrangeiros.

Organizou quatro congressos dedicados a temas de direito das socie-dades e colaborou em outros.

Fez publicar vinte livros, repartidos por quatro coleções ou séries: "Cadernos", "Colóquios", "Miscelâneas" e "Códigos".

Proporcionou à biblioteca da FDUC cerca de 1200 livros, que cus-taram mais de € 78000.

Concedeu dez bolsas de investigação.

Como assinalar os 10 anos do IDET?

A *troika* entrou em Portugal. Deixou-nos um Memorando. Porque não analisá-lo nas partes que mais tocam nos domínios de investigação do IDET?

Fizemos por isso um Congresso em 29 de Outubro de 2011. Publicam--se agora quase todos os textos relativos às comunicações nele proferidas.

Coimbra, Dezembro de 2011

J. M. Coutinho de Abreu

INVESTIR E TRIBUTAR NO ATUAL SISTEMA FISCAL PORTUGUÊS[*]

José Casalta Nabais

Sumário: **I. Investir e tributar**: 1. A liberdade de gestão fiscal das empresas; 2. O princípio da neutralidade fiscal; 3. A política fiscal externa; **II. As medidas de apoio ao investimento**: 4. Os benefícios fiscais e os incentivos fiscais; 5. Alusão ao universo dos benefícios fiscais ao investimento; **III. A recente evolução do sistema fiscal e o investimento**: 6. A evolução do IRC e o investimento; 7. As tributações avulsas sobre as empresas.

Para analisar o investimento e a tributação no atual sistema fiscal português vamos percorrer um caminho em três etapas. Assim, começamos por enquadrar o problema relacionando o investimento com a tributação (e, naturalmente, com a não tributação). Depois, aludimos ao universo de medidas de natureza fiscal de apoio ao investimento existentes entre nós. Em terceiro lugar, vamos olhar para a recente evolução do sistema fiscal português, tendo em conta tanto a tributação como a beneficiação fiscal, e ver se a mesma é ou não amiga do investimento.

I. Investir e tributar

A título de enquadramento, devemos dizer que é a própria constituição fiscal, mais especificamente a constituição fiscal relativa à tributação

---

[*] Texto base da nossa intervenção no *Coloquio 10 Anos do IDET*, Faculdade de Direito da Universidade de Coimbra, 29 de Outubro de 2011. Trata-se de uma versão mais curta de um estudo que, com um título ligeiramente diferente, foi escrito para os *Estudos em Homenagem ao Prof. Doutor Alberto Pinheiro Xavier*, o qual aguarda publicação.

das empresas, que constitui o ponto de partida. O que se traduz, de um lado, no respeito pelo princípio da liberdade de iniciativa económica e de empresa em que se insere como sua componente essencial a liberdade de gestão fiscal das empresas e a correspondente neutralidade fiscal do Estado e demais titulares do poder tributário. Por outro lado, não podemos esquecer que, atualmente, todos os países dispõem de uma verdadeira política fiscal externa orientada no sentido não apenas de respeitar os princípios referidos, mas também e sobretudo de incentivar as mesmas a realizar ou aumentar os seus investimentos.

1. *A liberdade de gestão fiscal das empresas.* Partindo do princípio do Estado fiscal, por um lado, e das liberdades económicas fundamentais, sobretudo das liberdades de iniciativa económica e de empresa, por outro, podemos dizer que a tributação das empresas se rege pelo princípio constitucional da liberdade de gestão fiscal. Liberdade que tem como consequência desencadear para os titulares passivos da mesma, mormente para o Estado, a exigência de respeitar o princípio da neutralidade fiscal.

Em sentido lato, este princípio exige que se permita com a maior amplitude possível a livre decisão dos indivíduos em todos os domínios da vida, admitindo-se a limitação dessa liberdade de decisão apenas quando do seu exercício sem entraves resultem danos para a coletividade ou quando o Estado tenha de tomar precauções para preservar essa mesma liberdade individual. Isto requer, antes de mais, uma economia de mercado e a consequente ideia de subsidiariedade da ação económica e social do Estado e demais entes públicos. O que tem como consequência, em sede do sistema económico-social (global), que o suporte financeiro daquele(s) não decorra da sua atuação económica positivamente assumida como agente(s) económico(s), mas do seu poder tributário ou impositivo, e, em sede do (sub) sistema fiscal, o reconhecimento da livre conformação fiscal por parte dos indivíduos e empresas, que assim podem planificar a sua vida económica sem consideração das necessidades financeiras da comunidade estadual e actuar de molde a obter o melhor planeamento fiscal (*tax planning*)[1].

---

[1] Sobre o Estado fiscal v., entre nós, o nosso livro *O Dever Fundamental de Pagar Impostos. Contributo para a compreensão constitucional do estado fiscal contemporâneo*, Almedina, Coimbra, 1998, p. 191 e ss. V., também, Michel Bouvier, *Introduction au Droit Fiscal Général et à la Théorie de l'Impôt*, 10.ª ed., LGDJ, Paris, 2010, p. 58 e ss.

Nesta conformidade tanto os indivíduos como as empresas podem, designadamente, verter a sua ação económica em atos jurídicos e atos não jurídicos de acordo com a sua autonomia privada, guiando-se mesmo por critérios de elisão ou evitação dos impostos (*tax avoidance*) ou de aforro fiscal, desde que, por uma tal via, não se violem as leis fiscais, nem se abuse da (liberdade de) configuração jurídica dos factos tributários, provocando evasão fiscal ou fuga aos impostos através de puras manobras ou disfarces jurídicos da realidade económica (*tax evasion*).

O que, no respeitante aos agentes económicos, às empresas, a quem cabe tomar as decisões que concretizam o funcionamento do sistema eco-nómico, implica reconhecer que o comportamento fiscal do Estado não se pode constituir num risco inaceitável para as decisões empresariais, as quais são sempre tomadas tendo em conta a rendibilidade líquida esperada dos ativos mobilizados no exercício da atividade económica, ou seja, tendo em consideração o retorno económico esperado dos projetos de investimento realizados. Uma ideia que não assenta apenas no princípio do Estado fiscal, mas também nas concretizações deste princípio nas liberdades de iniciativa económica e de empresa, contempladas nos arts. 61.º, 80.º, al. *c*), e 86.º da Constituição.

2. *O princípio da neutralidade fiscal*. Mas a liberdade de gestão fiscal das empresas vista pelo lado dos seus sujeitos passivos, o Estado e demais entes públicos, concretiza-se na observância do princípio da neutralidade fiscal, que tem uma importante expressão no art. 81.º, al. *e*), da Constitui-ção Portuguesa em que se dispõe: «[i]ncumbe prioritariamente ao Estado no âmbito económico e social: …assegurar o funcionamento eficiente dos mercados, de modo a garantir a equilibrada concorrência entre as empresas, a contrariar as formas de organização monopolistas e a reprimir os abusos de posição dominante e outras práticas lesivas do interesse geral».

Uma neutralidade que, como é óbvio, nada tem a ver com a velha neutralidade absoluta, a velha neutralidade fiscal das finanças liberais do século XIX, com base na qual estava excluída toda e qualquer atribuição de objectivos ou finalidades extrafiscais aos impostos. Pois, no quadro das finanças funcionais que se foram impondo um pouco por toda a parte no decurso do século XX e que perduram não obstante as actuais investidas do neoliberalismo económico e das múltiplas tentativas de desmantelamento do Estado social, não é mais possível repor essa neutralidade oitocentista.

Daí que, por exemplo, a extrafiscalidade constitua um fenómeno com o qual o mundo dos impostos passou a conviver, podendo o Estado, no quadro dos seus poderes de intervenção económica e social, utilizar a via fiscal para penalizar, beneficiar ou incentivar comportamentos económicos e sociais, conquanto que essas intervenções não se materializem em distorções significativas à equilibrada concorrência entre as empresas.

A este respeito, não podemos deixar de assinalar que tanto o reconhecimento como o desenvolvimento deste princípio se ficou a dever em larga medida ao direito da União Europeia, no qual a ideia de neutralidade é apontada por muitos como a principal norma de tributação. O que evidentemente não admira dado os objetivos que têm presidido e continuam a presidir ao direito comunitário, isto é, os objetivos de construção de um mercado económico integrado, cujo suporte, como é sabido, não pode deixar de assentar na defesa de uma equilibrada concorrência entre as empresas, ou seja, na salvaguarda e defesa de uma «ordem económica concorrencial».

Ordem económica concorrencial que não pode, naturalmente, deixar de pôr à prova também a fiscalidade, exigindo a correspondente neutralidade fiscal de modo a que as empresas, sejam quais forem as formas que escolham e as opções que tomem, conquanto que assentes numa base de racionalidade económica própria, paguem idêntico imposto. Muito embora devamos acrescentar que a União Europeia, através da ação militante de harmonização fiscal negativa levada a cabo pelo Tribunal de Justiça, vem «funcionalizando» os sistemas fiscais dos Estados ao funcionamento dessa ordem económica concorrencial[2], subvertendo os sistemas fiscais e impedindo que estes desempenhem o papel que lhes cabe como meio de financiamento público, no quadro da soberania fiscal que, por enquanto, continua na titularidade dos Estados. O que revela uma «esquizofrenia» de todo inaceitável e de consequências fortemente nefastas. Pois, de um lado, exige-se aos Estados que tenham finanças saudáveis com base nos seus sistemas fiscais, mas, de outro lado, subvertem-se esses sistemas com o pretexto de os compatibilizar com a realização do mercado interno, boicotando, por essa via, o exercício da soberania fiscal que é suposto manterem[3].

---

[2] Mercado, que devemos sublinhar, é, em larga medida, o que a própria União Europeia diz que é o mercado, o qual, acrescente-se, está longe de ser concebido e aplicado com idêntico rigor face aos pequenos Estados e face aos grandes Estados .

[3] V. a este respeito, PIETRO BORIA, *Diritto Tributario Europeo*, Giuffrè, Milano, 2010, p. 413 e ss., autor que se refere ao TJUE, enquanto protagonista da harmonização fiscal

Por isso, o princípio da neutralidade fiscal tem expressão em muitos domínios do direito comunitário, entre os quais avulta justamente o domínio do direito da concorrência entre as empresas. Domínio em que desempenham importante função as normas do Tratado sobre o Funcionamento da União Europeia que integram disposições fiscais em sentido amplo, nas quais se inserem não apenas as «disposições fiscais» constantes dos seus arts. 110.º a 113.º, mas também e sobretudo as normas que se reportam aos auxílios de Estado cuja disciplina consta dos arts. 107.º a 109.º, nos quais se incluem os benefícios fiscais, isto é, os auxílios de Estado por via fiscal.

Na verdade, a intervenção económica e social por via fiscal, ou seja, através da concessão de auxílios de Estado por via fiscal, tal como os auxílios financeiros diretos, apenas será admitida se e na medida em que não provoque distorções significativas à concorrência. Ou seja, os benefícios fiscais apenas passarão com êxito o teste da sua compatibilidade com o direito comunitário, conquanto que não perturbem o funcionamento do mercado comunitário europeu que a União Europeia tem por missão criar e garantir.

Sendo certo que, não podemos esquecer, o princípio da neutralidade começou a sua afirmação no domínio dos impostos em sede da tributação do consumo. Uma tributação que, ao materializar-se em impostos integrantes dos preços dos bens e serviços, mais visivelmente podia afetar a realização do mercado único. O que conduziu, como é sabido, não só à imposição comunitária aos Estados membros duma tributação geral do consumo assente no Imposto sobre o Valor Acrescentado (IVA), como à instituição para este imposto dum regime comunitário comum, o chamado sistema comum do IVA[4].

3. *A política fiscal externa.* Mas os Estados não tratam bem o investimento apenas através do respeito dos princípios da liberdade de gestão fiscal e da correspondente neutralidade. Eles dispõem atualmente de uma verdadeira política fiscal externa orientada seja para o combate à dupla

---

negativa, como «o antisoberano», ou seja, em larga medida, o «boicotador» da soberania fiscal dos Estados.

[4] Sobre o princípio da liberdade de gestão fiscal das empresas, v. o nosso estudo «A liberdade de gestão fiscal das empresas», em *Miscelâneas*, n.º 7, IDET / FDUC, Almedina, Coimbra, 2011, p, 7 e ss.

(ou múltipla) tributação internacional, que as actuais economias abertas favorecem extraordinariamente, quer para a beneficiação fiscal dirigida à atração do investimento ou à internacionalização das empresas nacionais.

De um lado, visa-se adequar o sistema fiscal quer relativamente ao investimento, designadamente estrangeiro, procurando não prejudicar a repatriação dos lucros gerados pelos sociedades associadas ou estabelecimentos estáveis nacionais de sociedades com sede no estrangeiro, quer no concernente à internacionalização das empresas nacionais, evitando tratar os lucros por elas gerados no estrangeiro e repatriados em termos desfavoráveis face aos lucros gerados no país. De outro lado, estabelecem-se benefícios fiscais, mais especificamente estímulos ou incentivos fiscais, para favorecer o investimento e a internacionalização das empresas nacionais. Uma política fiscal que se concretiza, assim, em duas frentes: na frente internacional, através de uma política de celebração de convenções de dupla tributação; e na frente interna, através da adoção de medidas unilaterais de combate à dupla tributação e à incentivação fiscal do investimento estrangeiro e da internacionalização das empresas.

Também Portugal vem adotando uma política fiscal externa nas duas frentes assinaladas. Política essa que tem por base a própria Constituição, uma vez que esta, de um lado, consagra, como objetivo da política industrial, «o apoio à projeção internacional das empresas portuguesas» (art. 100.º, al. *e*)) e, de outro lado, prescreve que a lei disciplinará os investimentos por parte de pessoas singulares e coletivas estrangeiras, a fim de garantir a sua contribuição para o desenvolvimento do país (art. 87.º). Objetivos que devem ser prosseguidos no quadro de observância do referido princípio da neutralidade fiscal, que tem, como já referimos, uma importante expressão no art. 81.º, al. *e*), da Constituição em que se dispõe: «incumbe prioritariamente ao Estado no âmbito económico e social: assegurar o funcionamento eficiente dos mercados, de modo a garantir a equilibrada concorrência entre as empresas, a contrariar as formas de organização monopolistas e a reprimir os abusos de posição dominante e outras práticas lesivas do interesse geral».

Uma política fiscal externa assente presentemente: 1) em mais de cinco dezenas de convenções de dupla tributação (CDT) já em vigor, para além de diversas outras já assinadas ou em negociação, que formam já uma considerável rede; 2) nas normas internas de eliminação ou atenuação da dupla tributação, como são especificamente o art. 81.º do Código do

Imposto sobre o Rendimento das Pessoas Singulares (IRS) e o art. 91.º do Código do Imposto sobre o Rendimento das Pessoas Coletivas (IRC); 3) num diversificado sistema de incentivos fiscais às empresas distribuído pelo Estatuto dos Benefícios Fiscais (EBF), Código Fiscal do Investimento (CFI) e diversos diplomas legais avulsos.

O que é importante sublinhar, pois durante muito tempo Portugal não teve uma verdadeira política nesse domínio, em virtude da economia relativamente fechada que prevaleceu entre nós até à adesão às então Comunidades Europeias em 1986. Por conseguinte, temos uma política fiscal externa. E uma política fiscal externa traduzida, desde logo, nessa rede de CDT em relação à qual tem sido visível a prioridade de conclusão de CDT com os países membros da União Europeia, com os países integrantes da OCDE[5] e, bem assim, com os países com os quais mantemos especiais laços culturais e históricos, ou seja, com os países da CPLP[6]. De resto, no que às CDT diz respeito, Portugal tem-se orientado pelas recomendações do Comité dos Assuntos Fiscais da OCDE, designadamente quanto ao recurso aos métodos do «crédito fictício» e do «crédito presumido» para eliminar a dupla tributação. Pois aquele Comité, sensível ao aproveitamento que vem sendo feito desses métodos para esquemas de concorrência desleal, desaconselha tais métodos a menos que se trate de CDT com países cujo nível de desenvolvimento seja consideravelmente inferior ao dos Estados que integram a Organização[7].

II. As medidas de apoio ao investimento

Como vimos, as medidas de apoio ao investimento constituem um dos mais importantes segmentos da atual política fiscal externa do nosso país, traduzida na concessão de importantes benefícios fiscais. Para termos uma ideia dessas medidas, mormente do seu universo, impõem-se algumas

---

[5] Em relação aos quais nos faltam ainda CDT com a Austrália, Japão e Nova Zelândia.

[6] Países em relação aos quais apenas dispomos de CDT com o Brasil, Cabo Verde e Moçambique, uma vez que a CDT com a Guiné-Bissau ainda não entrou em vigor.

[7] V., sobre o problema, MARIA MARGARIDA CORDEIRO MESQUITA, «A política convencional portuguesa em matéria de dupla tributação: contributos para uma redefinição», *Estudos em Homenagem ao Prof. Doutor Pedro Soares Martinez*, vol. II, Coimbra, 2000, p. 387 e s., bem como o nosso *Direito Fiscal*, 6.ª ed., Almedina, Coimbra, 2010, p. 231 e ss.

14 *Investir e Tributar no Atual Sistema Fiscal Português*

palavras a este respeito, a começar pela importante distinção entre benefícios fiscais e estímulos ou incentivos fiscais.

4. *Os benefícios fiscais e os incentivos fiscais*. A este respeito, para além de outras distinções habituais, que aqui nos dispensamos de mencionar[8], há que ter em conta uma importante distinção em sede dos benefícios fiscais. Trata-se de separar os benefícios fiscais estáticos ou benefícios fiscais *stricto sensu* dos benefícios fiscais dinâmicos, incentivos ou estímulos fiscais. Os primeiros dirigem-se, em termos estáticos, a situações que, ou porque já se verificaram (encontrando-se portanto esgotadas), ou porque, ainda que não se tenham verificado ou verificado totalmente, não visam, ao menos diretamente, incentivar ou estimular, mas tão-só beneficiar por superiores razões de política geral de defesa, externa, económica, social, cultural, religiosa, etc. Já os segundos visam incentivar ou estimular determinadas atividades, estabelecendo, para o efeito, uma relação entre as vantagens atribuídas e as atividades estimuladas em termos de causa-efeito.

Por conseguinte, enquanto nos benefícios fiscais em sentido estrito a causa do benefício é a situação ou atividade em si mesma, nos incentivos ou estímulos fiscais a causa encontra-se estritamente vinculada à adoção futura do comportamento beneficiado ou o exercício futuro da atividade fomentada. O que não leva a ver nestes últimos benefícios fiscais uma contrapartida, em sede fiscal, das diversas e multifacetadas contribuições que os beneficiados, que não podemos esquecer serão as empresas singulares ou societárias, realizam em sede económica e social a favor da comunidade nacional, entre as quais se contam naturalmente futuras receitas fiscais. Pois, é de sublinhar que, embora tais benefícios fiscais se configurem, ao menos à primeira vista, como todos os benefícios fiscais, «despesas fiscais», justamente porque incentivam ou estimulam atividades que, de outro modo, não chegariam a ter lugar, vão efetivamente originar um aumento das receitas fiscais no futuro, as quais terão por suporte o resultado económico dessas atividades. Por isso mesmo, numa tal situação, estamos, em rigor, perante despesas fiscais impróprias ou despesas fiscais aparentes[9]. Daí que a crítica generalizada que hoje em dia é feita, e bem, à

---

[8] V. o nosso *Direito Fiscal*, cit., p. 432 e ss.

[9] V. neste sentido Guilherme Waldemar Oliveira Martins, *A Despesa Fiscal e o Orçamento do Estado no Ordenamento Jurídico Português*, Almedina, Coimbra, 2004, p. 93 e ss.

verdadeira «indústria dos benefícios fiscais», em virtude de estes se apresentarem como puras despesas fiscais que privilegiam certos grupos mais poderosos ou influentes, concretizando assim uma verdadeira redistribuição invertida do rendimento e da riqueza, não seja extensível, e portanto não tenha razão de ser, relativamente aos verdadeiros incentivos ou estímulos fiscais[10]. Redistribuição invertida que constitui, sem dúvida, um dos mais visíveis e nefastos segmentos em que se consubstancia o fenómeno que, desde há alguns anos, vimos designando por «*apartheid* fiscal».

Compreende-se assim que os incentivos fiscais, que não raro assumem carácter seletivo ou mesmo altamente seletivo, tenham carácter temporário, bem como a liberdade do legislador, mormente para conceder uma margem de livre decisão à administração tributária, tenha necessariamente de ser maior do que aquela de que dispõe em sede dos benefícios fiscais estáticos[11]. Daí que estes últimos constituam benefícios fiscais dependentes de um ato de reconhecimento, seja este um ato de reconhecimento unilateral, um ato administrativo, como é tradicional, seja mesmo um contrato, caso em que temos benefícios fiscais dependentes de reconhecimento bilateral ou contratual, isto é, benefícios fiscais contratuais[12].

Ora, o nosso sistema fiscal conhece uma diversificada panóplia de benefícios fiscais, a maioria dos quais sem a menor justificação, já que, para além de tornar o sistema fiscal complexo e de difícil aplicação, contribui também para o seu carácter injusto ou iníquo. O que tem conduzido à preocupação presente dos governos suportada, de resto, em amplo consenso doutrinal, no sentido de eliminar muitos dos benefícios fiscais, reduzindo assim a correspondente despesa fiscal, e de proceder à simplificando da aplicação dos que, apesar de tudo, se justifique a sua manutenção, como os que se apresentam como incentivos[13].

---

[10] V., a este respeito Xavier De Basto, «Tópicos para uma reforma fiscal impossível», Última Aula, Faculdade de Economia da Universidade de Coimbra, 9 de Junho de 2004. V., também, o nosso *Direito Fiscal*, cit., p. 444 e s.

[11] V., sobre os aspetos focados, o nosso livro *O Dever Fundamental de Pagar Impostos*, cit., p. 645 e ss. e 648 e s.

[12] O que não surpreende nos tempos que correm em que a administração por contrato (*government by contract*), se tornou corrente no direito público em geral – cf. o nosso livro *Contratos Fiscais. Reflexões acerca da sua admissibilidade*), Coimbra Editora, Coimbra, 1994.

[13] Um problema que tem sido sentido em Portugal, em que foi elaborado um relatório que avaliou o conjunto dos benefícios fiscais atribuídos, tendo proposto diversas alterações

Para além de que, não podemos esquecer, no que respeita aos Estados membros da União Europeia, os benefícios fiscais, quando atribuídos às empresas constituem, por via de regra, auxílios de estado, encontrando-se, em princípio, interditos em tributo à política da concorrência, orientada para a criação e funcionamento do mercado interno comunitário, nos termos dos arts. 107.º a 109.º do Tratado sobre o Funcionamento da União Europeia. Muito embora, como bem se compreende, essa interdição conheça diversas exceções entre as quais se conta a relativa às micro, pequenas e médias empresas (PME), as quais, por diversas razões, não devem ser tratadas, também em sede fiscal, com as grandes empresas que, por via de regra, se apresentam como empresas multinacionais

Mas vejamos os diversos benefícios fiscais que a nossa ordem jurídica atual contempla relativamente à promoção do investimento, recortando, em termos fundamentalmente ilustrativos, o correspondente universo.

5. *Alusão ao universo dos benefícios fiscais ao investimento*. Pois bem, o nosso sistema fiscal conhece diversos regimes ou disposições legais de beneficiação fiscal dirigida ao investimento. Sem qualquer preocupação de ser exaustivo, podemos recortar os mais importantes benefícios fiscais ao investimento produtivo[14], dizendo que eles se traduzem em incentivos fiscais às empresas como: os prorrogados ou definidos recentemente nos arts. 133.º a 136.º da LOE/2011[15], em que temos os integrantes do Sistema de Incentivos Fiscais em Investigação e Desenvolvimento Empresarial (SIFIDE), os reconhecidos pelo Regime Fiscal de Apoio ao Investimento (RFAI), o concretizado na aceitação de um *spread* especial no concernente aos juros e outras formas de remuneração de suprimentos e empréstimos feitos pelos respetivos sócios à sociedades que constituam pequenas e médias empresas e o materializado na remuneração convencional do

---

no sentido de diminuir o peso dos mesmos e de simplificar a concessão ou reconhecimento dos que se mantenham – v. MINISTÉRIO DAS FINANÇAS, CENTRO DE ESTUDOS FISCAIS, *Reavaliação dos Benefícios Fiscais*, Relatório do Grupo de Trabalho, Cadernos de Ciência e Técnica Fiscal, 2005.

[14] É de referir que o EBF, na Parte II relativa aos «Benefícios fiscais com carácter estrutural», integra o Capítulo VI, cuja epígrafe é justamente «Benefícios fiscais ao investimento produtivo» (arts. 41.º a 43.º), embora, como é óbvio, os benefícios fiscais com essa natureza não se limitem aos desses três artigos.

[15] Lei n.º 55-A/2010, de 31 de Dezembro.

capital respeitante também às PME; os benefícios fiscais contratuais, que se encontram contemplados no art. 41.º do EBF e no Código do Fiscal do Investimento (CFI); o regime fiscal dos residentes não habituais, o qual se encontra igualmente previsto no CIF; os benefícios fiscais relativos à interioridade (art. 43.º do EBF) e os benefícios fiscais à criação líquida de emprego (art. 19.º do EBF), etc.

Uma palavra muito rápida sobre cada um destes benefícios fiscais de apoio às empresas e ao investimento produtivo.

Assim e quanto ao SIFIDE, nos termos da sua atual disciplina, aprovada pelo art. 133.º da LOE/2011[16], trata-se de um regime em que as empresas podem deduzir à colecta do IRC, até á sua concorrência, o valor correspondente às despesas com investigação e desenvolvimento, na parte que não tenha sido objeto de comparticipação financeira do Estado a fundo perdido, realizadas nos períodos de tributação de 1 de Janeiro de 2011 a 31 de Dezembro de 2015, numa dupla percentagem: *a*) taxa de base correspondente a 32,5% das despesas realizadas naquele período; *b*) taxa incremental correspondente a 50% do acréscimo das despesas realizadas naquele período em relação à média aritmética simples dos dois exercícios anteriores, até ao limite de € 1 500 000. Todavia, para os sujeitos passivos de IRC que sejam PME[17], que ainda não completaram dois exercícios e que não beneficiaram da mencionada taxa incremental, aplica-se uma majoração de 10% à referida taxa base de 32,5%.

No respeitante ao RFAI, que é mantido em vigor no ano de 2011 pelo art. 134.º da LOE/2011[18], traduz-se este na concessão às empresas residentes em território português ou que aí possuam estabelecimento estável e que efetuem, em 20011, investimentos considerados relevantes, dos seguintes incentivos fiscais: *a*) dedução à coleta de IRC, e até à concorrência de 25% da mesma, das seguintes importâncias, para investimentos realizados em regiões elegíveis para apoio no âmbito dos incentivos com finalidade regional: *i*) 20% do investimento relevante,

---

[16] O chamado SIFIDE II, pois o SIFIDE I foi o que esteve em vigor de 2006 a 2010, nos termos da Lei n.º 40/2005, de 3 de Agosto.

[17] De acordo com a definição do art. 2.º do Decreto-Lei n.º 372/2007, de 6 de *Novembro, e do art. 2.º do anexo a esse diploma legal.*

[18] Aprovado pelo art. 13.º da Lei n.º 10/2009, de 10 de Março.

relativamente ao investimento até ao montante de € 5 000 000; *ii*) 10% do investimento relevante, relativamente ao investimento de valor superior a € 5 000 000; *b*) isenção de IMI, por um período até cinco anos, relativamente aos prédios da sua propriedade que constituam investimento relevante; *c*) isenção do IMT relativamente às aquisições de prédios que constituam investimento relevante; *d*) isenção de imposto do selo relativamente às aquisições de prédios que constituam investimento relevante.

Por seu lado, como referimos, o art. 135.º da LOE/2011 veio igualmente fixar um *spread* especial, isto é, mais vantajoso, a ter em conta no concernente às despesas com os juros e outras formas de remuneração de suprimentos e empréstimos feitos pelos respetivos sócios às PME. Pois, nos termos do n.º 2 da Portaria n.º 184/2002, de 4 de Março, aditado por aquele art. 135.º, sempre que se trate de juros e outras formas de remuneração de suprimentos e empréstimos feitos pelos sócios a PME, é fixado em 6% o *spread* a acrescer à taxa EURIBOR a 12 meses do dia da constituição da dívida. O que constitui uma particular vantagem para as PME, uma vez que esse *spread* para as outras empresas é de 1,5%.

Relativamente às PME, temos também o benefício traduzido na chamada remuneração convencional do capital que a LOE/2011 veio estender aos anos de 2011 a 2013. Segundo o n.º 1 do art. 136.º dessa Lei, na determinação do lucro tributável do IRC pode ser deduzida uma importância correspondente à remuneração convencional do capital social, calculada mediante a aplicação da taxa de 3% ao montante das entradas realizadas, por entregas em dinheiro, pelos sócios, no âmbito da constituição de sociedade ou de aumento do capital social, desde que, para além da sociedade beneficiária ter de ser uma PME, os sócios que participem na constituição da sociedade ou no aumento do capital social sejam exclusivamente pessoas singulares, sociedades de capital de risco ou investidores de capital de risco. Um benefício fiscal que, por ser expressão da ideia de neutralidade fiscal quanto ao financiamento das empresas, devia ter carácter permanente e não temporário[19].

---

[19] Como é proposto em A. Carlos dos santos / António M. F. Martins (Coord.), *Competitividade, Eficiência e Justiça do Sistema Fiscal - Relatório do Grupo para o Estudo da Política Fiscal*, Ministério das Finanças, 3 de Outubro de 2009, p. 350 e 374.

No concernente aos benefícios fiscais contratuais, regulados no art. 41.º do EBF e no CFI, devemos dizer que eles respeitam a grandes investimentos realizados em Portugal ou no estrangeiro, por empresas portuguesas, assentes em contratos de investimento. Assim e de um lado, nos termos do n.º 1 desse preceito do EBF, os projetos de investimento em unidades produtivas realizados até 31 de Dezembro de 2020, de montante igual ou superior a € 5.000.000 que sejam relevantes para o desenvolvimento dos sectores considerados de interesse estratégico para a economia nacional e para a redução das assimetrias regionais, induzam à criação de postos de trabalho e contribuam para impulsionar a inovação tecnológica e a investigação científica nacional, podem beneficiar de incentivos fiscais, em regime contratual, com período de vigência até 10 anos a conceder nos termos, condições e procedimentos definidos no CFI[20].

Nos termos do n.º 2 do art. 2.º do CFI, tais projetos de investimento devem ter por objeto as seguintes atividades[21]: *a*) indústria extrativa e indústria transformadora; *b*) turismo e as atividades declaradas de interesse para o turismo nos termos da legislação aplicável; *c*) atividades e serviços informáticos e conexos; *d*) atividades agrícolas, piscícolas, agro-pecuárias e florestais; *e*) atividades de investigação e desenvolvimento e de alta intensidade tecnológica; *f*) tecnologias da informação e produção de audiovisual e multimédia; *g*) ambiente, energia e telecomunicações.

Por seu turno, segundo o n.º 2 do referido art. 41.º do EBF, a esses projetos podem ser concedidos, cumulativamente, os seguintes incentivos fiscais: a) crédito de imposto, determinado com base na aplicação de uma percentagem, compreendida entre 10% e 20% das aplicações relevantes do projeto efetivamente realizadas, a deduzir ao montante apurado, nos termos da al. *a*) do n.º 1 do art. 83.º do Código do IRC; b) isenção ou redução de IMI, relativamente aos prédios utilizados pela entidade na atividade desenvolvida no quadro do projeto de investimento; c) isenção ou redução de IMT, relativamente aos imóveis adquiridos pela entidade, destinados ao exercício da sua atividade desenvolvida no âmbito do projeto de investi-

---

[20] Aprovado pelo Decreto-Lei n.º 249/2009, de 23 de Setembro, diploma que alterou também alguns artigos do EBF, com especial destaque para o mencionado art. 41.º.

[21] desde que respeitados os limites estabelecidos nos artigos 1.º, 6.º e 7.º do Regulamento (CE) n.º 800/2008, de 6 de Agosto, que aprovou o regulamento geral de isenção por categoria.

mento; *d*) isenção ou redução de imposto do selo, que for devido em todos os atos ou contratos necessários à realização do projeto de investimento[22].

De outro lado, nos termos do n.º 4 do referido art. 41.º, os projetos de investimento direto efetuados por empresas portuguesas no estrangeiro, de montante igual ou superior a € 250 000, de aplicações relevantes, que demonstrem interesse estratégico para a internacionalização da economia portuguesa, podem beneficiar de incentivos fiscais, em regime contratual, com período de vigência até cinco anos, a conceder nos termos, condições e procedimentos definidos em regulamentação própria.

Aos promotores desses projetos de investimento podem ser concedidos os seguintes benefícios fiscais: a) crédito fiscal utilizável em IRC, compreendido entre 10% e 20% das aplicações relevantes, a deduzir ao montante apurado na alínea *a*) do n.º 1 do art. 83.º do Código do IRC, não podendo ultrapassar, em cada exercício, 25% daquele montante, com o limite de € 997 595,79; *b*) eliminação da dupla tributação económica, nos termos e condições estabelecidos no artigo 46.º do Código do IRC, durante o período contratual, quando o investimento seja efetuado sob a forma de constituição ou aquisição de sociedades estrangeiras. Refira-se que, no caso de os projetos de investimento se realizarem noutro Estado membro da União Europeia, o regime acabado de mencionar se aplica exclusivamente às PME[23].

A respeito dos benefícios fiscais contratuais, é ainda de mencionar o importante dispositivo contido no n.º 8 do referido art. 41.º, segundo o qual «os contratos relativos a projetos de investimento realizados em território português devem prever normas que salvaguardem as contrapartidas dos incentivos fiscais em caso de cessação de atividade da entidade beneficiária, designadamente por transferência da sede e direção efetiva para fora do território português». Um preceito que, tanto quanto nos é dado saber, nem sempre foi escrupulosamente observado no passado, tendo havido empresas que, não obstante não terem cumprido integralmente os contratos que subscreveram, não foram objeto das correspondentes sanções. Uma situação que, para além de revelar uma falha de todo inadmissível do nosso

---

[22] Como bem se compreende, esses incentivos fiscais não são cumuláveis com outros benefícios da mesma natureza susceptíveis de serem atribuídos ao mesmo projecto de investimento.

[23] Refira-se que o regime procedimental dos benefícios contratuais à internacionalização das empresas nacionais consta, estranhamente, de um diploma próprio – o Decreto-Lei n.º 250/2009, de 23 de Setembro.

Estado, torna a via contratual de promoção do investimento totalmente inoperacional.

Um outro segmento de benefícios fiscais, é o concretizado no regime fiscal dos residentes não habituais, introduzido em 2009 com a aprovação do mencionado CFI, um diploma que, para além de ter vindo a unificar o procedimento aplicável à contratualização dos benefícios fiscais previstos no art. 41.º do EBF, estabeleceu um regime inovador de tributação dos residentes não habituais, regulado nos arts. 23.º a 25.º desse Código. Um regime que se traduz, fundamentalmente, em tratar fiscalmente os residentes não habituais como não residentes, em sede do IRS. Pois, de um lado e quanto aos rendimentos das categorias A e B obtidos em Portugal, estes serão tributados não com base no princípio do rendimento mundial ou da universalidade, como é a regra da tributação do rendimento dos residentes, mas antes segundo o princípio da fonte, tributando tais rendimentos com base numa taxa especial de 20%, uma vez que tais rendimentos não têm que ser englobados.

Por seu lado, quanto aos rendimentos de fonte externa, em que se destacarão certamente os obtidos no país de que são residentes habituais, a eliminação da dupla tributação internacional dos mesmos seguirá o método da isenção com progressividade e não o método de imputação ordinária ou crédito de imposto ordinário, como é a regra, entre nós, na tributação dos residentes[24]. Isto, naturalmente, no respeitante aos rendimentos obtidos em Portugal que, por se encontrarem sujeitos ao englobamento, ou por este terem optado os seus titulares residentes em Portugal, não são tributados com base naquela taxa especial de 20%[25].

---

[24] Muito embora, nas situações em que o nosso sistema adere ao método da isenção, sempre que tenha lugar o englobamento dos rendimentos isentos, por opção ou por determinação legal, seja aplicável o método da isenção com progressividade como consta das hipóteses contempladas nos arts. 22.º e 72.º, n.º 8 e 9, do Código do IRS, e, bem assim nos arts. 37.º, n.º 3, 38.º, n.º 2, 39.º, n.º 4, e 40.º, n.º 2, do EBF. Uma opção que tem sido a adotada também na maioria das convenções celebradas por Portugal – cf. ALBERTO XAVIER, *Direito Tributário Internacional*, 2.ª ed., Almedina, Coimbra, 2007, p, 745.

[25] Sobre o regime dos residentes não habituais v., por todos, TIAGO CASSIANO NEVES, «Apontamentos sobre o tratamento fiscal de expatriados em Portugal e na Europa», *Fiscalidade*, 39, Julho – Setembro de 2009, p. 13 e ss.; RICARDO DA PALMA BORGES, «O novo regime dos residentes não habituais», *Fiscalidade*, 40, Outubro-Dezembro de 2009, p. 5 e ss.; MANUEL LOPES FAUSTINO, «Os residentes no imposto sobre o rendimento pessoal (IRS)

Enfim, uma referência aos benefícios fiscais relativos à interioridade e aos benefícios fiscais à criação líquida de emprego. Assim e quanto aos primeiros, dispõe o n.º 1 do art. 43.º do EBF que às empresas que exerçam, diretamente e a título principal, uma atividade económica de natureza agrícola, comercial, industrial ou de prestação de serviços nas áreas do interior, são concedidos os benefícios fiscais seguintes: *a*) é reduzida a 15% a taxa de IRC, prevista no n.º 1 do artigo 80.º do respetivo Código, para as entidades cuja atividade principal se situe nas áreas beneficiárias; *b*) no caso de instalação de novas entidades, cuja atividade principal se situe nas áreas beneficiárias, a taxa referida é reduzida a 10% durante os primeiros cinco exercícios de atividade; *c*) as reintegrações e amortizações relativas a despesas de investimentos até € 500000, com exclusão das respeitantes à aquisição de terrenos e de veículos ligeiros de passageiros, dos sujeitos passivos de IRC que exerçam a sua atividade principal nas áreas beneficiárias podem ser deduzidas, para efeitos da determinação do lucro tributável, com a majoração de 30%; *d*) os encargos sociais obrigatórios suportados pela entidade empregadora relativos à criação líquida de postos de trabalho, por tempo indeterminado, nas áreas beneficiárias são deduzidos, para efeitos da determinação do lucro tributável, com uma majoração de 50%, uma única vez por trabalhador admitido nessa entidade ou noutra entidade com a qual existam relações especiais, nos termos do artigo 58.º do Código do IRC; *e*) os prejuízos fiscais apurados em determinado exercício nos termos do Código do IRC são deduzidos aos lucros tributáveis, havendo-os, de um ou mais dos sete exercícios posteriores.

Por seu turno, no referente aos benefícios fiscais à criação líquida de emprego temos o disposto no n.º 1 do art. 19.º do EBF, em que se prescreve: «para a determinação do lucro tributável dos sujeitos passivos de IRC e dos sujeitos passivos de IRS com contabilidade organizada, os encargos correspondentes à criação líquida de postos de trabalho para jovens e para desempregados de longa duração, admitidos por contrato de trabalho por tempo indeterminado, são considerados em 150% do respetivo montante,

---

português», *Ciência e Técnica Fiscal*, 424, 2009, p. 99 e ss.; Rui Nascimento / Tiago Graça / Marcos Ramos, «O novo regime fiscal do residente não habitual: o contributo volátil e o *head hunting* fiscal na captura de investimento», em Glória Teixeira / Ana Sofia Carvalho, *Os 10 Anos de Investigação Jurídica – Estudos Jurídico-Económicos*, Almedina, Coimbra, 2010, p. 857 e ss.

contabilizado como custo do exercício». Estamos, assim, perante um benefício fiscal traduzido numa majoração de 50% dos encargos com o fator trabalho, a qual, todavia se encontra limitada, uma vez que, nos termos do n.º 3 desse preceito do EBF, o seu valor tem por montante máximo anual o correspondente a 14 vezes a retribuição mínima mensal garantida, por posto de trabalho.

III. A recente evolução do sistema fiscal e o investimento

Apesar dos múltiplos e diversificados regimes de beneficiação das empresas, no sentido da promoção do investimento produtivo, que vimos de ilustrar com a referência aos mais importantes, podemos dizer que a recente evolução do sistema fiscal português em ampla incoerência com tais regimes se revela muito pouco amiga da atividade económica das empresas e, por conseguinte, do investimento produtivo. Com feito, a crescente pressão no sentido da obtenção de mais e mais receitas fiscais, no atual quadro de insustentáveis défice orçamental e da dívida pública, não tem deixado possibilidades a um tratamento minimamente amigo da atividade económica das empresas.

O que, entre nós, tem inúmeras e diversificadas expressões em relação às quais não podemos deixar de fazer uma alusão pelo menos àquelas que se apresentam mais perturbadoras para o sistema de princípios, muitos deles constitucionais, base do nosso sistema de tributação do rendimento empresarial desde que este foi objeto de reforma operada através da aprovação do Código do IRC em 1988. A este respeito, vamos aludir, de um lado, à recente evolução do IRC, que se apresenta bem pouco amiga do investimento e, de outro lado, ao fenómeno da criação de tributações avulsas que vêm afetando a atividade das empresas.

6. *A recente evolução do IRC e o investimento.* Sem qualquer pretensão, que se nos afigura de resto irrealizável, de esgotar a enumeração das manifestações da evolução do IRC pouco amigas do investimento, vamos, todavia, aludir às mais visíveis, algumas das quais se revelam até chocantes face aos princípios que constituem a armadura jurídico-constitucional do sistema fiscal, mais especificamente da relativa à tributação do rendimento das empresas.

Concretizando, podemos mencionar as seguintes manifestações desse fenómeno: 1) a restrição à dedução de gastos fiscais, 2) a limitação da eliminação da dupla tributação económica tanto em geral como em sede do regime especial de tributação dos grupos de sociedades (RETGS) e das sociedades gestoras de participações sociais (SGPS), 3) a crescente limitação do reporte de prejuízos, e 4) a constante ampliação das tributações autónomas. Uma palavra muito rápida sobre cada uma destas manifestações nada consentâneas com um tratamento fiscal adequado ao investimento produtivo.

Quanto à restrição à dedução de gastos fiscais de efetivos gastos económicos e contabilísticos, esta apresenta-se sobretudo nos arts. 23.º, 34.º e 45.º do Código do IRC, cuja evolução nos dá conta sobretudo da crescente desconsideração fiscal das menos-valias realizadas. Com efeito, estas depois de serem considerados, por via de regra, gastos nos termos da al. *l*) do n.º 1 do art. 23.º, algumas delas são excluídas dos gastos fiscais, segundo os n.ºs 3, 4 e 5 desse artigo. Destaque merece aqui a exclusão constante do referido n.º 5, segundo o qual não são aceites como gastos do período de tributação, os suportados, nomeadamente, com a transmissão onerosa de partes de capital, qualquer que seja o título por que se opere, a entidades com as quais existam relações especiais, nos termos do n.º 4 do artigo 63.º, não se aplicando assim a tais menos-valias o regime dos preços de transferência contemplado neste artigo.

Todavia, a exclusão da consideração fiscal das menos-valias realizadas, que nos suscita maior crítica, é a estabelecida no n.º 3 do art. 45.º, em que se prescreve «[a] diferença negativa entre as mais-valias e as menos-valias realizadas mediante a transmissão onerosa de partes de capital, incluindo a sua remição e amortização com redução de capital, bem como outras perdas ou variações patrimoniais negativas relativas a partes de capital ou outras componentes do capital próprio, designadamente prestações suplementares, concorrem para a formação do lucro tributável em apenas metade do seu valor». Pois, embora possamos ver aí uma solução simétrica da do art. 48.º, que permite a consideração fiscal por metade do saldo positivo das mais-valias e menos-valias, no caso do reinvestimento do valor de realização correspondente à totalidade dos ativos fixos tangíveis, ativos biológicos não consumíveis e propriedades de investimento objeto de transmissão onerosa, o certo é que esta solução, para além de estar dependente da decisão de reinvestimento da empresa, se apresenta como a concessão de um benefício fiscal à promoção do investimento mediante o autofinanciamento, mais especificamente face a um verdadeiro incentivo ou estímulo fiscal ao investimento que tem um indiscutível alcance geral de beneficiação do autofinanciamento das empresas, o qual, obviamente, que não tem a mesma lógica da referida desconsideração de gastos [26].

Uma outra solução legal que se não revela amiga da economia e das empresas e, por conseguinte, do investimento produtivo, é a protagonizada pela crescente limitação à eliminação da dupla tributação económica, a qual se revela tanto em sede geral como no domínio do RETGS e das SGPS. Efetivamente, a eliminação da dupla tributação económica, depois de esta ter sido contemplada com um crédito de imposto até ao ano de 2002, ano em que passou para uma dedução em sede do lucro tributável[27], encontra--se agora, depois da LOE/2011, bastante limitada, uma vez que, segundo a alínea c) do n.º 1 desse artigo, está dependente de a entidade beneficiária deter diretamente uma participação no capital da sociedade que distribui os lucros não inferior a 10% e esta tenha permanecido na sua titularidade, de modo ininterrupto, durante o ano anterior à data da colocação à disposição dos lucros ou, se detida há menos tempo, desde que a participação seja mantida durante o tempo necessário para completar aquele período. Por outro lado, acabou-se com a dedutibilidade em 50% dos lucros já tributados junto da sociedade distribuidora quando a participação nesta da sociedade destinatária daqueles não preenchesse os requisitos exigidos para a dedutibilidade total.

Por conseguinte, esse mecanismo de eliminação da dupla tributação económica no domínio dos grupos de sociedades será de difícil aplicação, na medida em que exige participações societárias elevadas por parte das sociedades mães. Uma conclusão que poderá, de algum modo, ser atenuada, mas não eliminada, no respeitante a entidades residentes em território português que detenham participações em entidades residentes noutros Estados-membros da UE, uma vez que, nesse caso, o critério da percentagem de participação no capital pode ser substituído pelo dos direitos de voto, nos termos dos n.ᵒˢ 5 e 7, al. b), desse art. 51.º.

---

[26] Sobre o conceito de benefício fiscal e suas espécies, v. os nossos livros *O Dever Fundamental de Pagar Impostos*, cit., p. 632 e ss., e *Direito Fiscal*, cit., p. 432 e ss.

[27] Levada a cabo pela LOE/2002 (Lei n.º 109-B/2001, de 17 de Dezembro). Quanto às razões desta alteração, v., por todos, Xavier De Bastos, *IRS: Incidência Real e Determinação dos Rendimentos Líquidos*, Coimbra Editora, Coimbra, 2007, p. e ss.

Uma restrição à eliminação da dupla tributação económica que se estende às sociedades tributadas pelo RETGS e às SGPS. De um lado, deixou de estar contemplada a eliminação da dupla tributação económica em sede do RETGS, pois a LOE/2011 revogou o n.º 2 do art. 70.º do Código do IRC que permitia corrigir o lucro tributável do grupo, constituído pela soma algébrica dos lucros tributáveis e dos prejuízos fiscais de cada uma das sociedades, da parte dos lucros distribuídos entre as sociedades do grupo.

De outro lado, ao revogar o n.º 1 do art. 32.º do EBF, que previa condições especiais para a eliminação da dupla tributação económica no respeitante às SGPS, mormente a que permitia que a mesma tivesse lugar mesmo não tendo havido tributação efectiva na sociedade distribuidora dos lucros[28], eliminou os requisitos de neutralidade fiscal que estiveram na base da instituição desse tipo de sociedades *holding* em Portugal. Pois a criação, em 1988, desse tipo de sociedades com o objetivo de criação de grupos empresariais nacionais, assentes numa gestão especializada e centralizada dos grupos, teve como suporte fundamental que esse tipo de gestão de grupos empresariais, através da constituição de sociedades de sociedades, não fosse penalizado em sede da tributação, ou seja, que o regime fiscal desses grupos se pautasse por uma estrita neutralidade. Por isso, é bem provável que a profunda modificação do seu regime fiscal a que vimos de aludir conduza à extinção prática desse tipo de sociedades seja através da deslocalização para o exterior da sua sede, seja mediante a fusão das SGPS intermédias[29].

Também a restrição ao reporte de prejuízos e a constante ampliação das tributações autónomas, obsta a que a recente evolução do IRC possa ser vista como amiga da economia e do investimento produtivo. No respeitante

---

[28] Sobre os importantes problemas para as empresas, criados por essa alteração protagonizada pela LOE/2011, v. ANTÓNIO ROCHA MENDES / MIGUEL CORREIA, «As alterações aos mecanismos para evitar a dupla tributação económica de lucros distribuídos e o seu impacto no comportamento das empresas», *Fiscalidade*, n.º 42, Abril- Junho de 2010, p. 67 e ss., e, no respeitante à tributação efetiva, ANTÓNIO LOBO XAVIER / ISABEL SANTOS FIDALGO / FRANCISCO MENDES DA SILVA, «O conceito de tributação efectiva», *Fiscalidade*, n.º 42, cit., p. 15 e ss., e RUI CAMACHO PALMA, «A tributação efectiva», *Fiscalidade*, n.º 42, cit., p. 53 e ss.

[29] Isto, naturalmente se e na medida em que as SGPS não se dediquem ao planeamento fiscal abusivo. Sobre o problema, v. JÚLIO TORMENTA, *As Sociedades Gestoras de Participações Sociais como Instrumento de Planeamento Fiscal e os seus Limites*, Coimbra Editora, 2011.

ao reporte de prejuízos, é de sublinhar que o número de anos em que se pode proceder ao reporte de prejuízos apurados em períodos de tributação anteriores tem vindo a diminuir, sendo agora reportáveis apenas nos quatro períodos seguintes. Por isso, os prejuízos apurados a partir do ano de 2011 apenas poderão ser reportados nos quatro períodos de tributação seguintes, diferentemente do que ocorreu no passado em que os prejuízos fiscais apurados nos exercícios de 1989 a 1995 podiam ser reportáveis nos cinco exercícios seguintes, e os prejuízos fiscais apurados nos exercícios de 1996 a 2010 podiam ou podem ser reportáveis nos seis períodos seguintes.

7. *As tributações avulsas sobre as empresas*. Por seu lado, relativamente as tributações avulsas que têm vindo a ser crescentemente criadas e que afetam as empresas, podemos referir as tributações autónomas que vêm sendo objeto de constante ampliação, a chamada derrama estadual, a contribuição extraordinária sobre o sector bancário, bem como a recentemente aprovada sobretaxa extraordinária sobre o IRS empresarial.

Assim e no concernente às tributações autónomas, designadas curiosamente pelo legislador por «taxas de tributação autónomas», que se encontram previstas no art. 88.º do Código do IRC (bem como, para as empresas singulares, no art. 73.º do Código do IRS), devemos dizer que as mesmas começaram por se reportar a situações suscetíveis de elevado risco de evasão e fraude fiscais, como as relativas à tributação das despesas confidenciais e não documentadas, configurando as normas que as previam não verdadeiras normas de tributação, mas antes normas que, diretamente, tinham por função o acompanhamento, vigilância e fiscalização da atuação fiscal dos contribuintes e, por conseguinte, de luta contra o crescente fenómeno de evasão e fraude fiscais. Todavia, com o andar do tempo, a função dessas tributações autónomas, que, entretanto, se diversificaram extraordinariamente e aumentaram de valor, alterou-se profundamente passando a ser progressivamente a de obter (mais) receitas fiscais, assumindo-se, assim, como efetivos impostos sobre a despesa, se bem que enxertados, em termos totalmente anómalos, na tributação do rendimento das empresas.

Pois essas tributações incidem agora não só sobre as despesas confidenciais ou não documentadas, como foi no início, ou sobre as despesas não documentadas, despesas com viaturas ligeiras de passageiros ou mistas e despesas de representação como foi depois e até há pouco tempo, mas também sobre as despesas com importâncias pagas a pessoas singulares

28   *Investir e Tributar no Atual Sistema Fiscal Português*

ou coletivas a residentes em países com regime fiscal claramente mais favorável[30], sobre as despesas com encargos relativos a certas ajudas de custo, sobre os lucros distribuídos por entidades isentas de IRC, sobre certas indemnizações, compensações, bónus e outras remunerações pagas aos gestores, administradores ou gerentes, etc. Sendo certo que algumas dessas tributações se encontram sujeitas a taxas relativamente elevadas, como é o caso das incidente sobre as indemnizações, compensações, bónus e outras remunerações dos gestores, administradores ou gerentes, sujeitas a uma taxa de 35%, nos termos do art. 88.º, n.º 13, do Código do IRC[31].

Uma tributação autónoma constitui também a tributação das empresas petrolíferas que não adotem, para efeitos fiscais, o método FIFO – *First In First Out* ou do custo médio ponderado na valorimetria dos *stocks*, estabelecida pelo art. 4.º da Lei n.º 64/2008[32], a qual incide, à taxa de 25%, sobre a diferença positiva que se verifique entre a margem bruta de produção determinada com base na aplicação do método FIFO ou do custo médio ponderado na valorimetria dos *stocks* e a determinada com base na aplicação do método adotado na contabilidade. Uma tributação autónoma que tem de específico estar dependente da opção das empresas, para efeitos fiscais, por método diverso do método FIFO ou do custo médio ponderado, ou seja, pelo método LIFO – *Last In First Out*. O que significa que estamos perante um imposto que mais não do que um IRC extraordinário que visa compensar a tributação que as empresas petrolíferas não suportam em IRC por adotarem métodos diversos do FIFO ou do custo médio ponderado[33].

Uma série de situações que nos leva a concluir que, ao lado do IRC (e do IRS empresarial), se está erguendo progressivamente um outro imposto sobre as empresas, um imposto de todo anómalo que, incidindo sobre certas despesas, acaba por duplicar tendencialmente, sem qualquer

---

[30] Ou seja, os vulgarmente designados por paraísos fiscais.

[31] A qual ainda é elevada para 45% caso as empresas apresentem prejuízos.

[32] De 5 de Dezembro, que, segundo a sua epígrafe no *Diário da República*, «[a]prova medidas fiscais anticíclicas, alterando o Código do IRS, o Código do IMI e o Estatuto dos Benefícios Fiscais, tendo em vista minorar o impacto nas famílias dos custos crescentes com a habitação, e cria uma taxa de tributação autónoma para empresas de fabricação e de distribuição de produtos petrolíferos refinados».

[33] Pelo que, na medida em que as empresas petrolíferas tenham entretanto optado, como o fez, por exemplo, a Galp, pelo método FIFO na valorimetria dos seus stocks, essa tributação mais não significou do uma antecipação do pagamento do imposto.

fundamento racional que a sustente, a tributação das empresas. O que se nos afigura de todo inadmissível.

Por seu lado, quanto à assim chamada derrama estadual, devemos dizer que a mesma não passa de uma sobretaxa sobre o IRC, pois que, nos termos do n.º 1 do art. 78.º-A do Código do IRC, aditado pela Lei n.º 12-A/2010, de 30 de Junho[34], «sobre a parte do lucro tributável superior a € 2 000 000 sujeito e não isento de imposto sobre o rendimento das pessoas coletivas apurado por sujeitos passivos residentes em território português que exerçam, a título principal, uma atividade de natureza comercial, industrial ou agrícola e por não residentes com estabelecimento estável em território português, incide uma taxa adicional de 2,5%».

Uma taxa adicional que, segundo o disposto no n.º 2 desse artigo, quando seja aplicável o RETGS, incide sobre o lucro tributável apurado na declaração periódica individual de cada uma das sociedades do grupo, incluindo a da sociedade dominante. Um regime legal que, dominado pela necessidade de obtenção de receitas, nos suscita a questão da sua inconstitucionalidade, pois que, tratando-se claramente de um imposto acessório face ao IRC, não vemos porque é que o mesmo não segue inteiramente as vicissitudes deste imposto como imposto principal, segundo bem conhecido ditado *asessorium principale sequitur*. Com efeito, as empresas integrantes de grupos que tenham optado pela RETGS, certamente com o objetivo de verem diminuído o correspondente IRC, resultante da compensação lucros/prejuízos dentro do respetivo grupo, acabam sendo oneradas e discriminadas em razão dessa opção, porquanto ficam sujeitas a essa sobretaxa de IRC em termos de não poderem beneficiar da referida compensação de lucros/prejuízos verificados no seio do grupo de empresas. Um resultado que, para além de frustrar as expectativas das empresas depositadas na opção que fizeram pelo RETGS, briga também com os princípios constitucionais da igualdade fiscal e da liberdade de gestão fiscal das empresas.

Uma outra tributação avulsa, que recentemente veio onerar algumas empresas, é a contribuição sobre o sector bancário, uma contribuição extraordinária introduzida pelo art. 141.º do LOE/2011, que aprovou o seu regime. Pois bem, nos termos do art. 3.º desse regime, «a contribuição

---

[34] Q que aprovou um conjunto de medidas adicionais de consolidação orçamental com o objectivo de reforçar e acelerar a redução de défice excessivo e o controlo do crescimento da dívida pública previstos no Programa de Estabilidade e Crescimento (PEC).

sobre o sector bancário incide sobre: *a*) o passivo apurado e aprovado pelos sujeitos passivos deduzido dos fundos próprios de base (Tier 1) e complementares (Tier 2) e dos depósitos abrangidos pelo Fundo de Garantia de Depósitos; *b*) o valor nocional dos instrumentos financeiros derivados fora do balanço apurado pelos sujeitos passivos».

Incidência cuja base se encontra, depois, mais concretizada, a título de regulamentação, no art. 4.º da Portaria n.º 121/2011, de 30 de Março, no qual, sob a epígrafe «quantificação da base de incidência», se prescreve, designadamente, no que respeita ao que deve entender-se por «sujeito passivo» e por «instrumento financeiro derivado». Uma situação que configura um quadro normativo que, a nosso ver, não respeita o princípio da legalidade fiscal, designadamente o seu vetor de (sub)princípio da determinabilidade, uma vez que, nos termos em que esse princípio se encontra plasmado na nossa Constituição, nos arts. 165.º, n.º 1, al. *i*), e 103.º, n.º 2, a lei ou o decreto-lei autorizado que criem um imposto devem conter a disciplina da sua incidência e taxa em termos tão determinados ou determináveis quanto seja possível, O que está longe de ter sucedido no caso da Contribuição sobre o Sector Bancário, em que a lei, mais especificamente o art. 8.º do referido regime, a título de regulamentação, remeteu para portaria do Ministro das Finanças «a base de incidência definida pelo artigo 3.º» desse regime e «as taxas», matérias que, por se encontrarem reservadas à lei, não vemos como possam ser deixadas ao poder regulamentar[35].

Enfim, também a recentemente aprovada sobretaxa extraordinária para o ajustamento orçamental, enquanto incidente sobre o rendimento empresarial, categoria B do IRS, configura (mais) uma tributação avulsa sobre as empresas. À maneira do que sucede com a referida derrama estadual, trata-se de um adicionamento, neste caso incidente sobre a parte do rendimento coletável de IRS que resulte do englobamento, acrescido dos rendimentos sujeitos às taxas especiais constantes dos n.ºs 3, 4, 6 e 10, do artigo 72.º do Código do IRS, auferido por sujeitos residentes em território português, que exceda, por sujeito passivo, o valor anual da retribuição mínima mensal garantida, sendo a sua taxa de 3,5%. Pelo que, também por esta via, se acaba penalizando as empresas, neste caso as empresas individuais.

Outubro de 2011

---

[35] V. o nosso livro *O Dever Fundamental de Pagar Impostos*, cit., p. 351 e ss.

SUSTENTABILIDADE E SOLIDARIEDADE EM ESTADO DE EMERGÊNCIA ECONÓMICO-FINANCEIRA[1]

SUZANA TAVARES DA SILVA

"A lei, que foi feita para assegurar a minha preservação, quando não consegue interpor-se de imediato para proteger a minha vida da violência alheia, cuja perda é irreparável, concede-me a minha própria defesa e o direito de guerra, ou seja, a liberdade de matar o agressor"

John Locke, *Dois Tratados do Governo Civil. Carta Sobre a Tolerância,* Edições 70, 2008, pp. 250

A situação económico-financeira a nível nacional atingiu um estado em que se tornou iminente o risco de default, *circunstância atestada por todas as instituições com responsabilidade política. Neste contexto, a luta pela recuperação de um estado de normalidade económico-financeira foi assumida como missão pela maioria absoluta das forças políticas com representatividade democrática, tendo esse objectivo sobrevivido inclusivamente à sucessão governativa.*

Neste contexto, que é também de reacerto estrutural em razão das condicionalidades impostas pelas entidades externas que promoveram o auxílio financeiro necessário para evitar a insolvência, têm vindo a

---

[1] Este escrito corresponde a uma actualização do nosso texto «Sustentabilidade e solidariedade em tempos de crise», publicado na obra José CASALTA NABAIS / Suzana TAVARES DA SILVA (Coord.), *Sustentabilidade Fiscal em Tempos de Crise,* Almedina, Coimbra, 2011, pp. 61 e ss.

ser adoptadas diversas medidas urgentes para promover o ajustamento económico-financeiro rápido que permita pôr termo à situação de emergência referida. Todas estas medidas, que constituem objectivamente um retrocesso social, vêm sendo adoptadas com o cunho da inevitabilidade económica e financeira e em conformidade com um parâmetro de controlo constitucional reduzido ou mitigado, sem que, todavia, tenha sido declarada juridicamente uma situação de estado de necessidade ou de emergência económico-financeira.

Assim, e apesar da conjuntura fáctica, aceite e reconhecida por todos, regista-se uma enorme incerteza quanto aos critérios que o poder judicial pode vir a mobilizar no controlo concreto dessas medidas, uma vez que, em termos jurídicos, trabalha-se, aparentemente, sob uma fictícia situação de normalidade. É precisamente por não nos conformarmos com este estado de coisas, e com o intuito de oferecer algumas propostas de subordinação da política ao Direito, que elaborámos as reflexões que se seguem.

1. Introdução

O tema que escolhemos para este trabalho prende-se com a necessidade de apontar alguns parâmetros normativos à actuação do poder público (do poder político-legislativo, do poder executivo, em especial quando actua na margem de livre conformação que o legislador lhe confere, e do poder judicial) perante uma situação de *estado de necessidade económico-financeiro,* em que o país se vê constringido pelas *condicionalidades* impostas por organizações supranacionais que promovem o "apoio financeiro necessário à solvência", em um contexto onde também saem realçadas as consequências de ser membro da União Europeia e da União Económica e Monetária.

As inquietações que mais nos têm atormentado e que presidem às considerações subsequentes, prendem-se com a "aceitação generalizada" da prevalência de critérios económicos – os denominados *critérios de ajuste financeiro* – sobre a juridicidade das medidas adoptadas pelo poder público, como se os critérios jurídicos fossem "coisa *non grata* em tempos de escassez de recursos económicos" ou consubstanciassem parâmetros incapazes de originar soluções eficientes e adequadas a contextos de austeridade.

E a preocupação agudizou-se quando depreendemos de algumas decisões judiciais que existe o risco sério de os tribunais – e em especial do

Tribunal Constitucional – poderem vir a "colocar entre parêntesis *o direito*", escudando-se no contexto económico-financeiro difícil, para justificar a ineficácia dos parâmetros normativos positivados na Constituição e nas leis.

Com efeito, a propósito da apreciação da conformidade constitucional da nova redacção dada ao art. 68.º do Código do IRS, que provocou um aumento das taxas daquele imposto durante o período de formação do facto tributário, pode ler-se no acórdão do tribunal constitucional n.º 399/2010, de 27 de Outubro de 2010, o seguinte: *"as Leis n.ᵒˢ 11/2010 e 12-A/2010 prosseguem um fim constitucionalmente legítimo, isto é, a obtenção de receita fiscal para fins de equilíbrio das contas públicas, têm carácter urgente e premente e no contexto de anúncio das medidas conjuntas de combate ao défice e à dívida pública acumulada, não são susceptíveis de afectar o princípio da confiança ínsito no Estado de Direito, pelo que não é possível formular um juízo de inconstitucionalidade"*. Uma jurisprudência que embora longe da unanimidade – como se percebe da leitura dos votos de vencido que a acompanham, onde avultam argumentos sobre a necessidade de *ponderação* das medidas mesmo quando o fim invocado é relevantíssimo, como seria o caso de acorrer a necessidades financeiras prementes do Estado – conseguiu a anuência da maioria dos juízes daquele Tribunal. O exemplo não podia ser mais ajustado para demonstrar a primeira premissa fundamental: a *proporcionalidade das medidas* continua a ser o melhor critério para uma boa decisão, mesmo em situações de *anormalidade*, como a do presente contexto de *crise económico-financeira*.

Caminho que continuou a ser trilhado no acórdão do Tribunal Constitucional n.º 396/2011, de 21 de Setembro de 2011, quando, em sede de fiscalização abstracta sucessiva, conclui pela não inconstitucionalidade dos artigos 19.º, 20.º e 21.º da Lei n.º 55-A/2010, de 31 de Dezembro (Lei do Orçamento de Estado para 2011), que haviam aprovado um "corte dos salários" dos trabalhadores em funções públicas, justificando a conformidade constitucional da medida com os seguintes argumentos: *"a norma que opera a redução remuneratória tem natureza orçamental", "a regra [da irredutibilidade dos salários] não é absoluta...admite-se que a lei possa prever reduções remuneratórias...o que se proíbe em termos absolutos é que a redução seja arbitrária e sem adequado suporte normativo"*, a protecção da confiança neste caso cede perante *"a conjuntura de excepcionalidade"* e *"dentro do contexto vigente de reduzir o peso da despesa do Estado... e tendo em conta que quem recebe por verbas públicas não está em posição de igualdade com os restantes cidadãos, pelo que o sacrifício adicional que é exigido a essa categoria de pessoas não consubstancia um tratamento injustificadamente desigual".*

É precisamente a pensar na operatividade prática (ou na falta dela) dos critérios normativos gerais (legais e regulamentares) que limitam a actuação do poder público em um *estado de emergência económico-financeiro*, e qual ou quais os instrumentos de controlo que podem ser utilizados para medidas como a redução dos salários ou o agravamento contínuo da carga fiscal sobre alguns tipos de rendimento e sobre o consumo, que decidimos procurar no actual contexto normativo, em que a Constituição cede parcialmente a sua primazia por força da integração em organizações supranacionais, pistas para *um regime jurídico-normativo do estado de necessidade económico-financeiro* motivado por uma crise cujas causas são também resultantes de circunstâncias internacionais[2].

2. Estado de necessidade económico-financeiro: conceito e realidades próximas

Comecemos pela *origem dos conceitos*.

Ao percorrer as diversas *leis fiscais*, em especial a Lei Geral Tributária e o Código do Procedimento e Processo Tributário, percebemos de imediato que o conceito de *estado de necessidade fiscal* é inexistente. O que bem se compreende pelo próprio recorte dogmático do direito fiscal, que embora erigido sobre o *dever fundamental* de contribuir para a sustentação

---

[2] O actual processo de condução das políticas públicas, em especial a concepção e aplicação das medidas que se destinam a concretizar os *critérios de ajuste financeiro* para que o país possa recuperar a situação de normalidade económico-financeira, tornou ainda mais patente os efeitos da *europeização* e da *globalização* do sistema jurídico nacional que já se vinham sentido entre nós. Com efeito, algumas das iniquidades a que assistimos devem-se em grande medida à falta de sintónia no método pelo qual se pautam as actuações de cada uma das instituições, num processo que torna evidente a necessidade de o Estado português (e em particular as entidades públicas com poderes de governação e administração) se adaptar aos parâmetros do *novo direito público* ou do *novo método do direito público*. Sobre as diferenças metodológica nesta nova era, por todos e por último, *v.* AUSBERG, «Methoden des europäischen Verwaltungsrecht», in Terhechte (org.), *Verwaltungsrechte der Europäischen Union*, Nomos, Baden-Baden, 2011, pp. 147 e ss (em especial, pp. 166).

financeira do Estado[3], assente no princípio da *igualdade na contribuição para os encargos públicos,* não deixa de consubstanciar uma restrição (legítima e constitucionalmente fundamentada) a direitos e liberdades fundamentais como a propriedade e a livre iniciativa económica privada[4]. Uma conformação que acaba por centrar a disciplina jurídica fiscal sobre as garantias dos contribuintes, mas que, como a experiência e os dados estatísticos bem demonstram, à medida que o sistema se internacionaliza e europeiza, acaba por se revelar descompensado[5].

Com efeito, a relação jurídica que se constitui entre a comunidade (destinatária da receita fiscal) e cada um dos membros que contribui financeiramente para suportar os custos de organização e funcionamento do Estado, bem como para promover a solidariedade e a coesão social através das despesas sociais, desconhece, de parte a parte, os instrumentos típicos do *direito de necessidade.* Assenta, por conseguinte, sobre uma estrutura aparentemente rígida: nem os destinatários da receita podem *exigir impostos* que não sejam criados nos termos da Constituição (art. 103.º/3 da Constituição da República Portuguesa)[6], nem os sujeitos passivos podem

---

[3] V. José Casalta Nabais, *O Dever Fundamental de Pagar Impostos,* Reimpp., Almedina, Coimbra, 2004, pp. 185-187.

[4] Entre nós o Tribunal Constitucional tende a considerar que os impostos são *limites imanentes* e não verdadeiras restrições aos direitos fundamentais – no mesmo sentido *v.* José Casalta Nabais, «Jurisprudência do Tribunal Constitucional em Matéria Fiscal», in *Estudos de Direito Fiscal I,* Almedina, Coimbra, 2005, pp. 469. Todavia, trata-se, em nosso entender, de uma construção que aquele tribunal utiliza para, como é típico da sua jurisprudência, não analisar materialmente o conteúdo das leis fiscais, entendendo, provavelmente, que esta é uma questão política. Pela nossa parte, parece-nos mais acertado falar em restrição e com isso permitir a ponderação material das medidas político-legislativas fiscais, pois só assim será possível, desde logo, dar operatividade real a um princípio jurídico de capacidade contributiva como medida do imposto.

[5] Sobre a dificuldade em construir um sistema fiscal justo e as iniquidades que o contexto mais recente vem gerando, fazendo incidir a carga fiscal fundamentalmente sobre o trabalho dependente e o consumo *v.*, por todos, José Luís Saldanha Sanches, *Justiça Fiscal,* Fundação Francisco Manuel dos Santos, Lisboa, 2010.

[6] No que respeita à "rigidez" decorrente do princípio da tipicidade da lei fiscal, vem sendo defendido pela doutrina a sua flexibilização, quer por razões de praticabilidade – Ana Paula Dourado, *O princípio da tipicidade fiscal,* Almedina, Coimbra, 2007 – quer por razões de justiça – José Luís Saldanha Sanches, *Os Limites do Planeamento Fiscal,* Coimbra Editora, 2006. E estudos mais recentes mostram a relevância dos princípios materiais na gestão dos impostos – Mauro Trivellin, *Il principio di buona fede nel rapporto tributario,* Giuffrè, Milano, 2009.

36 *Sustentabilidade e Solidariedade em Estado de Emergência Económica-Financeira*

invocar motivos de força maior para evitar o pagamento (coercivo) das dívidas tributárias ou pedir a sua redução[7], estando-lhe apenas reconhecida a possibilidade de solicitar o pagamento em prestações nos casos e nos termos expressamente previstos na lei[8].

Veremos, contudo, que a rigidez da relação jurídica fiscal, estribada no princípio da legalidade fiscal, constitui afinal uma "falsa aparência", pois o que se verifica é uma clara "disponibilidade permanente" do direito fiscal para "acudir" a situações de emergência no financiamento público, como o primeiro dos acórdãos do Tribunal Constitucional referidos no início deste texto nos dá conta de forma expressa. Não se trata, porém, de situações disciplinadas por um regime especial de necessidade económico--financeira, o qual não tem, como vimos, acolhimento no ordenamento jurídico fiscal, mas antes do funcionamento normal de um sistema fiscal como instrumento de política económica e financeira. Uma situação que tende mesmo a agudizar-se com a perda de soberania nacional em matéria de política económica e monetária.

Vejamos, então, os regimes jurídicos do *estado de necessidade* consagrados no ordenamento jurídico nacional.

O artigo 19.º da CRP consagra entre nós o regime jurídico aplicável às situações definidas pela doutrina como de *"necessidade pública do Estado"*, identificadas com as *"situações constitucionais excepcionais de crise ou de emergência que constituam uma ameaça para a organização da vida da comunidade a cargo do Estado"*, disciplinadas pelo *"direito de necessidade constitucional"*[9]. Trata-se, contudo, de um *direito excepcional* aplicado a situações aí expressamente tipificadas – *estado de sítio* e *estado de emergência* – que, no entender do legislador constituinte, esgotariam as situações em que deveria valer um regime excepcional em matéria de protecção de direitos, liberdades e garantias para fazer face a perigos graves para a subsistência da organização comunitária na forma estadual.

---

[7] Cf. art. 36.º/2 da Lei Geral Tributária (de ora em diante LGT), que consagra o *princípio da indisponibilidade do crédito tributário*.

[8] Cf. art. 42.º da LGT; e arts. 196.º e ss do Código do Procedimento e Processo Tributário – de ora em diante CPPT. Não são admitidas entre nós *"medidas equitativas"* para neutralizar situações de iniquidade. Sobre este tema, *v.* José CASALTA NABAIS, *O Dever Fundamental de Pagar impostos, Ob. Cit.*, pp. 337 e 377.

[9] Cf. GOMES CANOTILHO / VITAL MOREIRA, *Constituição da República Portuguesa Anotada,* 4.ª ed., Coimbra Editora, 2007, pp. 399 e ss. Sobre o estado de excepção no direito constitucional.

Segundo o n.º 2 do mencionado artigo 19.º da CRP, o *estado de sítio* ou o *estado de emergência* só podem ser declarados, no todo ou em parte do território nacional, nos casos de *"agressão efectiva ou iminente por forças estrangeiras, de grave ameaça ou perturbação da ordem constitucional democrática ou de calamidade pública"*, verificando-se apenas uma diferença de grau entre um conceito e outro (artigo 19.º/3 da CRP). Registamos, por isso, que o conteúdo deste regime constitucional de excepção se revela hoje inoperativo perante a situação de emergência económica em que nos encontramos, pois as preocupações acolhidas no preceito prendem-se essencialmente com a densificação de uma *blindagem constitucional* perante a ameaça da ditadura que paira sobre os Estados em situações de *anormalidade*[10] financeira.

Na verdade, não se afigura (ainda!) sensato propor um recorte dogmático do conceito de *agressão efectiva ou iminente por forças estrangeiras* que permita aí incluir a especulação financeira sobre a dívida pública por parte das "forças" económicas internacionais. Um exercício que poderia deparar-se com uma dificuldade – estas "forças" são muitas vezes anónimas – e até com uma perplexidade – essas "forças económicas" revelarem-se afinal nacionais. Como também não parece (ainda!) viável considerar que se assiste a uma *ameaça ou perturbação da ordem constitucional democrática* por força das medidas de *retrocesso social* que vêm sendo aprovadas e que terão de continuar a sê-lo até que se alcance uma situação de estabilização económico-financeira a nível nacional coincidente com as directrizes decorrentes do princípio da sustentabilidade financeira.

Os regimes jurídicos dos *estados de excepção* e de *emergência* constituem uma necessidade sistémica, ou seja, garantem a subsistência do sistema normativo quando este não pode ser aplicado por razões de anormalidade do contexto[11].

---

[10] Sobre o tema, por último, *v.* Gabriel PRADO LEAL, «Exceção económica e governo de crise nas democracias», *Sustentabilidade Fiscal em Tempos de Crise*, Almedina, Coimbra, 2011, pp. 93 e ss.

[11] Embora seja um *"tema non grato"*, o regime do *estado de emergência* e de *excepção* voltou a ser discutido pela doutrina a propósito do terrorismo, pondo em evidência uma questão recorrente: as normas criadas para situações de normalidade não são aptas a solucionar problemas em estados de anormalidade. Locke já nos dava conta da questão ao abordar o tema do "Estado de Guerra" – John LOCKE, *Dois Tratados do Governo Civil. Carta Sobre a Tolerância*, Edições 70, 2008, pp. 247 e ess. – e Ramraj volta a fazer uma síntese do problema a propósito do terrorismo – Victor RAMRAJ, «No doctrine more pernicious? Emergencies and the limits of legality», *in* Ramraj (ed.), *Emergencies and the Limits*

38 *Sustentabilidade e Solidariedade em Estado de Emergência Económica-Financeira*

É assim que, em termos gerais, os constitucionalistas[12], administrativistas[13], penalistas[14] e civislistas[15] caracterizam "os respectivos" *regimes de excepcionalidade*, sem prejuízo das diferenças que uns e outros propõem em matéria de eliminação dos resultados lesivos provocados pelas medidas adoptadas em estado de necessidade.

Quanto a este último ponto vale a pena sublinhar a proposta da doutrina civilista de ponderação da internalização dos resultados lesivos pelos sacrificados com fundamento num *princípio de solidariedade* que suportaria o dever de cidadania institucionalizado, segundo o qual cada um deve aceitar o sacrifício quando este se fundamenta na prossecução de um bem superior que a todos aproveita[16]. Não deixa de ser curioso notar que esta proposta se encontre apenas na doutrina civilista, ou seja, no âmbito das relações intersubjectivas concretas, e dela não existam quaisquer vestígios no direito público, em especial no direito administrativo, que cuida da prossecução do interesse geral, ou seja, no que aqui nos interessa destacar, das relações entre o exercício do poder que prossegue esse interesse geral e os direitos subjectivos, interesses legalmente protegidos e demais posições jurídicas daqueles cuja esfera jurídica é atingida por essas actuações[17].

---

of Legality, Cambridge University Press, 2008, pp. 3 e ess. A conclusão geral aponta para as perversidades que um regime jurídico constituído para a normalidade pode ocasionar se aplicado sem alterações em situações de anormalidade, do mesmo modo que a reacção através da anomia em estados de anormalidade tende a revelar-se perversa. A solução radica, por isso, na convocação dos princípios jurídicos fundamentais como suporte normativo para a *escolha* das medidas neste tipo de situações.

[12] V., por todos, Jorge BACELAR GOUVEIA, *O Estado de Excepção do Direito Constitucional,* Almedina, Coimbra, 1998.

[13] V. a propósito do sentido e alcance do art. 3.º/2 do Código do Procedimento Administrativo, por todos, FREITAS DO AMARAL / Maria da Glória DIAS GARCÍA, «O estado de necessidade em direito administrativo», *Revista da Ordem dos Advogados,* 1999/59, pp. 447 e ss, e, por último, SÉRVULO CORREIA, «Revisitando o Estado de Necessidade», in *Em Homenagem ao Professor Doutor Diogo Freitas do Amaral,* Almedina, Coimbra, 2010, pp. 719 e ss.

[14] V. sobre o regime do art. 34.º do Código Penal, por todos, Eduardo CORREIA, *Direito Criminal II* (reimpp.), Almedina, Coimbra, 1993, pp. 82 e ss.

[15] V. a propósito do sentido e alcance do art. 339.º do Código Civil, por todos, MENEZES CORDEIRO, *Tratado de Direito Civil Português I,* Parte Geral, Tomo IV, Almedina, Coimbra, 2005, pp. 439 e ss.

[16] MENEZES CORDEIRO, *Tratado de Direito Civil Português I...,* pp. 446.

[17] Sobre as relações jurídicas administrativas *v.*, por todos, José Carlos VIEIRA DE ANDRADE, *Lições de Direito Administrativo,* Imprensa da Universidade de Coimbra, 2010, pp. 54 e ss.

Para as actuações do poder público em estado de necessidade, os cultores do direito administrativo destacam antes que a legitimidade das medidas pressupõe que as mesmas sejam acompanhadas de uma *compensação* no âmbito da *responsabilidade pelo sacrifício*[18]. Uma diferença que se deve eventualmente à circunstância de o suportador económico da compensação ser anónimo, uma vez que a sustentação em concreto se dilui na mediação do *"povo fiscal"*.

Em suma, existindo uma situação reconduzível a um *estado de necessidade*, as medidas adoptadas nesse contexto pautam-se por critérios especiais quanto à sua conformidade com o ordenamento jurídico-legal, podendo justificar uma eliminação da ilicitude e/ou da culpa se estivermos perante uma actuação que origine responsabilidade, ou mesmo uma redução significativa dos montantes das compensações atendendo ao acréscimo de situações reconduzíveis a *"custos próprios da vida em sociedade"*[19]. Isto significa, portanto, que o ordenamento jurídico acolhe um *direito da necessidade*, reconhecendo que *o direito também constitui um parâmetro de actuação em situações de anormalidade*. O que nos permite questionar o seguinte: *não estando expressamente consagrado na Constituição ou na lei um direito de necessidade económico-financeiro*[20], *a escassez de*

---

[18] Assim, FREITAS DO AMARAL / MARIA DA GLÓRIA DIAS GARCÍA, «O estado de necessidade em direito administrativo»…, pp. 462 e SÉRVULO CORREIA, «Revisitando o Estado de Necessidade»…, pp. 739-740.
Um domínio onde, em nosso entender, se desenham hoje importantes *cláusulas- -travão* ao montante das compensações decorrentes da generalização das situações de risco permitido, típicas da sociedade de risco descrita por Beck – cf. Suzana TAVARES DA SILVA, «A "linha maginot" da sustentabilidade financeira. Peirgo, risco, responsabilidade, e compensação de sacrifícios: uma revisão da dogmática a pretexto da gestão do litoral», *RevCEDOUA*, 2010/23, pp. 29 e ss. Com efeito, mesmo a doutrina penalista alerta para a divulgação dos casos de *risco permitido*, uma margem na qual o comportamento dos agentes não é susceptível de influenciar o resultado lesivo e, por essa razão, consubstancia um limite à imputação objectiva dos resultados – cf. FARIA COSTA, *Noções Fundamentais de Direito Penal,* 2.ª ed., Coimbra Editora, 2009, pp. 236.
[19] As compensações pelo sacrifício de direitos previstas no art. 16.º do Regime da Responsabilidade Civil Extracontratual do Estado e demais Entidades Públicas (aprovado em anexo à Lei n.º 67/2007, de 31 de Dezembro) circunscrevem-se aos danos ou encargos especiais e anormais (art. 2.º).
[20] Na verdade, embora adoptemos a expressão tradicional de estado de *emergência* ou *necessidade económico-financeira,* parece-nos que actualmente, no rigor dos conceitos, se poderia falar em *direito de necessidade económico-financeiro* e *fiscal* para expressar bem a diferença entre os instumentos típicos do *direito de necessidade económico-financeiro,* que

recursos financeiros pelo Estado pode fundamentar um regime de estado de necessidade e justificar a aplicação de um direito de necessidade económico-financeiro? Quais as consequências práticas?

Em nosso entender é isso precisamente que se verifica quando os Estados se encontram em situações de escassez de recursos financeiros que comprometem ou correm o risco de vir a comprometer a capacidade de cumprir as obrigações, ou seja, quando se torna iminente um caso de *default*[21]. Estamos perante uma *situação anormal,* a existência de um *perigo iminente e actual* para o interesse da comunidade, causado por circunstâncias excepcionais e factores externos à vontade do Estado[22], que

---

no *Estado regulador* incluem necessariamente uma restrição mais intensa das liberdades económicas e empresariais, em si já fortemente coarctadas neste novo modelo de intervenção do Estado na economia – cf. Oliver Lepsius, «Verfassungsrechtlicher Rahmen der Regulierung», Fehling / Ruffert (org.), *Regulierungsrecht,* Mohr Siebeck, Tübingen, 2010, pp. 176 e ss. – e o *Estado fiscal* que hoje se apresenta como um instrumento importante do financiamento público, mas necessariamente complementado por novos tributos que acompanham o modelo de *Estado regulador.*

[21] O *default* é a designação dada ao incumprimento pelo devedor (no caso de dívida soberana, pelo Governo de um Estado) de um empréstimo emitido sob jurisdição de outro Estado (*default externo*), usualmente por credores estrangeiros, e também tipicamente, em moeda estrangeira. No caso de os credores serem domésticos estamos perante dívida soberana interna (e incumprimento ou *default soberano interno*). Até hoje o maior *default soberano externo* foi o da Argentina, em 2001, e o seu montante ascendeu a 95 biliões de dólares. As consequências são em regras dramáticas, e prolongam-se no tempo, o *default* da Grécia em 1826 fechou-lhe as portas ao capital externo durante 53 anos consecutivos – *v.* Emanuel Kolscheen, «Why Are There Serial Defaults? Evidence From Constitutions», *Journal of Law and Econmics,* 2007/50 (Nov), pp. 713-729.

[22] Sobre a capacidade de contágio das crises económico-financeiras na actualidade *v.* Andrew Felton / Carmen Reinhardt (Ed.), *The First Global Financial Crisis of the 21st Century. Part. 2 (Jul-Dez),* VoxEU (CEPR), London, 2008. Sublinhe-se que em 1999 já o FMI alertava para as consequências da liberalização do mercado de capitais, uma escolha política que seria responsável pela volatilidade internacional dos fluxos de capitais – *v. Liberalizing Capital Movements (on-line,* acesso em 17.10.2011). Embora o procedimento estivesse já iniciado, acabando por se revelar irreversível, e embora permitisse investimentos mais avultados, o aumento do crescimento e a melhoria dos *standards* de bem-estar em muitos Estados, acabaria igualmente por originar importantes crises financeiras, motivadas em grande medida pela opacidade dos instrumentos e dos agentes financeiros que "cresceram" desreguladamente na globalização, beneficiando da confiança que os mecanismos de estabilização financeira desenvolvidos no sistema pós-guerra (sistemas de garantia dos depósitos bancários, requisitos de capital para a banca, apuramento de critérios *de corporate governance*) haviam conseguido granjear – *v.* Renato Filosa / Giuseppe Marotta, *Stabilità finanziaria e crisi,* il Mulino, Bologna, 2011.

reclamam uma actuação rápida para evitar a verificação do resultado lesivo e permitir a recuperação da normalidade – o mesmo é dizer que estão verificados todos os pressupostos de uma situação de *estado de necessidade económico-financeiro*.

O facto de o legislador constituinte não prever expressamente este instituto nem remeter para o legislador a sua consagração não prejudica o seu reconhecimento na prática se o reconduzirmos, como propõe a doutrina, *"a um princípio geral de direito prévio à formulação legislativa"*[23]. Mas se com ele pretendermos excepcionar a aplicação das regras e dos princípios constitucionais respeitantes à criação de impostos e ao sistema fiscal ou à restrição de direitos fundamentais com expressão económica individual e concreta constitucionalmente protegida deparamo-nos com um problema jurídico: é necessário que a situação possa ser reconduzida a um dos tipos de estado de necessidade constitucional consagrado no artigo 19.º da CRP para que as medidas fiscais consideradas necessárias e adequadas ao restabelecimento da normalidade possam ser adoptadas sem a observância total dos mencionados princípios e regras constitucionais, que aqui funcionam como garantias constitucionais. Se assim não for, todas estas medidas serão ilícitas e inconstitucionais por terem natureza confiscatória e/ou arbitrária.

Todavia, veremos que o *trunfo dos contribuintes* e dos *cidadãos* assim extrinsecado do texto da lei fundamental – a Constituição não inclui no âmbito do estado de sítio e do estado de emergência as situações de necessidade económico-financeira e fiscal e por essa razão nenhuma das

---

[23] Assim, SÉRVULO CORREIA, «Revisitando o Estado de Necessidade»..., pp. 720. Embora compreendendo a importância das *"premissas jurídico-constitucionais"* formuladas por GOMES CANOTILHO para o reconhecimento dos *"regimes de «excepção»"* que inviabilizariam a conclusão a que chegamos, uma vez que nenhum regime de excepção seria admissível sem estar expressamente previsto na Constituição – cf. *Direito Constitucional e Teoria da Constituição,* 7.ª ed., Almedina, Coimbra 2003, pp. 1089 – não podemos deixar de discordar delas, porque a rigidez que pressupõem não se adequa à capacidade de previsão de *estados de anormalidade* ameaçadores da estrutura económico-social que garante a paz, sobretudo quando as previsões fundamentais foram feitas para um horizonte de *tempo* incerto e não linear, como o mesmo autor bem sintetiza em outro texto ao referir que *"o tempo da Constituição e do Estado curva-se sobre eles próprios e aprisiona-os na temporalidade"*, tornando a *"Constituição uma modesta reserva de justiça quanto a problemas nucleares da comunidade"* – in *O Tempo Curvo de uma Carta (fundamental) ou o Direito Constitucional Interiorizado,* Instituto da Conferência, Conselho Distrital do Porto da Ordem dos Advogados, Porto, 2006, pp. 23 e 28 – que dificilmente se ajusta ao *"tempo das crises"* do modelo de capitalismo financeiro.

42 *Sustentabilidade e Solidariedade em Estado de Emergência Económica-Financeira*

garantias fundamentais pode ser suspensa – se transforma na prática em uma *"garantia de Pirro"*. A inflexibilidade neste caso transmuta-se, primeiramente, em fonte de incerteza como os acórdãos do Tribunal Constitucional vêm demonstrar, pois a excepção acaba por prevalecer (tem de prevalecer – a *facticidade* impõe-se à *validade*, com perda para o sistema democrático[24]), mas a argumentação deixa de ancorar-se nos princípios jurídicos fundamentais que informam o *direito de necessidade, maxime,* o princípio da proporcionalidade, e toma rumos incertos com base em razões autojustificativas. Em segundo lugar, e esse é o ponto de que nos ocuparemos em seguida, a inflexibilidade transforma-se em injustiça e iniquidade, avolumando o rol das situações em que a prevalência de uma legalidade formal não garante a juridicidade material das decisões.

3. Garantias para o percurso entre o estado de emergência e a sustentabilidade financeira

Em regra, os regimes jurídico-normativos do *estado de necessidade* e de *emergência* têm um prazo limitado, sem prejuízo de, mantendo-se as condições que levaram ao seu decretamento, os mesmos poderem ser prorrogados. No caso actual, não tendo sido accionado (nem podendo sê-lo de modo formal por não se achar previsto na Constituição) o *estado de emergência económico-financeiro* não existe um prazo para a validade das medidas excepcionais, sobretudo as de carácter fiscal, cuja adopção seja adequada e necessária para permitir pôr termo à situação de anormalidade que atravessamos.

Na verdade, em termos formais, tudo se passa como se as medidas adoptadas cumprissem os parâmetros de juridicidade de uma situação de normalidade ou, não menos preocupante, como se às medidas orçamentais, porque anualizadas, tudo fosse permitido. O mesmo é dizer que em termos gerais assistimos, teoricamente, à adopção de medidas político-legislativas que procuram orientar a situação económica nacional para o cumprimento das directrizes macroeconómicas gerais das políticas públicas de cresci-

---

[24] Cf. Jürgen HABERMAS, *Facticidad y validez: sobre el derecho y el Estado democrático de derecho en términos de teoría del discurso* (tradução), Editorial Trotta, Madrid, 2001.

mento[25]. Mas na prática percebemos que o que está em causa é a aplicação de um conjunto de medidas de "retrocesso social", cujo objectivo é alcançar um *ajustamento rápido* (urgente) entre o nível de riqueza produzida e o gasto público e privado realizado.

Ora, este ajustamento rápido com o propósito de neutralizar o risco iminente do *default* exige, como dissemos, a adopção de um conjunto de medidas de "retrocesso social" e nada menos adequado para a sua implementação do que trabalhar com um quadro jurídico de normalidade fictícia, que deixa as garantias dos contribuintes e dos cidadãos à mercê de restrições perversas e abre a porta a diversas iniquidades - quando *nada é disponível* e os factos triunfam sobre os parâmetros jurídicos e *tudo se torna possível*.

Muitos economistas nacionais denunciam a existência de erros nas políticas económicas que nos conduziram à situação actual[26], outros no plano internacional apontam o dedo às instâncias da *governance* económica global para explicar os motivos da crise e as insuficiências das respostas aliadas à incapacidade de criação de uma resposta coordenada e solidária[27].

Desconhecemos para já o mundo que nos espera à chegada, embora os autores alertem que não será igual ao que conhecemos nas últimas duas décadas, pois *"a economia* [que] *modela a sociedade"*[28] terá de ser reestruturada para que a *existência colectiva se torne sustentável*[29], o que significa que também esta (a sociedade) terá de transformar-se para se acomodar à

---

[25] Sobre o conteúdo das políticas macroeconómicas de crescimento V. Fernando ARAÚJO, *Introdução à economia,* 3.ª Ed., Almedina, Coimbra, 2005, pp. 791 e ss; SAMUELSON / NORDHAUS, *Economia,* 18.ª ed., Mc Graw Hill, 2005, pp. 709 e ss; NEVES CRUZ, *Economia e Política. Uma abordagem dialéctica da escolha pública,* Coimbra Editora, 2008, pp. 209 e ss.

[26] V., entre outros, Vitor BENTO, *O Nó Cego da Economia. Como resolver o principal bloqueio do crescimento económico,* Bnomics, Lisboa, 2010; e Luciano AMARAL, *Economia portuguesa, as últimas décadas,* Fundação Francisco Manuel dos Santos, Lisboa, 2010.

[27] Joseph E. STIGLITZ, *Caída Libre. El libre mercado y el hundimiento de la economía mundial* (tradução), Taurus, Madrid, 2010, pp. 255 e ss.

[28] Joseph E. STIGLITZ, *Caída Libre...,* pp. 322 e ss; Renato FILOSA / Giuseppe MAROTTA, *Stabilità finanziaria e crisi,* il Mulino, Bologna, 2011.

[29] E a *sustentabilidade* comporta três dimensões ligadas umbilicalmente entre si: a ambiental, a económico-financeira e a social. Na obra colectiva dirigida pelo jurista alemão Wolfgang KAHL é possível encontrar uma reunião de trabalhos sobre as três vertentes, onde os juristas analisam o que é necessário fazer no plano normativo para alcançar os objectivos em cada uma das áreas, e o coordenador explica-nos, no primeiro texto dessa obra, que *sustentabilidade* não é apenas uma "palavra da moda", é um conceito interdisciplinar que hoje serve de esteio às políticas públicas (europeias e nacionais) e que tem de ser "absorvido" pelo ordenamento jurídico ao mais alto nível, precisamente para poder

44 Sustentabilidade e Solidariedade em Estado de Emergência Económica-Financeira

mudança económica. Mas neste momento o mais preocupante é a *forma como vamos percorrer o caminho* e os *instrumentos* que irão ser utilizados para o trilhar, porquanto caminhemos para a frente, será inevitável que no quotidiano se assista a um retrocesso social, ou a um retrocesso do *bem- -estar*[30]. As *"loucuras colectivas"* têm de terminar imediatamente[31] e este *terminus* tem consequências muito diversas para os diferentes cidadãos.

---

garantir a sua efectividade em todos os domínios - «Nachhaltigkeit als Verbundsbegriff», in *Nachhaltigkeit als Verbundsbegriff,* Mohr Siebeck, Tübingen, 2008.

Em registo muito diverso, mas com um conteúdo igualmente importante, Thomas FRIEDMAN, depois do trabalho sobre a *globalização (*"O mundo é plano"*)* apresenta-nos uma nova obra com exemplos quotidianos dos excessos cometidos no planeta, e descreve uma realidade imbrincada, onde os "mitos urbanos" se juntam aos "mitos selvagens" para um grito que desperte a humanidade quanto ao valor da sustentabilidade – *Quente, Plano e Cheio. Porque precisamos de uma revolução verde* (*tradução*), Editora Actual, Lisboa, 2008.

[30] Neste sentido, entre nós, a propósito das debilidades actuais e no futuro próximo de um pilar estruturante da *socialidade* como a temos conhecido desde a segunda metade do século XX: a segurança social – *v.* João Carlos LOUREIRO, *Adeus ao Estado Social? A segurança social entre o corcodilo da economia e a medusa da ideologia dos "direitos adquiridos",* Wolters Kluwer-Coimbra Editora, 2010.

[31] O termo *"loucuras colectivas"* é a designação dada por Vitor BENTO à forma de financiamento que particulares, agentes económicos e Estados têm adoptado para satisfazer as suas necessidades no actual modelo. Se as gerações das décadas de 30 e 40 foram educadas pelos progenitores a "transportar recursos económicos do presente para períodos futuros" (fazer poupanças) as gerações seguintes foram educadas a "transportar recursos económicos do futuro para o presente" (endividarem-se). Este endividamento fez-se através da *utilização de activos financeiros,* ou seja, transferências presentes entre os *agentes aforradores,* aos quais se prometiam remunerações atractivas pelo investimento das suas poupanças, e os *agentes deficitários,* que assim conseguiam obter de forma imediata bens que de outra forma só poderiam alcançar no futuro. A somar a isto, cada *agente deficitário* recorria ao crédito baseado na capacidade de pagar que previa ou presumia vir a dispor durante o seu "ciclo de vida" e não com base nas suas capacidades reais actuais, e o mesmo fizeram os Estados, acreditando em ciclos contínuos de crescimento económico da economia global. A este cenário de *risco* acresceu o papel das instituições financeiras, responsáveis por criar e gerir os *activos financeiros,* ou seja, os instrumentos que permitiam transferir os recursos financeiros entre interessados e entre períodos económicos, as quais entraram em concorrência, e estimuladas pela pouca regulação a que foram sujeitas e pelos erros que cometeram na avaliação do *risco,* fizeram perigar todo o sistema. Hoje, a braços com um problema gigante, a *culpa* parece ser repartida entre todos, os *miopes dos particulares* que consumiram mais do que podiam pagar; os *gananciosos* investidores que emprestaram recursos a risco elevado, em troca de ganhos importantes; as *entidades financeiras* que crentes nos benefícios infalíveis da *teoria do jogo na autoregulação* se enganaram a elas próprias; e os Estados e os políticos que, a seu modo, permitiram que os cidadãos enveredassem nesta loucura em troca de votos – in *Economia, moral e política,* Fundação Francisco Manuel dos Santos, Lisboa, 2011.

É isto que deve preocupar o jurista e o Direito, a começar pela garantia da *dignidade da pessoa humana* neste contexto arriscado.

Chegada a hora de *repartir os sacrifícios* para permitir recuperar o estado de normalidade económico-financeira as questões são imensas: conseguem as democracias governar neste contexto? A quem se deve exigir o quê? Até onde está o Estado legitimado a restringir direitos para evitar o *default?* Quem controla a proporcionalidade das medidas e quem pode controlar a proporcionalidade em sentido restrito, dizendo se os prejuízos provocados pela restrição ainda são inferiores ao benefício preconizado pelo fim (evitar o *default*)? Como, quem e de forma deve controlar a justiça das medidas?

O primeiro ponto para responder às questões é saber qual o papel que cabe a cada um dos agentes no processo, em especial aos economistas, aos políticos e aos juristas. Com efeito, não é nosso propósito num trabalho jurídico como o presente tecer considerações sobre a orientação a seguir pelas políticas públicas, onde é que deve haver maior ou menor investimento com o rendimento disponível, nem sequer emitir juízos de opinião quanto às vantagens ou desvantagens da regra do orçamento equilibrado para a retoma económica.

O objectivo do texto é tão só o de alertar para os *parâmetros normativos aplicáveis a medidas restritivas de direitos, liberdades e garantias*, seja quando a medida é de redução dos salários, redução de contraprestações financeiras fixadas em contratos públicos, aumento dos impostos ou aumento de contraprestações financeiras por serviços de transportes colectivos ou de saúde. E a análise que fazemos é baseada no pressuposto de que estas medidas são *adoptadas em regime de emergência económica* e não *em situação de normalidade*, o que significa que nos atemos, fundamentalmente, aos critérios de proporcionalidade, justiça e equidade das mesmas e não ao conteúdo actual dos preceitos constitucionais, dos quais resulta, essencialmente, uma *proibição expressa* de as adoptar.

Em primeiro lugar, deve prevalecer um critério de *universalidade*, o que significa que *todos* devem ser afectados, e *em igual medida*, pelas decisões públicas de retrocesso social, no que ao âmbito de actuação dos poderes públicos diz respeito. Pressuposto que não se tem verificado[32].

---

[32] Recorde-se que sobre esta questão, ao analisar a conformidade constitucional da norma que previa o "corte dos salários dos trabalhadores em funções públicas", o Tribunal

46 *Sustentabilidade e Solidariedade em Estado de Emergência Económica-Financeira*

No que respeita à redução da contraprestação pública remuneratória nos contratos de trabalho em funções públicas, ela deveria abranger todos os sectores e todos os tipos contratuais que suportam a "aquisição de força de trabalho" em que "o dinheiro provenha do Orçamento de Estado". Isto significa que segundo o disposto nos artigos 19.º e seguintes, da Lei n.º 55-A/2010, de 31 de Dezembro, não só os titulares de cargos públicos e os trabalhadores em funções públicas ou outros enquadrados em qualquer das situações previstas no n.º 9 deste artigo 19.º seriam abrangidos, mas também todos os contratos de prestação de serviços em vigor. Premissa que nos leva a discordar do disposto no artigo 22.º da referida lei, onde apenas de prevê a redução para esta segunda categoria de contratos quando os mesmos venham a ser celebrados[33] ou renovados no ano de 2011[34]. Trata-se de uma discriminação desrazoável e arbitrária dos primeiros relativamente aos contratos de prestação de serviços, como se uns devessem beneficiar de maior estabilidade remuneratória do que outros, sem que o legislador

---

Constitucional, no já mencionado Ac. 396/2011, sustentou que o facto de a medida abranger apenas o universo dos trabalhadores em funções públicas não consubstanciava uma discriminação arbitrária, e, por essa razão, não existia violação do princípio da igualdade. Posição que sustentou, essencialmente, no argumento de que a solução adoptada consubstanciava juridicamente um "corte de despesa" e não um "aumento de receita", e por isso apenas os trabalhadores em funções públicas (e não os trabalhadores do sector privado) poderiam ser abrangidos por uma medida desta natureza – construção jurídica que refutamos, pois apesar de a técnica utilizada ter sido a redução remuneratória temporária (posição sufragada pelo Tribunal ao sustentar que a norma que operava a redução tinha natureza orçamental), em termos jurídico-económicos o que se verifica é uma prestação pecuniária coactiva efectuada pelos trabalhadores em funções públicas, através de uma retenção definitiva na fonte de uma parcela do respectivo rendimento (de trabalho) anual tributável.

[33] A incapacidade de distinguir entre a realidade e a ficção no que respeita à "aquisição de força de trabalho" pelas entidades públicas é de tal forma evidente que até se consagra na lei a possibilidade de *"redução" da remuneração* para contratos *a celebrar*. Expressão que só se compreende se estivermos em presença de "contratos de aquisição de serviços" celebrados entre as mesmas partes com regularidade ou habitualidade, ou seja, "contratos de trabalho".

[34] O art. 22.º da Lei n.º 55-A/2010 não integrava o pedido de apreciação de constitucionalidade junto do Tribunal Constitucional, e, por força do disposto no art. 51.º/5 da Lei do Tribunal Constitucional (Lei n.º 28/82, de 15 de Novembro, na sua redacção actualizada) – *princípio do pedido* –, o Tribunal não poderia ter-se pronunciado sobre a respectiva conformidade constitucional. Todavia, como decorre do princípio da vinculação ao pedido (mas não à causa de pedir), o Tribunal não estaria impedido de a convocar na respectiva fundamentação para aferir da conformidade constitucional do art. 19.º com o *princípio da universalidade* da restrição.

esclareça os motivos justificativos dessa diferença de tratamento[35] e quando se sabe que hoje muitas categorias profissionais dentro dos serviços públicos foram substituídas por contratos de aquisição de serviços (*outsourcing*) por determinação das orientações do *new public management*.

Mais, o regime da *redução da remuneração* deveria igualmente ser *"estendido"*, com as devidas adaptações, *a todos os contratos públicos* cuja fonte de financiamento seja o orçamento de estado ou outros recursos financeiros suportados por tributos, prevendo-se nestes casos, pelo menos, uma redução percentual da margem de lucro do co-contratante[36]. Em regra esta redução deve ser conseguida através da via fiscal ou tributária (ex. criação de uma contribuição especial de solidariedade) para "contornar" as limitações impostas pelo art. 313.º do CCP ou mesmo um eventual direito à reposição do *equilíbrio contratual* nos termos do artigo 314.º do CCP. Todavia, tratando-se de um *estado de emergência económico-financeiro,* estas normas poderiam ser "suspensas", uma vez que constituem uma concretização legal do princípio da protecção da confiança e da garantia do direito de propriedade do co-contratante cuja restrição é proporcionalmente permitida com fundamento no referido contexto de anormalidade. O mesmo é válido para as situações em que o *estado de emergência económico-financeiro* imponha uma resolução dos contratos em curso por razões de interesse público – caso em que a *"justa indemnização"* prevista no artigo 334.º do CCP deve ser igualmente limitada, em especial no que respeita aos lucros cessantes – ou uma revogação da decisão de contratar nos termos dos artigos 79.º e 80.º do CCP, em que qualquer compensação pelo sacrifício, que acresça ao disposto no n.º 4 do art. 79.º do CCP, deve ser especialmente reduzida.

---

[35] Nem se alegue que o quadro da aparente normalidade fictícia em que se trabalha impõe esse resultado por os contratos de prestação de serviços terem uma duração limitada, pois os contratos de trabalho em funções públicas com prazo certo foram todos abrangidos pela redução remuneratória em 2011, independentemente de este ser ou não o ano da renovação. Trata-se de uma discriminação não fundamentada, e nessa medida arbitrária e violadora não só do princípio da universalidade, mas também do princípio da igualdade de tratamento.

[36] Sem prejuízo, igualmente, de uma revisão para o futuro das remunerações acordadas, procedendo-se a um ajustamento unilateral das mesmas segundo um parâmetro de *remuneração razoável,* à semelhança, por exemplo, do que foi decidido em Espanha em matéria de remunerações da produção de energia eléctrica em regime especial no *Real Decreto-ley 14/2010, de 23 de diciembre.*

48 *Sustentabilidade e Solidariedade em Estado de Emergência Económica-Financeira*

Sublinhe-se que a solução alternativa, concretizada na criação de um tributo, não se revelaria apta à prossecução do fim pretendido – que consiste na *redução da remuneração* de todos aqueles que são "sustentados" pelas receitas públicas (em especial as receitas provenientes do orçamento de Estado) –, na medida em que não seria praticável criar um tributo com a base tributária pretendida, pois o universo subjectivo em causa inclui diversas entidades não residentes em Portugal, e quase todas com a respectiva actividade económica organizada de forma complexa, em conformidade com as "melhores práticas" de um planeamento fiscal eficiente, capaz de elidir o aumento da tributação pelo critério da fonte ou da residência.

Neste contexto, a solução proposta, apesar da "estranheza" que possa aparentemente suscitar[37], é uma manifestação da mais elementar *justiça* e *proporcionalidade,* pois permite "alargar a base subjectiva e objectiva da contribuição para o sacrifício", num contexto em que uma parte substancial da prossecução da actividade administrativa é hoje desenvolvida através dos contratos públicos[38]. Com efeito, a *universalidade dos sacrifícios* deve abranger, em igual medida, *todos* os contratos onde exista financiamento público, em especial aqueles celebrados pela Administração Pública e pelo Estado, não existindo razões justificativas para a sua limitação ao universo do exercício de funções públicas e dos contratos de aquisição de "força de trabalho"[39].

---

[37] Na verdade, a medida proposta torna-se *necessária* no actual quadro jurídico, porquanto o Estado não dispõe já de poder para desvalorizar a moeda, que seria o *instrumento normal* para reduzir os custos das suas obrigações económico-financeiras em *estado de emergência económico-financeiro.* Caso o Estado pudesse optar por esta solução, certamente que se estaria a discutir este mesmo resultado no quadro da justa e equilibrada *partilha do risco* entre os contraentes, matéria que a Comissão Europeia vem tentando apurar nas diversas comunicações que coadjuvam a aplicação da legislação em matéria de contratos públicos e parcerias público privadas – cf., em especial, COM (2004) 327; COM (2005) 569 e 2008/C 91/02. Sobre o tema *v.,* ainda, por último, Miguel Ángel Bernal Blay, *El Contrato de Concesión de Obras Públicas y Otras Técnicas «Paraconcesionales»,* Thomson Reuters, Madrid, 2010, pp. 292 e ss.

[38] Sobre *a expansão das regulamentações dirigidas aos contratos da Administração Pública e a generalização do contrato nas relações administrativas a partir dos anos 70,* v., entre nós, por todos, Pedro Gonçalves, *Sumários desenvolvidos da disciplina de contratos públicos,* (elementos policopiados), ano lectivo 2009/2010 (recurso *on-line*), pp. 14 e ss.

[39] A vulnerabilidade económica do "contraente privado" é idêntica, quer este seja um trabalhador em funções públicas, um prestador de serviços, um fornecedor de bens ou alguém que exerça uma tarefa ou função pública por delegação contratual, não existindo razões para discriminar os primeiros de forma negativa. Se o *estado de emergência*

Aliás, esta discriminação torna-se ainda mais patente se tomarmos em consideração a perda do carácter estatutário da relação jurídica de emprego público e a sua substituição por uma relação jurídica de natureza puramente contratual, na qual o trabalhador em regime de contrato de trabalho em funções públicas *negoceia* com a entidade empregadora o seu posicionamento remuneratório, nos termos do artigo 55.º, da Lei n.º 12-A/2008, de 27 de Fevereiro.

De resto, atentando no carácter eminentemente contratual de ambas situações, podemos até dizer que, se discriminações positivas devessem ser efectuadas, elas deveriam sê-lo a favor do trabalhador em regime de contrato de trabalho em funções públicas, pois a admitir-se uma hierarquização dos valores perante a inevitabilidade da aplicação de medidas de redução da remuneração certamente que não poderia deixar de ordenar-se com primazia a remuneração da força de trabalho em relação com a livre remuneração do investimento privado, uma vez que a primeira consubstancia uma refracção directa da dignidade da pessoa humana[40], protegida de forma mais intensa

---

económico-financeiro justifica e legitima a redução da remuneração dos primeiros, então esse mesmo circunstancialismo há-de justificar a restrição das margens de lucro do co--contratante nos restantes contratos (salvaguardada pela garantia da remuneração razoável mínima) em nome do *princípio da igualdade na contribuição para os encargos públicos*. Os pressupostos são os mesmos: a situação de anormalidade decorrente da falta de capacidade financeira do Estado em poder honrar os compromissos financeiros pré-determinados justifica a necessidade de adoptar medidas de *retrocesso social* que permitam regressar à normalidade. Discordamos, por isso, de uma visão parcial que se centre apenas na vulnerabilidade económica do contraente privado nos contratos tipificados no código dos contratos públicos, como parece resultar do texto de Pedro GONÇALVES, «Gestão de contratos públicos em tempo de crise», *Estudos de Contratação Pública III,* Wolter Kluwer-Coimbra Editora, 2010, pp. 5 e ss. A posição do autor parece-nos ainda mais desconcertante se aceitarmos que essa vulnerabilidade poderá ser reconhecida a empresas que operam em sectores não transaccionáveis, onde abundam entre nós "falhas de regulação" pública, que não só lhes permitiram alcançar posições privilegiadas no mercado na fase de normalidade económico--financeira, como ainda nos levam a poder corresponsabilizá-las pelo *"nó cego"* do nosso desacerto económico.

[40] Também no que respeita à compreensão do salário – remuneração da força de trabalho – como dimensão da *dignidade da pessoa humana* não acompanhamos a interpretação vertida no Ac. 396/2011 do Tribunal Constitucional, quando do mesmo decorre não só que o salário dos trabalhadores em funções públicas pode ser reduzido por lei, podendo essa lei ser uma lei orçamental, a qual pode, por razões financeiras, operar uma redução dos salários fundamentada na escassez de recursos financeiros, desde que não afecte o *mínimo salarial*, mas ainda quando distingue o *"direito à retribuição"* do *"direito a um concreto montante dessa retribuição"*, concluindo que apenas o primeiro consubstancia um direito de natureza

50 Sustentabilidade e Solidariedade em Estado de Emergência Económica-Financeira

pelo regime especial dos direitos, liberdades e garantias, ao passo que a segunda se reconduz, primeiramente, à Constituição económica, à qual o legislador constituinte não quis reconhecer a mesma protecção[41].

O critério de *universalidade* há-de aplicar-se igualmente no âmbito de todas as medidas de *agravamento fiscal*: aumento de taxas do IRS; criação de impostos acessórios em sede de IRC[42]; revogação de benefícios fiscais; aumento das taxas e revisão das tabelas de bens e serviços sujeitos a IVA; ou mesmo na modificação dos critérios de determinação da base tributável nos impostos sobre o património.

Assim, não se compreende, em primeiro lugar, a exclusão de certas categorias de rendimentos no IRS das medidas de agravamento da tributação, exclusões que, mais uma vez, se nos afiguram violadoras do princípio da universalidade e, nessa medida, inconstitucionais.

Com efeito, um ponto importante a sublinhar é o de que estas medidas excepcionais devem ser interpretadas e a sua validade analisada à luz dos princípios informadores do *estado de emergência económico-financeiro*, o

---

análoga a direitos, liberdades e garantias. Ora, em nosso entender, o *direito ao salário*, no quantitativo acordado entre a entidade empregadora e o trabalhador, goza de protecção jusfundamental não apenas na medida do mínimo salarial, mas em todo o valor acordado, sem prejuízo de poderem ser admitidas reduções *fundamentadas* e *por acordo*. O salário (remuneração da força de trabalho) é a garantia da liberdade do trabalhador (densifica o direito ao trabalho), libertando-o de todas e quaisquer formas de exploração económica, e, por essa razão, a sua indisponibilidade por decisão unilateral do empregador constitui um elemento inalienável e informador da dignidade da pessoa humana.

[41] Não desconhecemos, claro está, que muitos destes direitos económicos acabam por gozar igualmente do regime de protecção dos direitos, liberdades e garantias quando se apresentam como direitos análogos, embora seja necessário demonstrar, em concreto, a presença dos requisitos que habilitam aquele recorte dogmático. Uma vulnerabilidade à qual acresce hoje o reconhecimento generalizado de que o modelo de *economia social de mercado regulada* pressupõe "limites imanentes" a estas liberdades económicas decorrentes da nova forma de intervenção do Estado na economia, seja no contexto da aplicação do direito da concorrência – v. GARCÍA ALCORTA, *La limitación de la libertad de empresa en la competencia,* Atelier, Barcelona, 2008 –, seja no contexto mais técnico da regulação económica de actividades económicas tendencialmente monopolistas, como as indústrias de rede – v. Martin LESCHKE, «Regulierungstheorie aus ökonomischer Sicht», Fehling / Ruffert, *Regulierungsrecht,* Mohr Siebeck, Tübingen, 2010, pp. 281 e ss.

[42] Veja-se o caso da *derrama estadual* instituída pelo artigo 87.º-A do Código do IRC, que mais não é do que uma sobretaxa de IRC, aditada àquele Código pela Lei n.º 12-A/2010, que aprovou um conjunto de medidas adicionais de consolidação orçamental para reforçar e acelerar a redução do défice excessivo e o controlo do crescimento da dívida pública previstos no Programa de Estabilidade e Crescimento (PEC) 2010-2013.

que significa que o critério da *universalidade*, nesta fase em que o aumento das receitas fiscais se apresenta como uma exigência imperiosa em razão das circunstâncias existentes, não pode ser beliscado por critérios gerais de política-económica. Estes critérios são válidos em situação de normalidade, mas não podem ser mobilizados em situação de excepcionalidade. Assim, por exemplo, a não tributação de dividendos ou de capitais por razões de política económica constitui um fundamento inaceitável e desprovido de validade no actual contexto e, por isso, insuficiente para sustentar a discriminação positiva e neutralizar a inconstitucionalidade.

A validade de medidas de agravamento da carga fiscal como as que estão a ser mobilizadas em razão do estado de emergência económico--financeiro em que o país se encontra têm como contraponto a obrigação da respectiva universalidade. As medidas diferenciadoras, baseadas em critérios de política económica devem ficar reservadas para uma fase posterior, quando a actual situação de anormalidade estiver ultrapassada. O mesmo é válido para a restrição das cláusulas remuneratórias dos contratos, o que significa que também os argumentos em matéria de política económica, que hão-de presidir à diferenciação de tratamento das situações contratuais na fase da retoma (promoção da captação do investimento estrangeiro), não podem ser mobilizados enquanto durar o actual *estado de emergência*.

Um ponto eventualmente problemático na aplicação do *princípio da universalidade* das medidas de restrição de direitos com o objectivo de aumentar a receita pública e reduzir a despesa no actual estado de emergência económico-financeiro prende-se com a respectiva ponderação com o *princípio da autonomia* dos poderes regional e local. Com efeito, seguindo os ensinamentos de *Alexy,* apesar de os princípios se circunscreverem a um critério de optimização, o que em princípio permite a sua harmonização de forma quase natural, isso não invalida que possam surgir situações de *colisão de princípios*, as quais devem ser resolvidas através da *prevalência* de um princípio relativamente a outros em razão das circunstâncias concretas[43]. É com base neste critério que devem ser solucionados os diferendos entre o Estado e as Regiões Autónomas, e entre este e as autarquias locais, sempre que se invoquem as respectivas esferas de autonomia para instituir regimes especiais de não aplicação das medidas de restrição. A *universalidade* deve

---

[43] V. Robert ALEXY, *Teoría de los derechos fundamentales* (tradução de Carlos Bernal Pulido), Centro de Estudios Políticos y Constitucionales, Madrid, 2007, pp. 67-70.

neste caso prevalecer sobre as autonomias em razão, precisamente, do estado de emergência e da necessidade de garantir a igualdade na repartição dos encargos públicos. Igualdade que começa, justamente, pela universalidade.

Mas o *princípio da universalidade* só dá resposta a uma parte (embora seja uma parte importante) do problema em que se consubstancia a *igualdade na contribuição para os encargos públicos em estado de emergência económico-financeira*, ficando por resolver a parte respeitante à *igualdade material* ou aos *critérios substantivos das medidas,* que há-de estribar-se no *princípio da justiça* e da *equidade.*

Não é esta a sede própria para discutir o *problema da justiça* tal como hoje a filosofia política o vem equacionando. O mesmo é dizer que não se adequa à economia deste estudo discorrer sobre os pressupostos da *"justiça como equidade"* de Rawls[44] ou à crítica que Amartya Sen faz ao relevo dado por Rawls à liberdade e ao acesso aos bens primários, acentuando a necessidade de partir de uma *imparcialidade aberta,* coadunada com a *sociedade global,* a qual, por seu turno, nos fará confluir em uma fragmentação da própria ideia de *justiça*[45].

Um problema que se liga neste contexto à *legitimidade da desconstrução do modelo de socialidade* plasmado na Constituição, já não por medidas político-legislativas adoptadas em *estado de emergência económico-financeiro*, mas sim numa fase posterior através de medidas de *reestruturação económico-financeira* tendentes à implementação da sustentabilidade. Um tema que pela sua abrangência e complexidade também não é possível tratar nestas considerações breves, mas sobre o qual não podemos deixar de questionar, por exemplo, os pressupostos e o procedimento que devem comandar a reforma, de modo a garantir a continuidade da paz social pelo novo pacto fundante. Não se trata apenas de saber se os preceitos da lei fundamental que hoje consagram a *saúde* ou a *educação* como bens tendencialmente gratuitos podem permanecer com esta redacção ou devem ser alterados. A discussão deve ser mais profunda e começar pelo sentido actual do *constitucionalismo*[46], ou seja,

---

[44] V. John Rawls, *La justicia como equidad: una reformulación* (*tradução* Andrés de Franscico), Paidós, Barcelona, 2002.

[45] V. Amartya Sen, *A ideia de Justiça* (*tradução* Nuno Castello-Branco Bastos), Almedina, Coimbra, 2010.

[46] Uma questão que enquadramos nos desafios mais prementes e cujos principais tópicos de reflexão procurámos sistematizar em Suzana Tavares da Silva, *Os Direitos Fundamentais na Arena Global,* Imprensa da Universidade de Coimbra, 2011.

com o sopesamento entre igualdade, democracia e constituição[47] perante o contexto económico globalizado. Em suma, saber: como, quem e de que forma pode o quê e com que objectivo.

No essencial a discussão sobre a *justiça* centra-se na (re)construção jurídica estrutural que é necessário fazer, mas isso não significa que as premissas fundamentais deste princípio não tenham igualmente que estar presentes nas medidas de *emergência económico-financeira*. Uma presença que é exigida em duas acepções essenciais: no controlo do princípio da igualdade, examinando as medidas segundo a *"justiça do sistema"* para evitar que sejam adoptadas soluções *"em contradição intrínseca com a concepção global"*[48] do mesmo; e no controlo do *princípio da imparcialidade* para neutralizar a captura da decisão política por grupos de interesse[49].

O controlo da justiça das medidas dificilmente se consegue juridicizar, mas isso não significa que deva ficar inteiramente relegado para o plano do mero *controlo político*. Pelo contrário, a eficiência e eficácia das medidas para permitir alcançar os resultados necessários à recuperação do *estado de normalidade* exigem a mobilização das *novas formas de controlo do poder público*[50], para além dos mecanismos típicos da "gestão da conflitualidade social"[51], os quais servem inclusivamente como elementos de prevenção

---

[47] Deve questionar-se, em primeiro lugar, se os quadros jurídicos tradicionais podem ser *ajustados* ao actual contexto (económico-social) global ou se carecem de *transformação* – uma discussão que encontramos no texto de Manuel Atienza, «Constitucionalismo, Globalización y Derecho», in *El canon neoconstitucional,* Trotta Madrid, 2010, pp. 264 e ss – assim como *adequar* as premissas ao modelo social continental, onde a cidadania comunitária não tem a dinâmica anglosaxónica, tornando questionável a transposição de um modelo *dúctil* de constitucionalismo, como aquele que subjaz a algumas propostas de Dworkin – Ronald Dworkin, «Igualdad, Democracia y Constitución: nosostros, el pueblo, en los tribunales», in *El canon neoconstitucional,* Trotta Madrid, 2010, pp. 117 e ss.

[48] V. Gomes Canotilho, *Direito Constitucional e Teoria..., Ob. Cit.*, pp. 1296.

[49] Neste sentido, por todos, Vieira de Andrade, «A imparcialidade da Administração como princípio constitucional», *Separata do Boletim da Faculdade de Direito da Universidade de Coimbra,* 1974, pp. 5 e ss.; e «Grupos de interesse, pluralismo e unidade política», *Suplemento do Boletim da Faculdade de Direito Universidade de Coimbra,* 1977.

[50] Sobre as alterações do poder público e a necessidade de adaptação dos esquemas de controlo a esta realidade *v.*, por todos, Wolfgang Kahl, «Begriff, Funktionen und Konzepte von Kontrolle», *in* Hoffmann-Riem / Schmidt-Assmann / Vosskuhle, *Grundlagen des Verwaltungsrechts III,* Beck, München, 2009, pp. 427 e ss.

[51] Referimo-nos aos instrumentos de participação política e de cidadania de que o direito de manifestação e de reunião constituem os principais exemplos, a par do direito à greve, liberdade de expressão e comunicação social. Sublinhe-se que estas formas de intervenção têm também revelado alguma actualização, surgindo sobretudo associados

54 Sustentabilidade e Solidariedade em Estado de Emergência Económica-Financeira

perante assomos dirigistas dos *"gestores da crise"* – como neutralização do "paradigma schmittiano" da actuação em estado de emergência. Uma gestão que deve contar não apenas com a motivação das estruturas típicas da mediação e concertação social, mas também com o aprofundamento de novos instrumentos da sociedade de informação e da cidadania activa.

De entre estes novos instrumentos de controlo, que constituem igualmente um esteio importante da nova realidade que há-de sobrevir, destacamos a *"gestão da informação sobre matéria de cidadania"*, em áreas como a cooperação supranacional no intercâmbio de informações fiscais ou a implementação de esquemas de *soft law* em matéria de transparência fiscal[52]. Mas não se trata apenas de *divulgar* as medidas, o que embora relevante para o controlo não garante a respectiva conformidade material com os princípios antes enunciados. Para o efeito será importante contar com instrumentos de *programação estratégica*[53], ou seja, com um roteiro orientador da acção[54] a partir do qual se torna mais fácil apreender a conformidade com os princípios da igualdade e da justiça no contexto de um *controlo sistémico da acção*[55].

---

a movimentos fragmentários, típicos da pós-modernidade, em que grupos espontâneos organizados a partir de *"redes sociais"* fazem protestos sem uma aparente base ideológica agregadora, o que os transforma em movimentos para-anárquicos.

[52] Sobre estas temáticas v. Raquel GONÇALVES MOTA, «A cooperação internacional na operacionalização do intercâmbio de informações fiscais» e Marcelo RODRIGUES DE SIQUEIRA, «Os desafios do Estado fiscal contemporâneo e a transparência fiscal», ambos em *Sustentabilidade Fiscal em Tempos de Crise,* Almedina, Coimbra, 2011, pp. 167 e ss e pp. 129 e ss, respectivamente.

[53] Sobre a importância da *programação estratégica* como instrumento de orientação política no contexto do novo quadro de organização e funcionamento dos poderes públicos, em especial do poder administrativo, *v.*, por todos, Wolfgang KÖCK, «Pläne», Hoffmann-Riem / Schmidt-Assmann / Vosskuhle, *Grundlagen des Verwaltungsrechts II,* Beck, München, 2008, pp. 1319 e ss.

[54] Aparentemente esse roteiro consta do *Memorando de Entendimento entre o Estado Português, UE, BCE é FMI,* o que suscita problemas acrescidos de controlo por se tratar de um *acordo* com entidades supranacionais, mas não impede, até pela sua natureza aberta e negociável, típica dos programas, que possa ser adequado de forma a permitir alcançar os mesmos resultados em termos económico-financeiros sem pôr em causa os *princípios fundamentais do Estado de direito democrático* consagrados na Constituição da República Portuguesa (artigo 8.º/4 da CRP). Princípios que por consubstanciarem a matriz cultural nacional podem e devem ser mobilizados pelo Tribunal Constitucional para controlar quaisquer medidas normativas, neutralizando de forma legítima a eficácia dos acordos supranacionais que vinculam o Estado.

[55] V. Wolfgang KAHL, «Begriff, Funktionen und Konzepte von Kontrolle»..., *Ob. Cit.,* pp. 447.

O controlo sistémico não pode ser realizado pelos tribunais. Não se trata de analisar a validade de medidas individuais e concretas ou de regimes normativos, mas sim de *acompanhar* a execução do *programa*, bem como de *avaliar* a sua aptidão para a realização das metas propostas em função dos resultados parciais obtidos e de orientar a sua *reformulação* se for o caso. Talvez por essa razão a implementação do *programa de ajustamento económico-financeiro* tenha motivado a criação de diversas entidades às quais se conferem missões de controlo, cuja análise encontramos no último texto deste volume quando se analisam os problemas e algumas perplexidades em matéria de controlo da eficiência. Apesar do impulso para a instituição de mecanismos deste tipo, não se percebe muito bem se os mesmos irão funcionar como entidades independentes para garantir o controlo externo ou como auxiliares técnicos dos decisores políticos, funcionando neste caso sobretudo como instrumentos de controlo interno e de *interface* entre as instituições subscritoras do *acordo-programa*.

4. A solidariedade no entretanto

Para além da necessidade de garantir a igualdade (universidade) e a justiça na contribuição para os encargos públicos em situação de estado de emergência económico-financeira, importa também encontrar algumas respostas para o problema da especial *vulnerabilidade social* de alguns grupos. Se no ponto anterior expusemos as nossas preocupações quanto à necessidade de *repartir de forma igual e equitativa os sacrifícios* para garantir que o inevitável *retrocesso social* origina um *abaixamento gene-ralizado do nível de bem-estar*, mas não a "aniquilação" da estrutura económico-social que suporta os Estados industrializados, ou seja, a sua classe média, interessa-nos agora enunciar algumas questões sobre *medidas de emergência social* em *estado de emergência económico-financeira*. Em poucas palavras, trata-se de responder à questão de saber como é que o Estado comunidade pode continuar a cumprir objectivos como a coesão económico-social e a garantia do *mínimo para uma existência condigna* quando escasseiam os recursos económicos para as prestações sociais.

Com efeito, ninguém sabe ao certo quanto tempo pode durar o estado de emergência económico-financeira e, neste entretanto, é imprescindível ter também um *programa de acção social* que não seja um mero *manifesto*

56 Sustentabilidade e Solidariedade em Estado de Emergência Económica-Financeira

assistencialista[56], mas sim um *programa estruturado* capaz de refrear o impulso de *"brasilianização"*[57] social a que inevitavelmente se tenderá a assistir.

A solução não é fácil e em grande medida percebemos que uma parte da socialidade acabará por ficar inevitavelmente entre parêntesis, sem que possamos realizar uma transição estruturada para o *novo MAC social dinâmico*[58] como seria desejável.

Mas alguma coisa é possível fazer no campo do *refinanciamento* promovendo e dinamizando esquemas de compensação intrasectorial no âmbito dos *serviços de interesse económico geral* assentes em novos tributos, seja com finalidades regulatórias para tornar o sector mais competitivo dentro das regras europeias em matéria de auxílios de Estado, as quais servem também uma finalidade económica de redução dos custos das empresas, tornando a economia mais competitiva, seja com finalidades sociais de reduzir os custos que se reflectem nos preços finais a suportar pelas famílias[59].

---

[56] Ao Estado não compete substituir-se às instituições que asseguram a acção social, nem mimetizar a sua actuação com acções de solidariedade da sociedade civil.

[57] Beck utilizou a expressão *"brasilianização do ocidente"* para descrever o possível impacto que as políticas neoliberais do emprego teriam sobre a sociedade ocidental, onde a passagem de uma sociedade do emprego a uma sociedade do conhecimento, cuja implementação requeria precariedade e flexibilidade, geraria exércitos de desempregados – Ulrich BECK, *The Brave New Wolrd of Work (tradução)*, Oxford Press, Cambridge, 2000, pp. 1 e ss. Também a Habermas se atribui recorrentemente a expressão *"brasilianização"*, para caracterizar a situação que o autor descreve em que os direitos fundamentais se transformam em meros preceitos constitucionais sem realização prática. Na sua obra "o discurso filosófico da modernidade", o autor permite-nos compreender, a partir da análise da evolução da base filosófica da organização social, algumas perversidades que o sistema foi assimilando e que arruinaram o seu suporte ético – cf. Jügen HABERMAS *O discurso filosófico da modernidade (tradução)*, Dom Quixote, Lisboa, 1990. Se somarmos a esta quebra da base ética, a subsequente quebra da base económico-financeira que sustentava o "modelo social europeu", encontramos razões sérias para nos preocuparmos.

[58] Sobre o *"MAC social" método aberto de coordenação na área da protecção social* (cf. COM-2008/418) v. Gerda FALKNER, «European Union», *in* Castles /Leibfried / Lewis /Obinger / Pierson (ed.), *The Welfare State,* Oxford University Press, New York, 2010 (pp. 292-305) e Suzana TAVARES DA SILVA, *Os direitos fundamentais na arena global, Ob. Cit.*

[59] Os autores sublinham a importância de utilizar *subvenções cruzadas* dentro da margem permitida pelas directrizes europeias ou mesmo *fundos de compensação* como aqueles que têm vindo a ser erigidos entre nós no domínio do sector eléctrico e do abastecimento de água e saneamento para "reduzir custos" ou "nivelar preços", respectivamente – *v.,* por todos, Markus KRAJEWSKI, *Grundstrukturen des Rechts öffentlicher Dienstleistungen,* Springer, 2011, pp. 441 e ss (em especial 451-452).

O mesmo esquema de *refinanciamento* é parcialmente transponível para os *serviços de interesse geral*, em especial para o ensino, segurança social e saúde, mas onde impera, em primeiro lugar, a necessidade de ajustar os parâmetros das prestações públicas à realidade, começando por apurar a juridicidade dos critérios de *racionamento*[60], para que os direitos não percam a sua carga valorativa no afã de se tornarem sustentáveis[61]. Mas o caminho da sustentabilidade neste campo é mais difícil de trilhar, como se percebe pelo exemplo da segurança social: o aumento da esperança média de vida tornou insustentável o modelo de financiamento que fora concebido para o sistema e exigiu um aumento da idade da reforma, mas esta medida, por seu turno, agravou o desemprego entre os jovens, e com isso, novamente, a sustentabilidade do sistema.

Por último, cumpre destacar que é ainda possível conceber medidas de *incentivo social a custo zero* no quadro típico da actuação dos poderes públicos, potenciadoras da acção social privada, sobretudo em matéria de simplificação procedimental e de critérios de regulamentação.

5. Em jeito de conclusão: até quando? e Até quanto?

Os dois últimos tópicos que nos propomos tratar, embora sejam essenciais para fechar o *"círculo da justiça"* que convocámos para este discurso, não conhecem nem podem conhecer respostas claras no actual

---

Medidas que terão certamente um impacto social positivo mais relevante do que o alcançado com os esquemas de apoio a clientes vulneráveis como o da tarifa social no sector eléctrico e do gás natural, previstos no Decreto-Lei n.º 138-A/2010, de 28 de Dezembro, complementado pela Portaria n.º 1334/2010, de 31 de Dezembro, e no Decreto-Lei n.º 102/2011, de 30 de Setembro, onde o tipo de apoio à vulnerabilidade é manifestamente insuficiente para compensar o impacto da subida dos preços finais a pagar pelos consumidores em resultado do aumento do IVA e da liberalização dos mercados na fileira do consumo doméstico.

[60] Sobre o *racionamento na saúde v.*, por todos, Luís MENESES DO VALE, *Racionamento e racionalização no acesso à saúde: contributo para uma perspectiva jurídico-constitucional*, dissertação de mestrado (policopiado), Coimbra, 2007.

[61] Sobre a *racionalização* da teoria dos valores inscritos nos direitos fundamentais no novo contexto jurídico-político *v.*, por todos, Wolfgang KAHL, «Grundrechte», *in* Depenheuer / Grabenwarter, *Verfassungstheorie*, Mohr Siebeck, Tübingen, 2010, pp. 807 e ss (em especial, pp. 830).

sistema, obrigando-nos uma vez mais a convocar os contributos da nova *governance* pública.

A compreensão e a "domesticação jurídica" deste fenómeno (da *governance*) é essencial, pois, em nosso entender, um dos problemas que conduziu ao actual *"estado da arte"* foi, em certa medida, o alheamento dos juristas relativamente a ele, considerando, talvez, que esta realidade estava confinada ao "mundo económico" e não alterava o *status quo* do jurídico. As referências constantes que se ouviam, como a necessidade de recompreensão da justiça para que alertava Amartya Sen, a importância do diálogo na construção do direito a que referia Habermas ou mesmo a necessidade de integrar no espaço de decisão do interesse geral actores diversos, públicos e privados, nacionais e internacionais, institucionais e empresariais, que proclamava Teubner, eram apresentadas como interessantes especulações sobre a "nova arrumação do social" e a "nova arrumação dos factores económicos", mas, genericamente, não alcançavam qualquer influência directa sobre o *acquis* teorético e dogmático das fontes normativas. Sobretudo um certo "desapreço" a que alguns juristas votaram o *soft law*, o *technical law* e as posições jurídico-subjectivas que se foram estabelecendo sob a influência destes domínios, considerando que dispunham de um grau de normatividade ténue e por isso insuficiente para abalar o *ethos* jurídico geral, percebe-se hoje que foi um pecado original.

A *globalização económica* teria de ter sido acompanhada de um aprofundamento da metódica do direito comparado como bem nos explica *Maria Rosaria Ferrarese* quando, no seu primeiro estudo sobre as *"instituições da globalização"* refere que *"o direito"* não é um conjunto de regras, mas antes "uma linguagem mais ampla que serve para enquadrar o mundo"[62].

Regressando ao "caso português", cumpre, em primeiro lugar, questionar o seguinte: não existindo uma declaração formal de reconhecimento do *estado de emergência económico-financeiro* como é poderemos identificar com um mínimo de certeza o seu termo? A questão é sobretudo pertinente se pensarmos que as medidas conjunturais de emergência que vêm sendo adoptadas coexistem e serão sucedidas por medidas estruturais de ajustamento à redução geral do nível de bem-estar até que se atinja o adequado estádio de sustentabilidade. Por essa razão, é difícil perceber

---

[62] Maria Rosaria Ferrarese, *Le istituzioni della globalizzazione,* il Mulino, Bologna, 2000; e, *La governance tra politica e diritto,* il Mulino, Bologna, 2010.

quando é que se dá a passagem de uma fase para a outra. Mas é do maior relevo fixar esse momento, na medida em que, por exemplo, é partir dele que as diferenciações de tratamento com base em critérios de política económica (desvios à universalidade) passam, em nosso entender, a ser possíveis e legítimas.

O critério que permite identificar essa passagem é o afastamento do *risco iminente* de *default*, ou seja, a fase em que embora exista ainda um desequilíbrio e continuem a ser necessárias medidas de *ajustamento económico estrutural*, deixamos de estar em risco de incumprimento. Ora, trata-se de uma condicionante económico-financeira, tal como no estado de sítio ou de guerra a condição para que a respectiva cessação venha a ser decretada, ou se torne impossível a sua prorrogação (já que existe sempre um prazo), radica em condicionantes naturais ou políticas. Assim, embora aparentemente um jurista positivista tenha dificuldade em aceitar esta plasticidade dos critérios, os actores da *nova governance* percebem que a garantia que o positivista alcançava através da regra, se encontra hoje na interligação e balanceamento de interesses que subjaz a cada decisão complexa para a qual têm de contribuir diversas entidades. O mesmo é dizer que teremos de confiar na confluência dos diversos *apports decisórios* na *governance* para fixar esse momento.

A segunda questão prende-se com a eventual decisão de qualificação de uma medida adoptada na vigência do *estado de emergência económico--financeiro* como desproporcionada, ou seja, como adequada (apta à realização do fim, que é evitar o *default*), necessária (a medida menos gravosa de entre as diversas alternativas que permitem alcançar o fim), mas desproporcionada em sentido restrito, *i. e.*, como uma medida cujas consequências seriam mais gravosas do que o *default* e, nesse contexto, seria ilegítima. Será esta uma decisão apenas política ou poderá prever-se um controlo jurídico deste tipo?

Em princípio nada obsta a que teoricamente este controlo seja efectuado, a questão é apenas a de saber qual poderia ser o tribunal competente para o realizar. Se pensarmos no Tribunal Constitucional e na sua jurisprudência mais recente (regressamos ao início do texto) percebemos claramente que só com muita dificuldade poderíamos esperar uma decisão deste tipo. Circunstância que não nos deixa tranquilos, pois é o mesmo que admitir que depois de tantos exemplos didácticos proporcionados pela história moderna voltamos ao ponto de partida – a gestão dos conflitos

60 *Sustentabilidade e Solidariedade em Estado de Emergência Económica-Financeira*

económico-financeiros é confiada ao bom senso dos políticos e à capacidade de gestão das forças sociais e dos conflitos latentes pelas diversas instâncias.

A nossa convicção, como a de outros, é da que a complexidade e a globalização, da mesma forma que nos deixaram desprotegidos da ordem jurídica nacional a que nos acomodámos, permitiram construir, na teia invisível da *governance*, novas soluções e novos instrumentos de resposta. Só o futuro próximo nos poderá dizer se esta construção do *"início da história",* que pôs fim ao período tribal da humanidade na expressão de *Maalouf*[63] e *Fukuyama*[64], nos possibilitará vencer "acidentes" como este em que estamos actualmente envolvidos, ou se, ao invés, a *"tentação do cume"* que sobreveio ao fim do comunismo nos fez subir demasiado alto e agora não é possível amparar o mundo, que a nossos olhos, e na expressão de Joseph Stiglitz, está em *"queda livre".*

---

[63] V. Amin MAALOUF, *Um Mundo sem Regras. Quando as nossas civilizações se esgotam* (tradução de Carlos Aboim de Brito), Difel, Lisboa, 2009.

[64] V. Francis FUKUYAMA, *The Origins of Political Order: From Prehuman Times to the French Revolution,* Farrar, Straus and Giroux, 2011

EVENTUAIS EFEITOS DAS MEDIDAS DA «TROIKA» SOBRE A CONTABILIDADE E A FISCALIDADE DAS PEQUENAS E MÉDIAS EMPRESAS (PME) PORTUGUESAS

ANA MARIA GOMES RODRIGUES

SUMÁRIO: **1. O conceito de PME:** 1.1. Critérios quantitativos utilizados na definição de PME; 1.2. Critérios qualitativos comummente utilizados para identificar uma PME. **2. A contabilidade e as PME:** 2.1. O modelo de relato financeiro das PE; 2.2. O modelo de relato financeiro das ME. **3. O regime fiscal e as PME. 4. O Memorando de Entendimento da «Troika» e as PME**: 4.1. Eventuais efeitos na contabilidade das PME; 4.2. Eventuais efeitos na tributação das PME. **5. Nótulas conclusivas.**

Resumo: O artigo versa, numa primeira fase, sobre a definição de um particular universo empresarial: as PME e a sua representatividade na estrutura empresarial portuguesa, chamando à colação as suas particulares especificidades. Numa segunda fase, evidenciam-se, as bases contabilísticas dos modelos de relato para as PME, no contexto da recente adopção do SNC, acentuando as particularidades da norma para as pequenas entidades (NCRF–PE), bem como o novo normativo contabilístico das microentidades (NCM). Na terceira parte, trataremos, ainda que de um modo muito sumário, do actual regime fiscal das PE e das ME, no contexto específico em que estas entidades interagem na economia. De seguida, elencam-se os principais desafios que enfrentaremos com as recentes propostas da «Troika», que visam simplificar a contabilidade e a fiscalidade das mais pequenas entidades empresariais. Uma abordagem crítica ao futuro modelo de relato financeiro para esses segmentos empresariais e algumas das limitações que comporta, são assuntos que abordaremos seguidamente, avançando subsequentemente com algumas notas conclusivas sobre as várias temáticas tratadas.

1. O conceito de PME

Não existe um conceito uno de PME, podendo afirmar-se que existe uma grande confusão à volta das medidas deste fenómeno. A lei, bem como a doutrina, tem-se socorrido de vários critérios, sejam eles de natureza quantitativa ou qualitativa, com vista a definir essa realidade heterogénea que cabe no acrónimo de PME.

Apesar de não nos guiar qualquer desiderato de exaustividade acerca deste fenómeno empresarial, hoje, no entanto, há verdades indiscutíveis acerca destes agentes económicos *sui generis* – as PME. São as principais criadoras de emprego e de crescimento, sendo reconhecidas como fonte de dinamismo, inovação e flexibilidade um pouco por todo o mundo[1], chegando a ser consideradas verdadeiros motores dentro das tecnologias de ponta. Como implicam um menor risco de investimento e dispõem de estruturas empresariais mais flexíveis, assumem-se como entes a privilegiar em situações de crise e de incerteza crescente, como aquela que vivemos actualmente.

Estas entidades são, assim, hoje consideradas um filão importante na economia global: resistem mais facilmente a profundas mudanças do contexto envolvente (dada a sua maior flexibilidade, capacidade para a inovação e empreendedorismo); possuem maior capacidade de adaptação às flutuações do mercado; e, assumem-se como as grandes geradoras de emprego.

A confirmar a relevância destas entidades, estão as várias iniciativas da UE que, ao longo do tempo, têm sido criadas para favorecimento das PME[2-3].

---

[1] Ver, OCDE (2009); Comissão Europeia (2007 e 2010) e IAPMEI (2008 e 2010).

[2] Desde o Acto Único, e mesmo antes dele, ainda que de natureza mais pontual, têm-se sucedido as iniciativas comunitárias a favor das PME, nos mais diversos domínios. Apenas a título de exemplo, cite-se algumas delas: Política Europeia PME (Tratado *Maastricht*) (1992); *Task Force Best* – Melhorar Ambiente Empresarial PME (1997); Carta Europeia das PME (2000); Tratado Lisboa, onde se sublinha a forte preocupação com a internacionalização e crescimento das PME (2001); Relatório do Observatório Europeu para as PME (2003); Projecto-piloto PME: *Home State Taxation* (2005); Carta Europeia às PME – Selecção de boas práticas (2009); entre muitas outras diligências de natureza semelhante.

[3] Na União Europeia, segundo dados de 2006, cerca de 23 milhões de PME asseguram aproximadamente 75 milhões de empregos e representam 99% do total de empresas, *in*: http://europa.eu.int/comm/enterprise_policy/sme.

Também para Portugal a relevância das PME é significativa, pois a nossa estrutura empresarial assenta, essencialmente, em micro e pequenas empresas, que representam, em conjunto, 99,3% das entidades empresariais, em 2011. Já a consideração do universo PME, faz subir esse número para 99,8% do total de empresas existentes, conforme consta da tabela seguinte.

Tabela 1: Estrutura Empresarial em Portugal

Tipo de entidades	N.º	Peso relativo (em%)
Micro	1.051.195	95,4
Pequena	43.443	3,9
Média	6.124	0,5
Grande	919	0,2
Totais	1.101.681	100%

Fonte: INE (2011)

Esta forte representatividade é a concretização da tendência de crescimento e multiplicação destas unidades empresariais no nosso país, ao longo dos últimos anos. Esta miríade de células empresariais transportam consigo um potencial de estabilidade económica e social, empregando mais de 70% da população e contribuindo em cerca de 50% para o PIB nacional, ainda que detentoras, em geral, de uma fraca posição no mercado. Os principais mercados onde se localiza a actividade da generalidade das PME são de base local ou regional, logo o comércio e os serviços são os sectores privilegiados por este tipo de entidades.

As PME não são apenas dominantes em Portugal, pois constituem uma grande percentagem da população de empresas no mundo inteiro, variando entre 95% a 99% da estrutura empresarial da generalidade dos países europeus[4]. Assim, a presença destas entidades tem consequências não despiciendas na economia de qualquer país, sendo importante que existam programas especiais para incrementar a sua eficiência e que, simultaneamente, lhes permitam reduzir as suas inúmeras fragilidades.

Ainda que não pretendamos uma fotografia completa desta realidade empresarial, importa a perspectivação dos critérios quantitativos e qua-

---

[4] Ver OCDE (2009).

64 *Eventuais Efeitos das Medidas da «Troika» sobre a Contabilidade e a ...*

litativos comummente utilizados para forçar à estreiteza do conceito de PME. Prescindindo de alongamentos quanto a estas questões, dado que as mesmas estão amplamente desenvolvidas na doutrina[5], não nos podemos escusar a elencar as principais orientações no que à definição desses critérios respeita. É exactamente esse o objectivo que pretendemos atingir nos pontos que se seguem.

1.1. Critérios quantitativos utilizados na definição de PME

A essencialidade do fenómeno destas pequenas realidades empresariais convive, em gémea correlação, com outra – a multiplicidade de critérios a que se pode apelar para a definição de PME, um pouco por todo o mundo, e mesmo dentro das fronteiras de cada país. Assim, uma característica assume-se como determinante neste universo: o seu carácter heterogéneo.

O apelo a critérios quantitativos para a definição dessa realidade heterogénea é dominante na doutrina e na lei. A generalidade dos critérios quantitativos a que, geralmente, se apela para definir os diferentes subtipos dentro da noção geral de PME, é, primacialmente, os seguintes: número de empregados; volume de negócios; e, dimensão dos activos.

Na Europa, a definição de PME é bastante abrangente permitindo integrar um grande número de entidades empresariais debaixo desse "chapéu". Assim, nesse universo heterogéneo, podem coexistir uma pequena entidade familiar com três empregados, que abastece um pequeno número de clientes locais, e uma inovadora entidade que consegue concorrer em mercados internacionais fortemente competitivos. Consequentemente, poderemos afirmar que dentro do universo considerado há entidades que partilham características comuns, sendo que em outros casos a dissemelhança é a nota dominante, integrando, consequentemente, um conjunto muito diversificado de realidades e dimensões económicas.

A definição europeia de PME consta da tabela seguinte:

---

[5] Ver, entre muitos outros autores, Palma (2001); Lopes (1999 e 2009) e Santos (2009).

Tabela 2: Definição europeia de PME

PME	Número Efectivos	Volume Negócios (milhões de euros)	Balanço Total (milhões de euros)
Média	50 - 250	10 - 50	< 43
Pequena	10 - 50	2 - 10	< 10
Micro	< 10	< 2	< 2

Fonte: Recomendação 2003/361/CE

Em Portugal, a diversidade de critérios é a nota dominante, variando em função do domínio considerado. Assim, numa perspectiva **económica**[6], a definição nacional de PME[7] abrange os três critérios clássicos seguidamente elencados:

- Até 500 trabalhadores (600, no caso de trabalho por turnos regulares);
- Volume de vendas anuais inferiores a 11 971 149 euros;
- Não possuir, nem ser possuída, em mais de 50% por outra empresa que ultrapasse qualquer dos limites definidos nos pontos anteriores.

O alargamento do número de trabalhadores e do volume de negócios, considerados nesta perspectiva, conduz a que grande parte das entidades nacionais seja de classificar como PME. Desconfiamos da utilidade de fixação de limites tão significativos para o nosso universo empresarial.

Se adoptarmos uma perspectiva de **natureza mais jurídica**[8], a dispersão acentua-se. Com efeito, ainda que em vários domínios jurídicos não exista propriamente uma definição de PME, socorrem-se, em alguns casos, de obrigações mais ou menos acentuadas em função da dimensão da entidade em causa. Observe-se, no **direito societário**, o art. 262.º do CSC, que define os limites só para efeitos da obrigatoriedade da revisão

---

[6] Para uma análise desenvolvida dos problemas de política económica, ver Santos (2009).

[7] Despachos Normativos n.ºˢ 52/87 e 38/88 e Aviso constante do DR n.º 102/93, Série III.

[8] Para maiores desenvolvimentos sobre esta problemática ver, por todos, Casalta Nabais (2011).

ou certificação legal das contas nas sociedades por quotas[9], logo podendo ser comummente entendido, que esses são os limites para as PME. No âmbito do **direito do trabalho**, importa avaliar as orientações constantes do art. 100.º do Código do Trabalho (CT), em que a dimensão das entidades é definida, em exclusivo, com recurso ao número de trabalhadores[10]. Já no **direito económico,** é necessário apelar ao Anexo ao Decreto-Lei n.º 372/2007 de 6 de Novembro[11], que define as categorias de empresas (as PME) em termos de efectivos e limiares financeiros.

No tratamento fiscal das empresas, não há propriamente apelo à definição de critérios quantitativos para delimitar os diferentes tipos de entidades. Tal como afirma Casalta Nabais (2011: 14 e 15) "*(...) face ao* **direito fiscal**, *tende a vigorar um conceito amplo de empresa que abarca, para além das empresas consideradas como tal no direito das sociedades ou em específicos domínios do direito comercial, ou noutros ramos de direito, os profissionais independentes. Embora seja de assinalar e sublinhar que o direito fiscal, tanto em sede em geral, como em sede dos seus específicos segmentos ou sectores, não conhece qualquer conceito ou noção de empresa*", e, logo acrescentaríamos nós, muito menos atende a classificações empresariais que, tendo por base critérios de dimensão, permitam segregar as ditas empresas. Impera, consequentemente, um conceito amplo de empresa no direito fiscal, tal como refere Casalta Nabais (2011: 17).

---

[9] Curiosamente estes foram os limites que o legislador contabilístico adoptou para efeitos de definição das pequenas entidades (PE).

[10] Os critérios utilizados são os seguintes (CT, Lei n.º 7/2009, de 7 de Fevereiro):
a) Microempresa que emprega menos de 10 trabalhadores;
b) Pequena empresa a que emprega de 10 até a menos de 50 trabalhadores;
c) Média empresa a que emprega de 50 até a menos de 250 trabalhadores;
d) Grande empresa a que empregar 250 ou mais trabalhadores.

[11] No art. 2.º do Anexo 1, o legislador dispõe que:
"1 – A categoria das micro, pequenas e médias empresas (PME) é constituída por empresas que empregam menos de 250 pessoas e cujo volume de negócios anual não excede 50 milhões de euros ou cujo balanço total anual não excede 43 milhões de euros.
2 – Na categoria das PME, uma pequena empresa é definida como uma empresa que emprega menos de 50 pessoas e cujo volume de negócios anual ou balanço total anual não excede 10 milhões de euros.
3 – Na categoria das PME, uma micro empresa é definida como uma empresa que emprega menos de 10 pessoas e cujo volume de negócios anual ou balanço total anual não excede 2 milhões de euros".

Para efeitos do **direito contabilístico**, e depois de vários imprevistos[12], o legislador veio a definir dois níveis dentro das PME: as pequenas entidades (PE) e as microentidades (ME).

Optou, para efeitos da aplicação do normativo contabilístico, por definir como pequena entidade (PE), depois da Lei n.º 20/2010, de 23 de Agosto[13], qualquer entidade que não ultrapasse dois dos seguintes três critérios: total de balanço: 1.500.000 €; total de vendas líquidas e outros rendimentos: 3.000.000 €; e número de trabalhadores: 50.

Já a definição de microentidades constante da Lei n.º 35/2010, de 2 de Setembro, passa a assentar nos seguintes critérios: total de balanço: 500.000 €; volume de negócios líquido: 500.000 €; e número médio de empregados durante o exercício: 5.

No ponto seguinte iremos analisar, ainda que num percurso radiográfico, alguns dos critérios qualitativos comummente utilizados para identificar uma PME.

1.2. Critérios qualitativos comummente utilizados para identificar uma PME

Podem ser várias as asserções a utilizar para efeitos da definição destes critérios qualitativos definidores ou identificadores das PME. Na literatura apontam-se diversos[14]. Podem os mesmos surgir agregados em várias categorias: ligados à independência na titularidade do capital e controlo de decisão por parte do empresário individualmente considerado; problemas de gestão; factores de natureza financeira; factores económicos; e, ainda, factores resultantes da complexidade da ordem jurídica em geral, mais concretamente, de natureza contabilística, societária, fiscal e

---

[12] Veja-se a profunda alteração que se verificou no pensamento contabilístico sobre a definição do valor dos critérios quantitativos para a definição de PE. Ver a este propósito, Rodrigues (2011).

[13] Na versão inicial do art. 9.º do Decreto-Lei n.º 158/2009, de 13 de Julho, os critérios definidores de PE eram os seguintes:

- *Total de balanço: 500.000 €;*
- *Total de vendas líquidas e outros rendimentos: 1.000.000 €;*
- *Número de trabalhadores empregados em média durante o exercício: 20.*

[14] Ver a este propósito, Lopes (1999); Martins *et al.*, (2009) e Santos (2009).

68 *Eventuais Efeitos das Medidas da «Troika» sobre a Contabilidade e a ...*

comunitária. Optámos por elencar alguns destes, por nos parecerem ser aqueles que melhor traduzem a imagem de pequenas e médias empresas que partilhamos e que dominam a estrutura empresarial nacional.

O tecido económico nacional, como vimos anteriormente, é constituído, na sua generalidade, por pequenas entidades, que genericamente, possuem as seguintes características[15]: estruturas tipicamente familiares; independentes; a operarem, normalmente, com fracas quotas de mercado e em mercados locais; fortemente intensivas em mão-de-obra, dada a precária estrutura de capitais iniciais; a propriedade e a gestão, geralmente, coincidem e os conflitos de agência tendem a não ocorrer a esse nível; a gestão é, frequentemente, assumida pelo proprietário da empresa, sendo subjectivamente personalizada e normalmente pouco técnica; recorrem raramente a profissionais qualificados, muitas vezes fruto dos elevados custos associados a esses profissionais (salariais e encargos sociais e fiscais); e, geralmente, verifica-se uma profunda confusão entre o património societário e o património pessoal dos seus proprietários. Apresentam uma especial capacidade para se adaptarem a ambientes em mutação, característica que resulta de estruturas administrativas mais ligeiras e flexíveis, mas, também, menos organizadas.

Além das características organizacionais, estes entes são caracterizados também por diversos obstáculos à sua criação e desenvolvimento, nomeadamente, as suas tradicionais dificuldades de financiamento, pois a generalidade dessas entidades nasce subcapitalizada, apoiando-se para o seu financiamento essencialmente em capitais de origem bancária[16], de curto prazo. São, por isso, altamente dependentes das instituições financeiras, particularmente da banca, e com altos custos de financiamento, motivados pelas clássicas dificuldades em prestar as garantias necessárias, envolvendo, normalmente, o empresário a nível pessoal para suprir essas necessidades. Verifica-se, neste contexto, uma elevada assimetria de informação e significativos custos de agência entre os proprietários e os financiadores da entidade[17].

---

[15] Sobre as características específicas dos vários tipos de entidades, integrantes do acrónimo PME, ver Santos (2009).

[16] Muito se tem discutido sobre a necessidade de criação de um mercado financeiro europeu, particularmente adequado para o financiamento deste tipo de entidades – o designado segundo mercado.

[17] Apesar da não existência de custos de agência entre os órgãos de gestão e os sócios das PME, no que respeita aos sócios e aos credores das entidades, estes podem afigurar-se significativos, tendo em conta os conflitos de interesses que lhe podem estar subjacentes.

Logo, a eterna questão da subcapitalização deste tipo de entidades é uma das principais características deste universo, e constitui, também, um dos seus maiores obstáculos, dificultando, em geral, o processo de crescimento, não lhes permitindo ultrapassar as suas fraquezas, nomeadamente, o estigma da pequenez da sua criação.

A indisponibilidade de mão-de-obra qualificada caracteriza este tipo de entidades, pois não têm, frequentemente, recursos humanos suficientemente especializados, já que a sua captação envolve elevados recursos financeiros, acarretando imensas dificuldades em lidar com a complexidade da legislação contabilística, fiscal, societária, laboral e administrativa, o que conduz a que, em geral, as empresas de menor dimensão tendam a subcontratar a terceiros algumas dessas funções. A complexidade jurídica é particularmente significativa para este tipo de entidades e sobrecarrega imenso a sua estrutura de custos, reduzindo muito drasticamente a competitividade e as possibilidades do seu crescimento e desenvolvimento.

Assim, e no que importa à contabilidade destas entidades, já que é a temática principal que nos ocupa neste trabalho[18], esta não é vista como uma fonte de informação indispensável, pois os seus principais destinatários, os órgãos de gestão, a banca, e ainda outros agentes com os quais interagem, têm a convicção de que a mesma é preparada essencialmente para fins fiscais, fruto de opções estranhas à contabilidade, tornando discutível a utilidade daquela informação para a tomada decisões. Assim, e porque atribuem pouca importância à informação contabilística, esta é vista como uma obrigação legal para apoiar o cálculo dos impostos, pelo que se pode detectar, neste particular tipo de entidades, uma forte ligação entre a contabilidade e a fiscalidade. Como sociedades de capital fechado que são, a sua prestação de contas destina-se, quase em exclusivo, a fins fiscais, já que nem para os seus sócios esta se afigura muito relevante, só interessando no momento de conhecer o montante do imposto a pagar.

Este tipo de entendimento conduz a que essas entidades disponham de estruturas organizacionais muito reduzidas e imperfeitas, operando, na generalidade dos casos, em cenários de curto prazo, sendo a generalidade das decisões baseadas na intuição do proprietário. As fracas capacidades de planear e orientar as suas políticas de crescimento e desenvolvimento fazem com que muitas dessas entidades apresentem fraca capacidade de concorrer em mercados mais exigentes, nomeadamente, nos mercados externos.

---

[18] No ponto 2 trataremos desta problemática mais desenvolvidamente.

Em nossa opinião, esta análise peca por simplista, pois os custos suportados com sistemas de informação, como é o caso da contabilidade, podem não ter a vertente negativa que normalmente lhe é atribuída na doutrina e na lei. Em nosso entender, esses custos podem e devem ser rendibilizados pelas empresas, aproveitando estas obrigatoriedades como uma vantagem para si mesmas, pois estas exigências transportam consigo alguma disciplina nos processos organizativos, particularmente relevantes para entidades muito fragilizadas por insuficiência de organização administrativa. Para a rendibilização desses custos, importa interpretá-los como fontes de oportunidade, gerando processos de gestão organizacional para construir um sistema de informação eficiente, que possa facilitar os seus processos de decisão e dos seus parceiros de negócio (os bancos, os fornecedores, os clientes, entre outros), permitindo apoiar os necessários processos de crescimento e desenvolvimento. Este entendimento implica, todavia, uma alteração de mentalidade dos nossos empresários e, também, dos profissionais destas áreas.

Este tipo de estrutura empresarial é, necessariamente, condicionadora do modelo contabilístico e fiscal que se deve adoptar para atender às particulares características deste universo. Neste sentido, desenvolveremos de seguida algumas das opções tomadas pelo legislador nacional, tanto do ponto de vista contabilístico como fiscal. Por isso, foi nossa opção clara, centrar-nos a partir de agora, nestes dois aspectos – a contabilidade e a fiscalidade destas entidades: as PE e as ME[19], abandonando muitas outras áreas que mereceriam destaque semelhante, pela relevância que podem assumir no desenvolvimento destes núcleos empresariais.

2. A contabilidade e as PME[20]

Desde meados dos anos oitenta, um dos grandes objectivos a prosseguir na contabilidade é o de transformar as diversas práticas contabilísticas numa única linguagem aceite no mundo inteiro, o designado "esperanto

---

[19] Abandonámos, por isso, as médias e grandes empresas. Ver sobre os modelos de relato dessas entidades, ainda que de forma sumária, Rodrigues (2011).

[20] Continuaremos genericamente a falar de PME, ainda que nos centremos, doravante, apenas nas PE e nas ME.

contabilístico"[21], com vista a que a informação prestada, com base em normas contabilísticas que se pretendem harmonizadas e inspiradas na mesma filosofia, possa ser facilmente entendida e apreciada num mundo cada vez mais globalizado. Apresenta esta procura de uma informação mais harmonizada também uma maior facilidade na obtenção de crédito e para atracção de investimentos para todas as células da actividade económica.

Essa procura conduziu a que, desde há alguns anos, o debate se tivesse centrado sobre a adopção de um único modelo contabilístico, que tem subjacente um denominador comum – os princípios e as regras do sistema anglo-saxónico. Um paradigma de relato financeiro que compreende as normas IASB–UE e as normas do SNC, particularmente vocacionado para responder às necessidades informativas dos investidores do mercado financeiro, visando assegurar a comparabilidade entre todas as entidades no espaço nacional e mesmo comunitário. Importa perceber quais as novas exigências para o nosso universo em estudo, relativamente a este "novo mundo" contabilístico.

Em nossa opinião, todo o processo de harmonização contabilística internacional tem sido pensado e desenvolvido sem atender às necessidades das pequenas entidades, ainda que estas sejam consideradas, desde há muito, como um filão importante numa economia saudável ou em crise.

Assim os modelos que, na generalidade dos casos, têm vindo a ser adoptados, revelam-se demasiado complexos para uma estrutura empresarial baseada por excelência nas pequenas e micros entidades. Atendendo, também, aos diferentes objectivos que a informação financeira deve prosseguir, a dimensão releva-se um factor diferenciador na informação a divulgar, pois a dimensão da entidade, seja esta avaliada pelo volume de negócios, número de trabalhadores ou investimentos realizados serão importantes, mas talvez mais cruciais sejam as diferentes necessidades dos destinatários de cada tipo de entidades a considerar, que precisam de informação distinta face à diferente natureza das decisões a tomar.

As necessidades de informação requerida pelos diferentes destinatários dessas entidades são, necessariamente, condicionadoras da informação que essas entidades devem divulgar, pois as necessidades desses utentes são de natureza bem distinta daquelas que são típicas de grandes entidades com acções negociadas em mercados regulamentados, e onde o investidor

---

[21] Ver Rodrigues (2010b).

anónimo do mercado financeiro é o agente a privilegiar do ponto de vista da divulgação da informação. Logo, a informação financeira a exigir às entidades empresariais não pode ser independente da sua dimensão, pois os destinatários são diversos e têm necessidades também elas distintas.

A importância destes segmentos empresariais e a capacidade de adaptação a ambientes adversos, associados ao desempenho de importantes papéis que estes agentes económicos têm desempenhado nas últimas décadas nas economias em geral, especialmente centrados na sua flexibilidade, capacidades para a inovação e mudanças tecnológicas, e, ainda, as maiores geradoras de emprego, podia, e devia, justificar a existência de menores exigências, quer em sede de normas a aplicar, quer na simplificação das exigências da divulgação obrigatória, que têm que cumprir nesse quadro conceptual-normativo de inspiração internacional. Se entendemos que essas pequenas entidades devem divulgar informação contabilística, defendemos a sua sujeição a regimes simplificados de contabilidade, pautados pela ideia de proporcionalidade e de necessidade.

Invocando, ainda que de modo falacioso, essas particulares capacidades deste ente empresarial, o discurso institucional e político, dos últimos tempos, e, particularmente no seio da UE, parece apontar no sentido de libertar as PE do peso de preparar e divulgar informações contabilísticas. Considerando-se institucionalmente que as pequenas entidades suportam custos administrativos e de contexto significativos, onde concorrem em larga escala o custo de preparar informação financeira, foi proposta pelo legislador europeu a solução mais simples: eliminação da contabilidade, tal como a concebemos hoje, enquanto fonte de informação a privilegiar para este tipo de entidades. Outra podia e devia ter sido a proposta, que deveria ter passado por adequar as exigências dessa informação contabilística às necessidades dos seus destinatários. Felizmente, e ainda que por fortes pressões dos *lobbies*, aquelas ideias foram abandonadas[22], ou pelo menos esquecidas no curto prazo.

É nossa convicção, conforme já afirmámos anteriormente[23], que os benefícios derivados da existência de contabilidade excedem os custos de

---

[22] Contrariamente ao que esteve em vias de ser aprovado pelo Parlamento Europeu, quando em 10 de Março de 2010, quis eliminar a obrigação das pequenas e microentidades de prestarem contas.

[23] Ver, Rodrigues (2012b).

a preparar. A obrigatoriedade de contabilidade não pode ser vista como um custo, mas sim um valor acrescentado para as entidades e para a sociedade em geral. Este convencimento, todavia, não pode impedir a simplificação dos procedimentos de relato para as mais pequenas entidades.

A esmagadora maioria das microentidades opta por recorrer ao *outsourcing* para responder à obrigatoriedade de contabilidade organizada imposta por lei, nem sempre entendendo o importante papel que essa informação pode ter para o normal desenvolvimento dos seus negócios. Esta opção contratual tem custos de oportunidade significativos, conduzindo a que a utilidade da informação preparada possa ser reduzida, nomeadamente, por não obter essa informação em tempo real, aliado a um conhecimento insuficiente da actividade empresarial por parte de alguns técnicos externos responsáveis pela elaboração da contabilidade dessas entidades, retirando, assim, utilidade à informação elaborada. A inoportunidade da sua divulgação e a fraca qualidade da sua preparação faz com que frequentemente esta não seja utilizada como apoio às decisões internas da entidade, nem mesmo dos seus principais destinatários. Este *modus faciendi*, conjugado com o facto da informação preparada continuar a ser olhada como uma obrigação legal, particularmente para satisfazer as exigências do legislador fiscal, na sua elaboração continuam a privilegiar-se critérios fiscais, em detrimento de uma informação financeira de base económica. Esta última deveria ser a filosofia na preparação da informação, pois a contabilidade devia estar ao serviço das necessidades dos seus principais destinatários que interagem com essas entidades. Consequentemente, e se fosse essa a opção, a contabilidade deixaria de ser olhada como apenas mais um dos custos impostos pela lei.

Discordamos dos ventos de mudança que vêm advogar a dispensa de contabilidade organizada, pois em nossa opinião, a exigência de contabilidade não deve ser entendida como um mero custo administrativo. Os benefícios associados à existência da informação contabilística são inúmeros. Permitimo-nos elencar, apenas, alguns deles. Em primeiro lugar, analisar tempestivamente o andamento dos negócios da entidade. Passará também por ser um repositório de informação, que poderá ser utilizada com base num quadro de indicadores fundamentais para cada entidade em concreto, que poderão servir de guia ao gestor/proprietário da entidade. A contabilidade pode, e deve, fornecer informações sobre os negócios, permitindo que os credores societários possam tomar as suas decisões com base em informações credíveis, ainda que num contexto de incerteza como aquele que caracteriza o ambiente macroeconómico geral. A maior dificuldade na obtenção de crédito e na atracção de investimentos só pode ser superada quando os decisores tenham mais e mais adequadas informações sobre o andamento dos negócios da entidade, permitindo minimizar os custos associados à assimetria da informação e os tradicionais custos de agência entre a empresa e os seus credores. Por último, mas não menos importante, permite superar a falta de capacidade administrativa da generalidade dessas entidades, obrigando esses agentes a munirem-se de instrumentos necessários para ultrapassar algumas das suas limitações.

Se a contabilidade for assumida com a real credibilidade que lhe deve estar subjacente, esta torna-se essencial para dar a conhecer a situação financeira da entidade, o seu desempenho e, deste modo, apoiar as decisões dos agentes que com estas entidades interagem, permitindo-lhes planear para cenários mais longos, ultrapassando o bloqueio dos cenários de curto prazo associada a uma deficiente organização empresarial.

Palma (2001: 45) refere que *"(...) um bom contributo para o sucesso destas empresas passaria pela organização de medidas [...] destinadas à melhoria da competência dos administradores, a sua capacidade para ler e interpretar os dados financeiros, o seu zelo na correcta organização contabilística e sobretudo a sua habilidade em antecipar e avaliar as situações difíceis"*.

A contabilidade é, todavia, ainda hoje, essencialmente preparada para fins fiscais, com vista a apurar o imposto devido no final do período. Nestas entidades, a legislação tributária está sempre acima da legislação contabilística, para a generalidade dos operadores económicos, incluindo para a própria entidade. A questão cultural é aqui fortíssima. Consequentemente, há um conjunto de ocorrências, que podem representar situações de manipulação dos resultados, determinadas pelos incentivos fiscais, deteriorando a qualidade da informação.

Por ser esse o entendimento dominante, na *praxis*, sabemos as dificuldades que muitas destas pequenas entidades vivem, devido à falta de informações precisas sobre as suas actividades, sendo que muito dos seus negócios não são efectivados ou são-no após grandes contrariedades.

A questão central em termos de contabilidade exige uma mudança de cultura e de postura em relação ao tratamento hoje dado às informações contabilísticas. Demonstrações contabilísticas adequadamente preparadas podem ser uma fonte de informação importante para a tomada de decisões internas, bem como dos *stakeholders* ou destinatários dessas informações contabilísticas como sejam as instituições bancárias, o governo, entre outras entidades. Apesar de ser este o objectivo principal subjacente à sua elaboração no quadro normativo dominante, a prática pauta-se por valores de discutível interesse.

O legislador nacional, consciente da nossa estrutura empresarial, criou desde logo uma norma particularmente adequada para as PE – a NCRF – PE[24]. Posteriormente, e no sentido de uma maior simplificação vem a criar um novo sistema para as mais pequenas entidades, as ditas ME. Estas iniciativas normativas previstas pelo legislador nacional visam adaptar o sistema contabilístico às exigências específicas do tecido empresarial português, e, simultaneamente, convergir para os novos padrões contabilísticos internacionais, e adoptados na UE em matéria contabilística, dentro do figurino do sistema contabilístico internacional, genericamente designado por modelo IASB.

Importa elencar algumas características que devemos atender face à adopção do actual modelo contabilístico dominante, de origem anglo--saxónico e que implicam algumas alterações significativas na nossa cultura contabilística, complexificando o normativo contabilístico (Plano Oficial de Contabilidade – POC) subjacente à prestação de contas. Entre elas destacam-se como mais relevantes as seguintes[25]: aumento da intervenção dos preparadores na definição das práticas contabilísticas e nos juízos de valores sobre os factos patrimoniais, acarretando, em consequência, maior subjectividade na informação elaborada. Estas opções devem coexistir com uma muito maior responsabilização dos preparadores, bem como com um acréscimo significativo das divulgações obrigatórias. Mas, todas essas opções, algumas de utilidade duvidosa, só podem coexistir se acompanhadas de um adequado processo de *enforcement*.

Estas maiores exigências na divulgação de informação contabilística podem representar um acréscimo de custos significativos, principalmente para as pequenas entidades, já que essas entidades precisarão de técnicos

---

[24] O nosso legislador contabilístico antecipou-se relativamente à publicação de um novo normativo para as PME, por parte do IASB, o designado modelo IFRS-SME. Para maiores desenvolvimentos sobre este normativo, *vide*, Rodrigues (2011).

[25] *Ibidem.*

mais habilitados. Contudo, essas maiores exigências técnicas poderão constituir também um incentivo à elaboração de informação de maior qualidade, que se revele mais útil aos seus diferentes destinatários, podendo conduzir a uma redução da assimetria da informação, e logo menores custos de financiamento, que podem contribuir para o desenvolvimento mais sustentado destas entidades.

A temática dos modelos de relato destas pequenas realidades empresariais, em Portugal, constituirá a nossa preocupação essencial nos pontos seguintes.

2.1. O modelo de relato financeiro das PE

Ainda que integrada na estrutura geral do SNC, a norma específica para as PE (a NCRF-PE) compreende um conjunto de opções mais simplificadas do que as soluções compreendidas nas 28 NCRF do modelo geral. Esta norma pode ser aplicada a entidades com necessidades de relato mais reduzidas, e é assumida pelo legislador como uma norma com carácter opcional em relação ao restante normativo contabilístico, o designado modelo geral do SNC.

A aplicabilidade, ainda que a título opcional, depende da dimensão da entidade, de a mesma não estar obrigada, por lei ou por contrato, à revisão ou à certificação legal de contas e, também, não estar integrada num qualquer perímetro de consolidação de um grupo. A definição de PE baseada em razões de dimensão utiliza como referência três critérios quantitativos, sendo que para gozar da opção de simplificação constante na NCRF-PE, a entidade não pode ultrapassar dois dos três limites definidos no art. 9.º do Decreto-Lei n.º 158/2009, de 13 de Julho, alterado pela Lei n.º 20/2010, de 23 de Agosto[26], conforme tivemos oportunidade de referir anteriormente.

---

[26] Esta lei alterou os limites de PE, conforme consta do quadro seguinte:

	Art. 9.º do Decreto-Lei n.º 158/2009	
	Antes da Lei n.º 20/2010	Depois da Lei n.º 20/2010
Total de Balanço	500.000 €	1.500.000 €
Volume de Negócios	1.000.000 €	3.000.000 €
N.º de trabalhadores	20	50

Vejamos, pois, algumas questões que esta opção acarreta.

Em primeiro lugar, baseia-se na mesma estrutura conceptual, sendo que os utentes a privilegiar são à semelhança das médias e grandes entidades os mesmos, e assim, os investidores assumem a primazia. Todavia, e conforme observámos anteriormente, a informação financeira a exigir às entidades empresariais não pode ser independente da sua dimensão, porque os destinatários são diversos e têm necessidades também elas distintas.

Atendendo aos objectivos que a informação financeira deve prosseguir a dimensão revela-se um factor diferenciador, pois a dimensão da entidade, o seu volume de negócios, justifica uma simplificação das obrigações contabilísticas, que passam por uma forte limitação à utilização do justo valor; à eliminação do tratamento de algumas matérias específicas e tratadas nas NCRF; agregação de temáticas de natureza semelhante, nomeadamente provisões e matérias ambientais; simplificação e clarificação de alguns aspectos, nomeadamente, no que respeita às imparidades e inventários e inclusão de tratamentos transversais à generalidade das entidades abrangidas.

Nesta sequência, importa perceber se para o modelo de relato financeiro das ME existem algumas especificidades em relação ao normativo previsto para as PE. É este o percurso seleccionado para o próximo ponto.

2.2. O modelo de relato financeiro das ME[27]

Simultaneamente, com a alteração dos limites para a definição de PE, para efeitos contabilísticos, e por exigência do sistema político, estavam criadas as condições necessárias para a criação de um novo sistema contabilístico para as microentidades, conforme previsto na Lei n.º 35/2010 de 2 de Setembro e, que veio a ser regulamentada através do Decreto-Lei n.º 36-A/2011, de 9 de Março.

Importaria saber o porquê da alteração dos limites da PE menos de um ano depois da aprovação do Decreto-Lei n.º 158/2009, de 13 de Julho. Será que os limites da PE anteriores à Lei n.º 20/2010, de 23 de Agosto, estavam desajustados à estrutura empresarial nacional? Pensamos que não foi essa a questão, mas um processo de evitar a eliminação da obrigatoriedade de contabilidade organizada para as microentidades. Ver, Rodrigues (2011).

[27] A partir de 2015 prevê-se a aprovação de uma proposta de revisão das quarta e sétima Directivas da Comissão Europeia.

A Lei n.º 35/2010, de 2 de Setembro opta, à semelhança do previsto no art. 9.º do Decreto-Lei n.º 158/2009 de 13 de Julho, por uma definição de microentidade baseada em critérios quantitativos. Assim, uma entidade deve ser classificada como microentidade, se não ultrapassar dois dos três limites, do art. 2.º da mesma Lei[28], que vimos anteriormente.

Este novo regime, na sua essência, ainda mais simplificado do que as soluções normativas prevista na NCRF – PE, assume, também ele, à semelhança desta norma, natureza opcional.

O regime especialmente criado para as microentidades foi designado de NCM – Normalização Contabilística para as Microentidades.

Este constitui um corpo normativo autónomo do SNC, pois foi opção clara do legislador contabilístico a criação de um novo regime contabilístico e não uma mera simplificação das normas gerais do SNC (28 NCRF) ou da norma das pequenas entidades (NCRF – PE), ainda que recorra a título subsidiário[29], e em casos de lacunas, às disposições gerais do SNC. Assim, a problemática das lacunas e o esquema interpretativo do novo sistema NCM são resolvidos dentro do próprio sistema, mas por recurso ao SNC.

Assenta, contudo, na mesma filosofia e conceitos do SNC e, mais concretamente, da NCRF – PE, ainda que em termos muito menos complexos, já que, incluindo soluções menos complexas, permite ainda responder às necessidades dos seus específicos destinatários/utentes. Ainda que o NCM tenha implícito grandes preocupações de simplificação dos procedimentos de reporte financeiro para as pequenas entidades[30], com vista a permitir a redução dos encargos administrativos e a simplificação do seu conteúdo não deixa de ser, contudo, a adaptação por simplificação do modelo consignado no SNC, particularmente, das soluções normativas previstas na NCRF – PE.

---

[28] Os critérios são:

Total de Balanço	500.000 €
Volume de Negócios	500.000 €
N.º de trabalhadores	5

[29] Solução que veio a ser integrada somente na versão final do regime NCM, já que a proposta da CNC era mais radical e não previa o recurso, nem mesmo a título subsidiário e para efeito de preenchimento de lacunas, às orientações do SNC.

[30] Dificilmente qualquer técnico de contabilidade poderá aplicar adequadamente este novo regime contabilístico se não dominar o modelo geral do SNC. Mais do que questões de escrituração o que está em causa é a elaboração de informação financeira com base em critérios económicos.

Como principais características que o afastam do modelo geral do SNC e, em alguns casos, das soluções contempladas na NCRF–PE, podem elencar-se as seguintes: afastamento da utilização do justo valor, diferentemente do previsto no regime geral do SNC. Proibição da utilização dessa base mensurativa à data da transição. Nos activos fixos tangíveis, nos activos intangíveis, incluindo os de carácter ambiental, nas propriedades de investimento e nos activos biológicos de produção[31], admite-se apenas a mensuração subsequente ao custo deduzido de qualquer depreciação acumulada. Nem os activos biológicos consumíveis são mensurados ao justo valor, contrariamente à obrigatoriedade que existe a respeito desses activos no modelo geral e reduzido do SNC.

Não é ainda contemplado o reconhecimento das perdas por imparidade nos activos não correntes[32], sendo as quantias escrituradas correspondentes ao custo de aquisição menos as depreciações acumuladas. Também, e no que respeita aos juros dos empréstimos obtidos, estes devem ser reconhecidos como gastos no período em que sejam incorridos, não se admitindo, em nenhum caso, a sua capitalização.

A utilização do valor presente é, também, afastada para efeitos do regime da NCM.

Não se admite, igualmente, a utilização do custo amortizado para activos e passivos financeiros. Mas, a principal e fundamental diferença em relação ao regime geral, prende-se com a redução da exigência nas divulgações, que são bastantes exigentes e complexas no modelo SNC.

Das características assinaladas pode concluir-se a vontade expressa do legislador numa simplificação significativa do relato financeiro das

---

[31] As propriedades de investimento (PI) e os activos biológicos de produção são ambos considerados no sistema NCM, activos fixos tangíveis. Parece-nos absurda a opção tomada face às soluções contempladas no modelo geral e reduzido do SNC, pois esta decisão irá condicionar necessariamente a comparabilidade da informação financeira divulgada pelas entidades de diferentes dimensões, que utilizam cada um dos patamares da hierarquia do normativo contabilístico nacional. Permitimo-nos, no entanto, afirmar, que em nossa opinião, essa classificação adoptada para os activos biológicos, no regime NCN, se nos afigura muito mais adequada do que aquela que é prevista no SNC (no modelo geral e no reduzido). Já para as PI, a questão merece maior cuidado de análise, devendo este tipo de activos não correntes, ser desagregado em função da afectação ou não destas às diferentes actividades da entidade que as detém. Para maiores desenvolvimentos sobre esta última problemática, ver Rodrigues (2012).

[32] Mais uma das questões que irá dificultar a comparabilidade das DF em Portugal, em função do normativo adoptado (SNC ou NMC).

80 *Eventuais Efeitos das Medidas da «Troika» sobre a Contabilidade e a ...*

microentidades. A redução dos encargos administrativos e a simplificação dos procedimentos de reporte financeiro para as ME foi expressamente assumida neste normativo especificamente dirigido a estas entidades[33].

Esta simplificação não deve, todavia, colocar em causa a qualidade de relato e a informação disponível, como forma de municiar os seus principais destinatários de informação mais completa e abrangente.

Na continuação da estruturação deste trabalho, passaremos em revista, de seguida, algumas notas breves sobre o actual regime fiscal e as PME[34].

3. O Regime fiscal e as PME[35]

O actual regime fiscal, no que respeita à tributação do rendimento e mesmo na tributação da despesa[36], não permite, de um modo geral, diferenciar as entidades empresariais em função da sua diferente dimensão. O regime fiscal das empresas é, pelo contrário, diverso conforme essas pequenas entidades revistam ou não a forma jurídica de sociedade[37]. De facto, os poderes públicos ao actuarem através de medidas fiscais baseiam as suas diferentes actuações, em função das formas jurídicas adoptadas pelo conjunto muito heterogéneo e de dimensões económicas que designamos, genericamente, por PME. As diferentes disposições fiscais divergem, primordialmente, em função dessas entidades serem ou não constituídas na forma de sociedades, ou seja, conforme as ditas entidades assumam a natureza de empresas singulares ou entidades societárias, e não em função da sua dimensão. A necessidade de aproximar a tributação destes dois tipos de entidades (sociedades e não sociedades) é, todavia, consen-

---

[33] Curiosamente não se conhece nenhum outro país da Europa, que tenha vindo a desenvolver um especial modelo contabilístico para as microentidades.

[34] Para maiores desenvolvimentos *vide*, Santos (2009).

[35] Para uma análise mais aprofundada destas temáticas, ver Lopes (1999; 2008; 2009 e 2011); Relatório do Grupo de Trabalho para a Simplificação do Sistema Fiscal Português (2006); e o Relatório do Grupo de Trabalho para a Política Fiscal (2009).

[36] Em Portugal existe um regime de isenção para sujeitos passivos com volume de negócios anual inferior a 10.000,00 € (arts. 53.º a 59.º do CIVA) e um regime simplificado de IVA para os pequenos retalhistas, cujas compras não ultrapassem 50.000 € (arts. 60.º a 68.º do CIVA).

[37] Ver, entre muitos autores, Casalta Nabais (2007 e 2011) e Lopes (2011).

sualmente, assumida na doutrina[38] e até pelos organismos comunitários. Veja-se a posição assumida pela Comissão Europeia na sua Recomendação n.º 2003/361/CE, em que explicitamente se assume o impacto negativo da fiscalidade sobre o desenvolvimento das PME. Refere a este respeito que: *"o regime fiscal que incide sobre as empresas em nome individual e sobre as sociedades de pessoas, geralmente sujeitas ao IPR constitui, dada a progressividade desse imposto em especial face ao IS, um entrave ao desenvolvimento da capacidade de autofinanciamento dessas empresas e limita consequentemente a sua capacidade de investimento. A actual estrutura das taxas do IPR e do IS constitui uma fonte de distorção da concorrência entre empresas consoante a sua forma jurídica, em detrimento das empresas individuais. É desejável tender para uma maior neutralidade fiscal pelo menos no que diz respeito às implicações dos regimes de tributação sobre os lucros reinvestidos das empresas e, por conseguinte, sobre a sua capacidade de autofinanciamento".*

Para efeitos fiscais existe um elevado grau de heterogeneidade no entendimento de PME, conforme vimos anteriormente, mas este universo apresenta alguns constrangimentos e limitações que podem ou devem justificar uma tributação diferenciada[39]. Entre eles cabe assinalar a falta de acesso a meios de financiamento ou o acesso a taxas de juro demasiado elevadas, dada a assimetria da informação que subjaz a estas entidades no que respeita aos seus proprietários e credores; a necessidade de reforço de garantias, já que estas são escassas neste tipo de entidades; procedimentos burocráticos e administrativos complexos, acompanhados, por vezes, de níveis de incerteza e arbitrariedade significativos; complexidade e desadequação das normas fiscais, cujo cumprimento implica significativos custos de cumprimento[40], constituindo, por isso, um forte "incentivo" à evasão fiscal.

As principais questões a que a sociedade em geral e o poder político em particular devem responder para a escolha de um determinada política fiscal para as PME passará, em primeiro lugar[41], por tentar avaliar se a fiscalidade é, realmente, um factor importante na criação, afirmação e

---

[38] Veja-se, a título de exemplo, Casalta Nabais (2007 e 2011); Santos (2009) e Lopes (2011).

[39] Sobre esta temática, ver Santos (2009).

[40] A este propósito, ver por todos, Lopes (2008).

[41] Questões colocadas por Santos (2009: 12), e que merecem a nossa total concordância.

desenvolvimento das PME. Em segundo lugar, se devem definir-se regimes tributários especiais para as PME. Em terceiro, importaria avaliar quais as consequências, de uma opção política que beneficiasse este tipo de entidades, sobre os princípios e qualidade do sistema fiscal como um todo. Por último, e se as restantes questões tiverem uma resposta positiva, conviria apreciar-se quais deveriam ser as modalidades técnicas mais adoptadas ou mais recomendáveis no tratamento fiscal especial das PME[42].

O objectivo último de um sistema fiscal, que respondesse positivamente às questões elencadas atrás, poderia permitir que este discriminasse positivamente as PE e as ME, permitindo a sua diferenciação face às outras entidades empresariais de maior dimensão, com a convicção do papel determinante que as PME desempenham no tecido empresarial nacional[43]. Tratar-se-ia apenas de uma manifestação de vontade política, pois essa solução encontra arrimo constitucional expresso no n.º 1 do art. 86.º da CRP e, mesmo comunitário, conforme previsto na Recomendação n.º 2003/361/CE, de 20 de Maio, como consequência do reconhecimento de diferenças significativas nessas entidades, e do seu importante papel para o crescimento económico.

Através do sistema de tributação, ou talvez, preferentemente, através de políticas de apoio público[44], poderia o poder político discriminar positivamente estas entidades, permitindo contrabalançar a sua forte contribuição na comunidade onde se inserem, e atenuando um pouco as suas significativas fragilidades.

Amaral Tomaz (2009: 3) refere ainda que neste âmbito da tributação das PME *"começa a ganhar importância acrescida a tomada em consideração de que, tão ou mais importantes que regimes simplificados de tributação para PME (que na prática são centrados nas micro e, nalguns casos excepcionais também nas pequenas empresas), serão os incentivos*

---

[42] Ver a este propósito o Relatório do Grupo de Trabalho para a Simplificação do Sistema Fiscal Português (2006).

[43] Ver por todos, Casalta Nabais (2007 e 2011). O nosso estimado professor vai mais longe no reconhecimento da importância das PME, admitindo "a consideração unitária do fenómeno financeiro das empresas", onde ponderam todos os reais contributos económicos que as empresas, particularmente, as PME, prestam à economia nacional e não apenas as contribuições fiscais, *i.e.*, os impostos que pagam, permitindo creditar a essas entidades um conjunto de serviços que prestam à comunidade, que devia ser compensado por uma menor carga de impostos.

[44] Para maiores desenvolvimentos, *vide* Santos (2009).

fiscais que discriminem positivamente as PME, em particular os relativos a gastos com Investigação e Desenvolvimento (I&D)".

O apoio a estas entidades *sui generis*, em nosso entender, poderia ser acompanhado de uma tributação baseada numa simplificação das formalidades fiscais, com a aplicação de métodos simplificados de cálculo do resultado ou do pagamento de imposto, preferencialmente conjugada com adequadas políticas de apoio público.

Segundo Amaral Tomaz (2009: 4) *"os regimes simplificados existentes são geralmente decompostos em três subconjuntos: os baseados em métodos indirectos de aplicação automática em que, partindo das características técnicas da exploração (número de trabalhadores, número de viaturas utilizadas, consumo de água ou energia, área ocupada na actividade, etc.), se estime um rendimento presumivelmente obtido em condições de exploração normal, vulgarmente designado por "rendimento normal"; os calculados uniformemente para um segmento de contribuintes ou sectores de actividade (imposto mínimo, patentes e licenças); e os assentes em variáveis reais de proveitos ou custos que utilize coeficientes técnicos ou simplificações para determinar o rendimento a tributar"*[45].

O apelo que se faz a regimes de tributação com base em indicadores objectivos para esta tipologia de entidades, constantes do Relatório do Grupo de Trabalho para a Simplificação do Sistema Fiscal Português, apoia-se na ideia que (2006: 61): *"(...) as pequenas empresas possuem muitas vezes registos contabilísticos inadequados – quando os possuem. A administração fiscal não consegue obter informação que permita tributar correctamente estas entidades com base no lucro real, pelo que o recurso a regimes mais simples e de fácil administração se revela apropriado".*

Porquanto em termos fiscais, se possa e deva admitir a existência de regimes fiscais mais simplificados e, por isso, mais adequados à heterogeneidade do universo em estudo, não devem estes ser justificados pela fraca qualidade da informação contabilística. A ideia de que a generalidade das pequenas entidades possuem informação contabilística de pouca qualidade, ou até não a possuem, requer outras soluções, que passam, em nossa opinião, por uma tentativa de reforço da obrigatoriedade de dispor de informação, que seja, essencialmente, adequada para a prestação de informação aos seus destinatários, que tomam decisões económicas com

---

[45] Para maiores desenvolvimentos sobre esta temática, *vide*, Tomaz (2009).

base nessa informação e não tanto para efeitos fiscais, conforme tivemos oportunidade de discutir no ponto 2.

A contabilidade não deve servir em exclusivo para a tributação das empresas, devendo antes constituir um «*upgrade*» para as entidades. Mas também não deve ser este tipo de argumentos, a falta ou a incorrecta contabilidade, que pode justificar uma diferente tributação para estas entidades. Ainda que utilizando estes argumentos, a posição final do grupo de trabalho inclinava-se para uma simplificação administrativa, motivada pelas características gerais destas entidades. Deve caber ao legislador fiscal, outras obrigações para além daquela que constitui o seu *core* principal – arrecadação de impostos. E de entre essas obrigações, cabe incentivar/ obrigar as diferentes entidades a disporem de informação contabilística adequada, pois a contabilidade para além de ter uma função performativa fiscal[46], tem outras e mais relevantes, nomeadamente a sua função informativa. Porventura, se os responsáveis dessas entidades passarem a basear as suas decisões em informação, e menos na intuição dos seus proprietários, o seu desempenho individualmente considerado e, no conjunto do tecido empresarial, terão efeitos significativos na competitividade da economia nacional e mesmo na futura arrecadação de impostos.

Os casos de insucesso por má informação abundam nas pequenas entidades. São conhecidos os casos de má fixação de preços, vendendo muitas entidades abaixo do custo de produção por falta de informação, da deficiente consideração dos gastos de financiamento, e tantas outras situações que tendem a ser escamoteadas quando se faz apelo à dispensa de obrigatoriedade de contabilidade organizada, invocando preferentemente os custos de cumprimento associados.

As especificidades e a importância, em múltiplos aspectos, das microentidades, levaram a que na actual situação de crise que atravessamos, estas entidades não fossem esquecidas no quadro constringente do Memorando de Entendimento da «Troika», que hoje condiciona a generalidade das nossas decisões políticas e económicas. Este desiderato criou condições para a alteração, quer na criação de regras específicas, no que respeita, em especial, à contabilidade, e bem assim à alteração do actual regime fiscal a aplicar às mais pequenas entidades empresariais. Por ora iremos, em breve palavras, traçar o futuro cenário que se avizinha pós-assinatura do memorando.

---

[46] *Vide*, Tavares (1999 e 2011).

4. O Memorando de Entendimento da «Troika»[47] e as PME

As medidas previstas no Memorando de Entendimento da «Troika» visam, no essencial, cumprir com as metas orçamentais e estimular a competitividade da economia nacional. A procura destes dois importantes objectivos de política permitiu trazer à colação o importante papel que cabe às PE e às ME, enquanto agentes de desenvolvimento a privilegiar na nossa economia em profunda crise. As opções contabilísticas e fiscais para essas entidades devem facilitar as suas capacidades de internacionalização, bem como reforçar as medidas necessárias a um aumento da sua competitividade, para além do sempre desejável aumento das receitas fiscais. Assim, e baseada na ideia actualmente dominante, que importa reduzir os encargos administrativos das mais pequenas entidades através da simplificação dos procedimentos de reporte financeiro, bem como de modelos simplificados de tributação, acabou por se incluir, no Memorando de Entendimento, a hipótese de uma futura aplicação de um modelo de relato e de tributação numa base caixa. Esta sugestão, do ponto de vista fiscal, poderá vir a aplicar-se tanto na tributação do rendimento como na tributação em IVA, em nome dessa desejável redução de custos administrativos e de contexto para essas entidades.

Procede-se, de seguida, a uma análise dos efeitos dessas medidas da «Troika» na contabilidade e na fiscalidade das microentidades. Para o efeito, elencaremos as vantagens e inconvenientes de uma contabilidade baseada no regime caixa. Posteriormente, analisaremos mais detalhadamente alguns dos desafios para a tributação baseada no dito regime caixa.

---

[47] Programa da «Troika» ou Memorando de Entendimento da «Troika» é a designação simplificada do Programa de Apoio Económico e Financeiro (PAEF), acordado com a Comissão Europeia (CE), o Fundo Monetário Internacional (FMI) e o Banco Central Europeu (BCE). Destas negociações resultou o Documento de Estratégia Orçamental (DEO). O DEO enquadra a política orçamental para os próximos anos e especifica as previsões económicas e orçamentais, algumas das decisões políticas tomadas e a tomar e, bem assim, os respectivos custos associados, num horizonte temporal de cinco anos (de 2011 a 2015). Vd. http://www.min-financas.pt/inf_geral/SI_Medidas_PT.pdf.

4.1. Eventuais efeitos na contabilidade das PME

Entendemos que não podem ser motivações economicistas que devem estar na base do desenho de um qualquer sistema contabilístico a adoptar pelas PE e pelas ME ou, menos ainda, da sua ausência, embora a falta de capacidade administrativa e organizacional, que caracteriza grande parte dessas entidades, tenha vindo a ser invocada como um impedimento à aplicação de normas de grande complexidade técnica, o que poderia ser sinónimo de gastos económicos avultados com a preparação da informação financeira.

Esta argumentação parece-nos, todavia, ilusória, pois independentemente da complexidade das normas do IASB–UE ou das normas gerais do SNC, as PE e as ME não sentirão necessidades de aplicar grande parte dessa complexidade técnico-contabilística. Seja porque o legislador nacional acautelou essa situação com a criação de uma norma ajustada às PE (a NCRF–PE), ou porque muniu as ME de um regime de normalização bastante mais simplificado, seja, ainda, porque este tipo de entidades não realizam operações, que impliquem uma tão grande complexidade técnica[48].

Menos de um ano sobre a criação do novo regime das microentidades[49], estamos agora em vias de ponderar outras soluções contabilísticas, se as orientações constantes do memorando da «Troika» vierem a ser acolhidas pelo governo português.

Vejamos as principais medidas propostas no que respeita às microentidades. Primeiro, a criação de um novo regime de caixa aplicável às empresas com um volume de negócios reduzido. Em segundo lugar, este regime poderá vir a ser, também, aplicável à tributação em IVA, nos casos em que a contraparte seja uma entidade pública, incluindo o sector empresarial do Estado. Estas entidades passarão a pagar o IVA quando efectivamente receberem dos clientes, ao invés de procederem ao pagamento no momento da emissão da factura e de acordo com as regras gerais.

Se essas propostas foram admitidas, tudo o que foi previsto para essas entidades em termos contabilísticos há relativamente pouco tempo ficará

---

[48] Posição que defendemos em Rodrigues (2011).

[49] Este regime foi, apenas, regulamentado em Março último, conforme Decreto-Lei n.º 36-A/2001, de 9 de Março.

sem efeito[50]. Em nossa opinião, esta proposta é completamente inoportuna, fora do tempo adequado e de duvidosa utilidade para este tipo de entidades.

Assim, e mesmo fora de tempo, está previsto no memorando da «Troika», na sequência das principais tendências europeias, a criação de um novo regime de caixa aplicável às empresas "com um volume de negócios reduzido". Mais uma vez, como vem sendo prática dominante na contabilidade, a mensagem é indecifrável. Importa questionar o que se deve entender por volume de negócios reduzido? Qual o referencial para a definição desse volume de negócios reduzido? Limites adoptados pelo legislador de política económica? Limites do legislador da UE? Limites da PE ou ME definidos pelo legislador contabilístico? Ou quaisquer outros?

Volume de negócios reduzido é um conceito que, naturalmente, terá de ser concretizado. Conforme tivemos oportunidade de analisar anteriormente através da Recomendação 2003/361/CE, as microentidades[51], definidas com base nos critérios da UE, envolvem um total de vendas líquidas e outros rendimentos inferiores a 2 milhões de euros, quando para efeitos contabilísticos nacionais uma microentidade não ultrapassa 500.000 €[52] e uma PE os 1,5 milhões de euros. Existe, assim, um grande diferencial no volume de negócios que se atende para efeitos da definição do nosso objecto de estudo – as microentidades. Consequentemente, e tendo em conta os limites quantitativos elencados na Recomendação da UE, mais de 99% das nossas entidades irão integrar esse conceito de volume reduzido de negócios. Se essa opção viesse a ter acolhimento entre nós, tal conduziria a que a generalidade das entidades empresariais nacionais deixaria de ter a obrigatoriedade de elaborar a sua informação financeira com base no actual regime do acréscimo.

A simplificação contabilística para as pequenas entidades é desejável, embora seja necessário assegurar que em termos globais – o modelo contabilístico completo – deve assegurar um grau de comparabilidade mínimo entre entidades no mesmo espaço económico, e deve permitir responder à

---

[50] Quem, neste contexto, não se sentirá incomodado com a volatilidade das vontades dos decisores políticos?

[51] Já para as PE o total de vendas líquidas e outros rendimentos não pode ultrapassar os 3 milhões de euros segundo a Lei n.º 20/2010, embora na Recomendação 2003/361/CE estas possam atingir um valor de negócios que varia entre os 2 milhões e os 10 milhões.

[52] Se por acaso ultrapassar qualquer outro dos limites definidos na Lei n.º 35/2010, de 2 de Setembro.

generalidade das necessidades dos utilizadores da informação financeira. Assim sendo, duvidamos da bondade desta opção, tanto na sua essência, como no tempo em que a mesma é admitida.

Poder-se-á admitir que o regime de caixa (*cash accounting*) será o amanhã para o nosso tecido empresarial?

Através do regime caixa, os efeitos das transacções e de outros acontecimentos são reconhecidos quando caixa ou equivalentes de caixa sejam recebidos ou pagos, deixando de ser registados contabilisticamente, e relatados nas DF dos períodos com os quais se relacionem, os efeitos de transacções e de outros acontecimentos que não sejam reconduzidos a pagamentos e recebimentos.

As DF preparadas de acordo com o regime de caixa informam os destinatários somente das transacções passadas envolvendo o pagamento e o recebimento de caixa sem atender às obrigações de pagamento no futuro, nem aos recursos que representem caixa a ser recebida no futuro.

Se a proposta do modelo caixa prevista no memorando da «Troika» para as microentidades vier a ter acolhimento, tal será uma verdadeira revolução no actual reporte financeiro e pode implicar a revisão do paradigma da utilidade subjacente a todo o enquadramento contabilístico nacional e internacional. A este respeito, veja-se o que é afirmado no § 12 da Estrutura Conceptual (EC), em que se refere que: "*o objectivo das DF é o de proporcionar informação acerca da posição financeira, do desempenho e das alterações na posição financeira de uma entidade que seja útil a um vasto leque de utentes na tomada de decisões económicas*".

Ainda, dentro da mesma lógica, o § 13 da EC adianta que: "*as DF preparadas (..) [de acordo com] finalidades [gerais] vão de encontro às necessidades comuns da maior parte dos utentes. (...)*".

As DF, numa base caixa, não proporcionam, contudo, toda a informação de que os utentes possam necessitar para tomarem decisões económicas, uma vez que elas, em grande medida, retratam os efeitos financeiros de acontecimentos passados e não proporcionam necessariamente informação não financeira.

Assim, facilmente se conclui que a opção pelo regime caixa colocará em causa o modelo contabilístico dominante, não permitindo que a informação divulgada pela entidade forneça adequadamente a posição financeira da entidade e o seu desempenho. Consequentemente, não fornece a informação necessária para os diferentes destinatários que interagem com essas entidades, e que necessitam de outro tipo de informações para os apoiar nas suas decisões, nomeadamente os órgãos internos e os credores.

Um dos regimes ou pressupostos essenciais do actual modelo contabilísticos é o acréscimo (periodização económica). Num regime de base caixa, este pressuposto seria, todavia, excluído. Vamos esgrimir as orientações constantes da Estrutura Conceptual para tentarmos perceber a bondade ou não do modelo contabilístico em base caixa.

No regime do acréscimo, constante do § 22 da EC, afirma-se: *a fim de satisfazerem os seus objectivos, as DF são preparadas de acordo com o regime contabilístico do acréscimo (ou da periodização económica). Através da lógica da periodização económica, os efeitos das transacções e de outros acontecimentos são reconhecidos quando eles ocorram (e não quando caixa ou equivalentes de caixa sejam recebidos ou pagos), sendo registados contabilisticamente e relatados nas DF dos períodos com os quais se relacionem. As DF preparadas de acordo com o regime de acréscimo informam os utentes não somente das transacções passadas, envolvendo o pagamento e o recebimento de caixa, mas também das obrigações de pagamento no futuro e de recursos que representem caixa ou equivalentes de caixa a ser recebida no futuro. Deste modo, e em obediência ao pressuposto do acréscimo ou do regime da periodização económica, proporciona-se informação acerca das transacções passadas e outros acontecimentos que seja mais útil aos utentes na tomada de decisões económicas"*.

As ME, se obrigadas à apresentação de contas em regime caixa, terão que divulgar, pelo menos, a seguinte informação: pagamentos e recebimentos no período contabilístico. Esta solução já se encontra, hoje, prevista em Portugal, mais precisamente, na norma das Entidades do Sector Não Lucrativo (SNC–ESNL)[53]. As entidades que podem optar pelo regime caixa deverão para além dos pagamentos e recebimentos do período, divulgar, o seu património fixo; os seus direitos e compromissos futuros. A adoptar-se o regime caixa para as microentidades, gostaríamos, pelo menos, de ver contempladas as actuais exigências de divulgação previstas para as mais pequenas entidades do sector não lucrativo[54].

---

[53] Conforme arts. 10.º e n.º 3 do art. 11.º do Decreto-Lei n.º 36-A/2011, de 9 de Março.

[54] No novo quadro normativo a aplicar às ESNL, que entrou em vigor, no passado dia 1 de Janeiro de 2012, as entidades pertencentes ao sector não lucrativo, ainda que a título opcional, podem apresentar as suas contas em regime caixa, sempre que as suas vendas e outros rendimentos não excedam 150.000 € em nenhum dos dois exercícios anteriores.

90 *Eventuais Efeitos das Medidas da «Troika» sobre a Contabilidade e a ...*

Os fluxos de caixa operacionais são uma *ratio* muito utilizada por investidores, analistas do mercado financeiro e bancos de investimentos[55]. É, por isso, um indicador da viabilidade financeira da empresa. Não permite, todavia, fornecer informação completa sobre a situação financeira e o desempenho de uma entidade. Mede, sim, a autonomia de que dispõem os órgãos de gestão para financiar novos projectos de investimento sem recorrer ao mercado (financeiro ou bancário). Contudo, pode vir a revelar--se insuficiente para a tomada de muitas das decisões que os destinatários da informação financeira necessitam, mesmo quando se trata das mais pequenas unidades empresariais.

A informação contida nos fluxos de caixa precisa, assim, de ser complementada com outras informações, que se afiguram indispensáveis para os destinatários terem condições de prever a evolução futura da entidade. E como se tratarão contabilisticamente os activos fixos adquiridos e que permanecem por períodos longos na entidade?

Apesar de desconfiarmos da bondade da informação contabilística a divulgar numa base caixa, enquanto sistema de informação que a contabilidade deve ser, iremos de seguida sintetizar as vantagens e inconvenientes deste regime.

Como **vantagem**, ainda que meramente ilusória, uma contabilidade em base caixa permite melhorar a imagem do desempenho passado de uma entidade, bastando para isso pagar mais tarde, ainda que essa decisão possa comprometer o futuro da entidade. E como reinterpretamos o paradigma da utilidade da informação financeira neste contexto?

De entre as **desvantagens,** cabe destacar que a informação elaborada com base no regime caixa passa a reconhecer os efeitos das transacções e outros acontecimentos passados, se estes se concretizaram em pagamentos e recebimentos de caixa, mas deixa de reconhecer as obrigações de pagamento no futuro, bem como os de recursos que representem caixa a ser recebida no futuro. Importa perguntar: será que a informação assim obtida se revelará útil para os destinatários tomarem decisões económicas fundamentadas? Esta questão afigura-se determinante quando os decisores económicos necessitam de ponderar o desempenho passado e as suas expectativas de desenvolvimento futuro. E aqui as necessidades internas

---

[55] Koller *et al.*, (2005).

dos órgãos de gestão e dos credores revelam-se centrais e não podem ser satisfeitas com a informação preparada em regime caixa.

Uma outra desvantagem não despicienda prende-se com a impossibilidade de uma contabilidade em regime caixa satisfazer as necessidades do governo e dos seus departamentos, conforme consta da alínea *f*) do § 9 da EC. Explicita-se nesse preceito que "*o Governo e os seus departamentos estão interessados na alocação de recursos, e, por isso, nas actividades das entidades. Também exigem informação a fim de regularem as actividades das entidades, determinar as políticas de tributação e como base para estatísticas de rendimento nacional e outros semelhantes*". Assim, toda a informação que hoje as entidades com contabilidade organizada divulgam na IES, passaria a não estar disponível. E como se elaborariam os cálculos dos agregados económicos, como é o caso do PIB entre outros, para a definição de políticas macroeconómicas?

Por último, mas não menos relevante, a opção pelo regime caixa significaria um grande retrocesso no longo processo de normalização em Portugal, quando as próprias entidades públicas caminham no sentido da adopção geral da contabilidade em regime acréscimo, em detrimento da contabilidade em regime caixa.

Discordamos da solução proposta, pois entendemos que o objectivo a atingir deveria ser outro, centrando-se na exigência de um modelo de relato simples, através de uma profunda simplificação das normas, que devem ser mais objectivas, mas mantendo-se como basilar o pressuposto do acréscimo na preparação do relato financeiro. A contabilidade efectuada num sistema simplificado de base de caixa (*Simplified Cash Basis Accounting*), deixa-nos muitas reservas e vimos com desconfiança o futuro da contabilidade enquanto sistema privilegiado de informação para a generalidade das PME.

O OE para 2012 vem, no entanto, a alterar, apenas, no que respeita ao total de rendimentos a considerar, o regime simplificado de escrituração[56] previsto no art. 124.º do CIRC, mas, *in casu*, para as entidades que não exerçam uma actividade económica a título principal e meramente de natureza opcional. Dispõe, também, que o mesmo seja aplicável a rendimentos totais obtidos inferiores a 150.000 euros[57]. Propõe, ainda, que deixe de se verificar

---

[56] Para maiores desenvolvimentos, ver Casalta Nabais (2011).

[57] Em 2011 esse valor era apenas de 75.000 euros. Mas, necessariamente, pela entrada em vigor do Decreto-Lei n.º 36-A/2011, de 9 de Março, e prevendo-se que as entidades

92 *Eventuais Efeitos das Medidas da «Troika» sobre a Contabilidade e a ...*

a obrigação de contabilidade organizada sempre que, em dois períodos consecutivos, não for ultrapassado o limite de rendimentos resultantes de actividades económicas acessórias. Afirma ainda que este regime simplificado se baseia numa aproximação ao regime simplificado previsto na Norma Contabilística de Relato Financeiro das Entidades do Sector não Lucrativo (SNC–ESNL). O regime simplificado previsto neste normativo, baseia-se num modelo de caixa muito simplificado para as ESNL, que não atinjam um volume de negócios superior a 150.000 euros, conforme previsto nos arts. 10.º e n.º 3 do art. 11.º do Decreto-Lei n.º 36-A/2011, de 9 de Março.

Curiosa esta orientação, quando o art. 10.º do Decreto-Lei n.º 158/2009, de 13 de Julho, prevê a dispensa da aplicação do SNC às pessoas que, exercendo a título individual qualquer actividade comercial, industrial ou agrícola, que não realizem na média dos últimos três anos um volume de negócios superior a 150.000 euros. Agora o OE prevê a mesma dispensa para as entidades que não exercem uma actividade económica a título principal, para adequar essa realidade ao previsto na norma ESNL.

Hasteadas as bandeiras do regime contabilístico em base caixa para as mais pequenas entidades empresariais, importa, por ora, perceber o que nos oferece o legislador fiscal no que respeita à tributação destas entidades, depois do Memorando de Entendimento da «Troika». É este o nosso desiderato do ponto seguinte.

4.2. Eventuais efeitos na tributação das PME

Também em termos fiscais se admitia no memorando de entendimento da «Troika» uma simplificação na **tributação do rendimento** a favor das mais pequenas entidades. Ainda que repetindo o que referimos anteriormente, as duas grandes propostas no que a esta temática respeita podem ser assim sintetizadas: a criação de um novo regime de caixa aplicável às empresas com um volume de negócios reduzido. Este regime poderá vir a

---

anexas de Instituições Particulares de Solidariedade Social (IPSS) deixem de beneficiar de isenção de IRC (art. 10.º do CIRC), este valor teria mesmo que ser alterado para os 150.000 euros à semelhança do previsto no art. 10.º do dito Decreto-Lei n.º 36-A/2011.

É este, também, o limite previsto para efeitos de obrigatoriedade de contabilidade organizada para a generalidade das entidades lucrativas, conforme consta do art. 10.º do Decreto-Lei n.º 158/2009, de 13 de Julho.

ser, também, aplicável à tributação em IVA, nos casos em que a contraparte seja uma entidade pública, incluindo o sector empresarial do Estado. Estas entidades passarão a pagar o IVA quando efectivamente receberem dos clientes, ao invés de procederem ao pagamento no momento da emissão da factura e de acordo com as regras gerais.

O OE para 2012 nada prevê a respeito da aplicação de um modelo caixa, limitando-se a manter o regime simplificado de escrituração já existente, alargando-o a entidades não contempladas anteriormente, conforme o art. 124.º do CIRC, e simultaneamente, aumenta o valor de negócios de referência para aplicação desse regime, conforme tivemos oportunidade de analisar *supra*. Nada adianta, todavia, sobre a tributação em regime caixa das microentidades. Será de crer que a base de tributação assentará nas variações de caixa e equivalentes de caixa?

Atendendo ao que foi afirmado anteriormente, a questão da aplicação de base caixa, afigura-se-nos menos complexa no que respeita à tributação do que à contabilidade, pois o legislador fiscal pode decidir tributar com base no *cash flow* e não tendo como base o resultado líquido obtido da contabilidade. Basta para tal alterar os princípios fiscais da nossa Constituição e as disposições do CIRC, que baseiam a tributação no resultado contabilístico, com as necessárias correcções impostas pelo legislador fiscal.

Na *praxis*, esta medida revela-se pouco relevante para produzir efeitos significativos nas receitas fiscais, pois a nossa realidade fiscal[58] demonstra que as mais pequenas entidades quase não pagam impostos sobre o rendimento, sendo que mais de 90% da arrecadação fiscal é suportada pelas grandes empresas. Neste sentido, este regime em base caixa previsto pela «Troika» pode até considerar-se positiva, pois torna o sistema fiscal menos complexo, pode implicar menores custos administrativos no seguimento destes contribuintes e, no limite, pode conduzir a maior arrecadação de receita fiscal.

Muitos autores[59] afirmam que o resultado líquido do período não é um bom indicador da capacidade contributiva das entidades, pois há várias políticas contabilísticas que são utilizadas para manipular o resultado a

---

[58] Ver estatísticas da DGCI,/DGITA do Ministério das Finanças.

[59] Ver entre muitos outros, Berger e Udell (2004); Baas e Schirooten (2005); Koller *et al.*, (2005) e Martins *et al.*, (2009).

94 Eventuais Efeitos das Medidas da «Troika» sobre a Contabilidade e a ...

reportar. Neste sentido, há muito que a tributação com base no *cash-flow* é uma temática discutida na doutrina.

Na Austrália[60], este regime simplificado de tributação em base caixa para pequenas empresas individuais ou societárias encontra-se em vigor desde 2001, assume natureza opcional, e contempla as entidades com um volume de negócios inferiores a 1 milhão de dólares australianos (aproximadamente 630 mil euros) e activos líquidos inferiores a cerca de 1 milhão e novecentos mil euros. Trata-se, segundo o Grupo de Trabalho da Simplificação Fiscal (2006: 108), de um sistema *"de contabilidade de caixa, com reduzidas obrigações de inventário e obrigações declarativas mais simples"*.

Até ao memorando de entendimento da «Troika», não tinha havido vontade política para optar por esta via de simplificação fiscal em Portugal. Agora, e depois dessa iniciativa da «Troika», aguardaríamos que a Lei do Orçamento tivesse dado acolhimento a esta proposta. Esperar-se-ia, no mínimo, que o Governo se tivesse munido de uma lei de autorização que lhe permitisse vir a concretizar o dito regime. O que não veio a acontecer em 2012, pelo menos no que respeita à tributação do rendimento das microentidades.

A orientação da «Troika» é, todavia, demasiado generalista, pelo que subsistem ainda muitas indefinições a respeito dessa proposta. Importa, por isso, questionar: será o regime caixa o adequado para uma tributação em imposto sobre o rendimento? E *in casu*, como se irá processar a tributação?

Se a decisão do legislador fiscal for a de tributar as mais pequenas entidades numa base caixa, tal colhe o nosso assentimento, desde que esta seja conjugada com a obrigatoriedade de manutenção de contabilidade

---

[60] Seguimos de perto o disposto no Relatório do Grupo de Trabalho da Simplificação Fiscal (2006: 22). Assim, assinalam como principais características do sistema, em 2005, as seguintes:

• *imediata dedução integral do valor de activos cujo preço de aquisição seja menor do que mil dólares australianos;*

• *ausência de inventário de existências no final do ano;*

• *regras simples de amortização para alguns activos;*

• *imediata dedução de pagamentos relativos a custos a suportar no futuro (o que actualmente se designa entre nós por custos diferidos);*

• *dedução de 25% do imposto calculado se o volume de negócios for inferior a 75 mil dólares australianos.*

organizada para as mais pequenas entidades, para efeitos de gestão, da lei comercial e societária. Se fosse esse o caso, seria, em nosso entendimento, bastante positivo para a contabilidade, que definitivamente poderia assumir o seu verdadeiro papel nuclear, enquanto fonte de informação privilegiada para a tomada de decisões, e abandonar-se-ia definitivamente a relação umbilical contabilidade-fiscalidade. A verificar-se esta profunda alteração, tal implicaria ultrapassar a imagem que os empresários, os profissionais e grande parte dos utentes têm da contabilidade, sendo, ainda hoje, esta vista como uma obrigação legal para apoiar o cálculo dos impostos. A informação contabilística produzida passaria a ser utilizada não para apoiar o cálculo de impostos, mas seria preparada para servir de base e de modo consistente no apoio à tomada de decisões da gestão, assumindo-se a sua verdadeira e mais profunda função: a função informativa. Nesta óptica a contabilidade seria entendida como um sistema de informação indispensável à gestão, particularmente das pequenas entidades que precisam de se organizar, dispor de informação para apoiar as suas decisões estratégicas, na mira de ultrapassar o estigma da "pequenez".

A opção pelo regime de tributação em base caixa poderia, assim, ser um incentivo para a preparação de informação contabilística mais vocacionada para a tomada de decisões, e longe das influências do legislador fiscal. Esse regime de caixa para efeitos de tributação teria, todavia, de ser complementado com o regime de acréscimo do ponto de vista da preparação da informação financeira, para efeitos do cumprimento do objectivo principal subjacente à preparação da informação financeira, que deve atender às necessidades dos seus destinatários, constituindo uma fonte privilegiada de apoio às suas decisões.

Não foi, contudo, esta a opção do legislador português, pois limitou-se a incluir na Lei do Orçamento uma isenção de obrigatoriedade de contabilidade organizada dirigida às mais pequenas entidades[61], que não exercem uma actividade económica a título principal, com volume de negócios, inferior a 150.000 euros.

---

[61] Esta dispensa já constava do Decreto-Lei n.º 36-A/2011, de 9 de Março, que permitia que as entidades integrantes do sector não lucrativo ficassem dispensadas da normalização contabilística para as ESNL, ficando, todavia, obrigadas à prestação de contas em regime de caixa, conforme n.ºˢ 1 e 3 do art. 10.º e n.º 3 do art. 11.º do anterior diploma.

No que respeita à **tributação da despesa**, previa-se no Memorando da «Troika» um regime de caixa para o IVA[62], sendo que este poderia ser aplicável aos casos em que a contraparte fosse uma entidade pública, incluindo o sector empresarial do Estado. Estas entidades passariam a pagar o IVA quando efectivamente recebessem dos clientes, ao invés de procederem ao pagamento tendo por referência o momento da emissão da factura e de acordo com as regras gerais de liquidação do referido imposto. Mas, também só nascerá o direito à dedução quando efectuarem o pagamento das suas aquisições de bens e serviços.

Importa questionar se este regime somente será aplicável quando a contraparte seja uma entidade pública, ou se a sua introdução será exclusiva nos fornecimentos de bens e serviços ao Estado. E o que significa neste contexto, a expressão constante do memorando da «Troika» de acordo com as "regras gerais"? Como se poderá e deverá interpretar esta expressão?

Esta questão já não é nova em Portugal, pois no Relatório do Grupo para o Estudo da Reforma Fiscal (2009: 475) afirma-se que *"o regime de contabilidade de caixa implicaria um registo contabilístico para efeitos de IVA autónomo da contabilidade efectuada para efeitos dos impostos sobre o rendimento e do direito comercial. De facto, para a aplicação desse regime, a contabilidade não atende às facturas recebidas e emitidas, mas considera exclusivamente os pagamentos a fornecedores para exercício do direito à dedução e os recebimentos de clientes para liquidação do IVA. Tal circunstância torna o regime de difícil implantação e controlo pelas empresas, acarretando-lhes custos adicionais e ónus financeiros não sentidos com a regra geral de dedução, por impor o diferimento da dedução do IVA suportado para a data do pagamento das facturas, concluindo que não se entende adequado propor a introdução de tal sistema na legislação interna".*

Na Lei do Orçamento de 2012 esta orientação, talqualmente estava prevista no memorando da «Troika», não teve acolhimento. Pode, contudo, vir a tê-lo já que as medidas do memorando têm aplicabilidade até 2015.

Afirma-se no Relatório do Grupo de Trabalho da Simplificação Fiscal (2006: 90) que: *"(...) qualquer simplificação num imposto com a disciplina*

---

[62] Segundo Amaral Tomaz (2009: 31) *"na União Europeia alguns Estados-membros (Eslovénia, Estónia, Reino Unido e Suécia [...] e Itália) já optaram por instituir um regime simplificado para as PME baseado na denominada "contabilidade de caixa".*

que, no modelo comunitário, este possui, só faz sentido em duas vertentes: a das obrigações acessórias para os sujeitos passivos em geral e a previsão de regimes mais aligeirados de determinação do imposto par sujeitos passivos de reduzida dimensão económica, com falta das estruturas administrativas capazes de responder às normais mecânica e funcionamento do imposto".

Importa adiantar que essas medidas de simplificação encontram apoio na letra da 6.ª Directiva, pois os arts. 24.º e 25.º, admitem a faculdade de aplicar regras simplificadas de tributação e de cobrança do IVA às pequenas entidades, em razão da actividade ou da estrutura desses sujeitos, quando o Estado-membro detecte dificuldades na aplicação no regime normal. Mas, o regime das pequenas entidades[63] assume, normalmente, a forma de regimes forfetários, deles não devendo resultar menor arrecadação de imposto do que o previsto no regime normal.

Em nome dessa simplificação desejada para as pequenas empresas ou em razão da actividade desenvolvida, e ultrapassando um pouco a proposta da «Troika», o OE para 2012, inclui o anúncio de uma intenção legislativa em que se prevê um regime que poderá vir a ser, também, aplicável aos casos em que a contraparte seja uma entidade pública, incluindo o sector empresarial do Estado. Estas entidades passarão a pagar o IVA quando efectivamente receberem dos clientes, ao invés de procederem ao pagamento no momento da emissão da factura e de acordo com as regras gerais.

Simultaneamente, integra, também, na proposta de Lei do OE, uma intenção legislativa sobre o regime de "exigibilidade de caixa do IVA"[64], formulada em termos diferentes do que se previa no memorando de entendimento, de modo a abranger um regime mais simplificado de imposto para as microentidades, dada a sua reduzida dimensão económica. O regime assume natureza facultativa. Dispõe-se, então, no art. 170.º que: *"o Governo irá desenvolver as consultas e estudos preparatórios tendo em vista a apresentação, no decorrer do ano de 2012, de uma proposta de introdução de um **regime de «exigibilidade de caixa» do IVA**, simplificado e facultativo, destinado às microempresas que não beneficiem de isenção do imposto, permitindo que estas exerçam o **direito à dedução do***

---

[63] Para uma análise mais aprofundada destes regimes ver, Relatório do Grupo de Trabalho para a Simplificação Fiscal (2006).

[64] *Ibidem.*

IVA e paguem o imposto devido no momento do efectivo pagamento ou recebimento, respectivamente."

Mais uma vez, a concretização desta proposta é de utilidade duvidosa, pois caberá perguntar que vantagens poderão resultar para as microentidades, do regime de "exigibilidade de caixa", se estas pagarem e receberem em períodos considerados como normais dentro dos sectores em que operam? Importaria, todavia, para avaliar o verdadeiro impacto desta medida fiscal, ponderar os prazos médios de recebimento dos clientes das microentidades em relação ao prazo médio que venha a ser estabelecido para o pagamento do IVA. Acarretará desvantagens para as entidades que concedem aos seus clientes prazos médios de recebimento baixos e inferiores aos prazos médios de pagamento do IVA, pois nestas circunstâncias tinham à sua disposição recursos financeiros a custo zero. Estas devem ser, contudo, situações excepcionais no nosso tecido empresarial. Este regime beneficiará, essencialmente, as entidades que realizam negócios com entidades que pagam com prazos dilatadíssimos[65], como é o caso, frequentemente apontado do Estado, Regiões Autónomas e Autarquias locais. Era esta a medida que estava prevista no Memorando da «Troika», conforme referimos *supra*[66], mas que não veio a ser integralmente considerada na Lei do Orçamento de 2012.

Prevê-se, ainda no Orçamento Estado de 2012, uma dispensa do cumprimento de obrigações gerais para os sujeitos passivos a que seja aplicável o regime de normalização contabilística para microentidades[67]. Ficam dispensados da obrigação de entrega da declaração de informação contabilística e fiscal e anexos respeitantes à aplicação do Decreto-Lei n.º 347/85, de 23 de Agosto. Este diploma, com todas as alterações subsequentes, respeita à definição da localização das operações de IVA entre o Continente e as Regiões Autónomas.

Depois de passarmos em revista, de modo necessariamente sumário, as novas propostas incluídas no memorando de entendimento da «Troika», e da sua tradução, ou não, no OE de 2012, avançaremos, de seguida, para

---

[65] Refira-se também o caso dos clientes de cobrança duvidosa, onde existirá uma vantagem significativa para estas pequenas entidades, resultante da não obrigatoriedade do pagamento do IVA liquidado na factura, enquanto não receber desses clientes.

[66] *Vide* ponto 3 *supra*.

[67] Esta disposição assume pouca importância no contexto da temática em estudo.

algumas notas conclusivas sobre as várias temáticas tratadas ao longo deste trabalho.

5. Nótulas conclusivas

As PME são consideradas um filão importante em qualquer economia, particularmente reforçado em períodos de crise acentuada, dada a sua flexibilidade, capacidade para a inovação e empreendedorismo, e são hoje consideradas as maiores geradoras de emprego. A definição de PME não prima, contudo, pela sua uniformidade, nem espacialmente, nem dentro do mesmo país em diferentes domínios jurídicos.

Invocando, ainda que de modo falacioso, essas particulares capacidades deste ente empresarial, o discurso institucional e político tem apontado no sentido de libertar as PME do peso de preparar e divulgar informações contabilísticas, na mira de reduzir os custos administrativos ou de contexto que essas entidades suportam. Situação da qual discordamos, pois, em nossa opinião, a exigência de contabilidade não deve ser entendida como um mero custo administrativo, mas acima de tudo como um sistema de informação indispensável à gestão, de todas as entidades empresariais, permitindo, até, que aqueles segmentos empresariais mais pequenos sobrevivam e prosperem, desde que a informação se revele adequada à sua dimensão e necessidades informativas.

Para prestar informação relevante e fiável, importa atender à dimensão das entidades empresariais que a preparam e divulgam, conjugando esta com as necessidades dos seus principais utentes e, em particular, com as suas necessidades internas de informação, numa lógica de sistema integrado e coerente, que minimize custos de preparação e divulgação da informação. Tal simplificação não pode, contudo, ser conseguida à custa da perda de relevância e de fiabilidade da informação, para os diferentes agentes que interagem com as variadas unidades do sistema empresarial. A qualificação recorrendo aos critérios caracterizadores das pequenas entidades não pode ser usada como uma arma de arremesso, permitindo que estas não tenham uma informação adequada para tomar as suas decisões, só porque são pequenas.

Antes de surgir qualquer nova proposta, ou soluções alternativas àquelas que recentemente passaram a ser aplicadas às ME, importaria responder à eterna questão que nos assalta: afinal o que é verdadeiramente importante na revelação contabilística para efeitos de relato financeiro destas entidades? E ainda há mais uma questão, cuja resposta importaria ponderar adequadamente: será o modelo contabilístico de base caixa particularmente mais adequado para servir os interesses dos destinatários que interagem com essas entidades do que o actual modelo contabilístico em vigor, assente na base do acréscimo?

Já o novo modelo de tributação previsto para as mais pequenas entidades colhe o nosso assentimento, pois a generalidade delas devem ser dispensadas da complexidade do actual regime baseado no resultado contabilístico, previsto nos arts. 3.º e 17.º do CIRC, devendo a sua tributação assentar em indicadores determinados do modo mais objectivo possível, ultrapassando-se a subjectividade e a falta de clareza da lei fiscal. A simplificação do regime fiscal destas entidades, não deve, contudo, ser conjugada com a não obrigatoriedade da contabilidade organizada com base no regime do acréscimo. A obrigatoriedade de contabilidade deve ser imposta por razões de gestão, comerciais e ou societárias, e não já por razões fiscais. A separação destes dois campos é, na nossa perspectiva, bastante auspiciosa. Pode, conduzir a que a contabilidade se assuma verdadeiramente como uma fonte de informação mais útil para a tomada de decisões, devendo esta ser pensada em função das necessidades dos principais destinatários interessados na mesma. E a fiscalidade deveria apoiar-se em métodos simplificados de tributação que facilitassem a vida dos contribuintes e da administração fiscal, procurando evitar grandes distorções na determinação da base tributável e, logo do imposto a pagar. Esta opção de um sistema tributário mais simples e mais justo, poderia concorrer para favorecer o crescimento económico.

Importa questionar, neste contexto, se o modelo de relato em base caixa, proposto no memorando da «Troika», responderá aos objectivos dos destinatários das DF. E ainda, se será o modelo caixa o mais adequado do ponto de vista fiscal, ou se deveria optar-se por um qualquer outro referencial de tributação, desde que este fosse o mais objectivo possível, e assegurasse uma tributação mais simples e mais justa, se isso fosse entendido como vantajoso do ponto de vista de política fiscal, permitindo uma discriminação fiscal positiva das PME?

Bibliografia citada:

BAAS, Timo e SCHROOTEN, M. (2005), *Relationship Banking and SMEs – A Theoretical Analysis*, Discussion Paper Series A, n.º 470, December.

BERGER, Allen N. e UDELL, Gregory F. (2004), "A More Complete Conceptual Framework for SME Finance", Prepared for presentation at the *World Bank Conference on Small and Medium Enterprises*, October.

COMISSÃO EUROPEIA (2010), *O Dia Europeu das PME's – Europa: uma Oportunidade para as PME's Portuguesas – Informação sobre a Política Europeia para as PME's*, Comissão Europeia, Lisboa.

COMISSÃO EUROPEIA (2007), *Comunicação sobre um ambiente simplificado para as empresas das áreas do direito das sociedades comerciais, da contabilidade e da auditoria*, de 10 de Julho, CE.

IAPMEI (2008), *Sobre as PME em Portugal*, Fevereiro, IAPMEI/Direcção de Planeamento e Estudos.

KOLLER et al., (2005), *Valuation – Measuring and Managing the Value of Companies*, 5.ᵗʰ Ed., Canada, Mckinsey & Co.

LOPES, Cidália M. Mota (2011), "A fiscalidade e a escolha da forma jurídica nas PME", *II Congresso de Direito Fiscal, Almedina/IDEFF/OTOC*, 10 de Outubro.

LOPES, Cidália M. Mota (2009), "Os Custos de Cumprimento das Obrigações Tributárias das Pequenas e Médias Empresas (PME) em Portugal", *IV Conferência Internacional do GEOTOC: Problemas Contabilísticos e Fiscais das PME*, Lisboa, 29 e 30 de Outubro.

LOPES, Cidália M. Mota (2008), *Quanto Custa Pagar Impostos em Portugal*, Coimbra, Almedina.

LOPES, Cidália M. Mota (1999), *A Fiscalidade das Pequenas e Médias Empresas – Estudo Comparativo na União Europeia*, Porto, Vida Económica.

MARTINS, António et al. (2009), *Manual de Gestão Financeira Empresarial*, Coimbra, Coimbra Editora.

NABAIS, José Casalta (2011), "A liberdade de gestão fiscal das empresas", *Miscelâneas – Instituto de Direito das Empresas e do Trabalho*, n.º 7, Setembro, p.: 9-68.

NABAIS, José Casalta (2007), "A liberdade de gestão fiscal das empresas", *Revista Fórum de Direito Tributário (RFDT)*, Ano 5, n.º 29, Setembro/Outubro, p.: 55-78.

OBSERVATÓRIO DAS PME EUROPEIAS (2010), http://www.iapmei.pt/iapmei-art-03.php?id=2048, consultado em 30 de Dezembro de 2010.

OCDE (2009), *Taxation of SME – Key Issues and Policy Considerations*, OCDE Tax Policy Studies, Luxembourg.

102 *Eventuais Efeitos das Medidas da «Troika» sobre a Contabilidade e a ...*

PALMA, A. Ferreira (2001), *Das Pequenas e Médias Empresas – Algumas Questões (Maxime, no Direito da Concorrência)*, Coimbra, Almedina.

RELATÓRIO DO GRUPO DE TRABALHO PARA A SIMPLIFICAÇÃO DO SISTEMA FISCAL PORTUGUÊS, (2006), Ministério das Finanças e da Administração Pública – Secretaria de Estado dos Assuntos Fiscais Maio. (posteriormente publicado *in: Ciência e Técnica Fiscal*, n.º 107, Lisboa, Ministério das Finanças).

RELATÓRIO DO GRUPO DE TRABALHO PARA O ESTUDO DA POLÍTICA FISCAL (2009), *Competitividade, Eficiência e Justiça do Sistema Fiscal*, 3 de Outubro de 2009, Ministério das Finanças e da Administração Pública – Secretaria de Estado dos Assuntos Fiscais.

RODRIGUES, Ana M. G. (2012), "Propriedades de Investimento: Algumas reflexões Contabilísticas e Fiscais", *Revista de Finanças Públicas e Direito Fiscal*, IDEFF – Faculdade de Direito de Lisboa, Ano IV, n.º 4, p.: 193-226.

RODRIGUES, Ana M. G. (2012), "O Relato Contabilístico não deve ser condicionado", *Revista TOC*, Ano XII, n.º 143, Fevereiro de 2012, (entrevista).

RODRIGUES, Ana M. G. (2011), "Modelos de Relato em Portugal – o caso particular das PME", *Tékhne – Revista de Estudos Politécnicos*, Vol. IX, n.º 15, Fevereiro, p.: 59-103.

RODRIGUES, Ana M. (Coord.) (2010a), *SNC – Sistema de Normalização Contabilística*, Coimbra, Almedina.

RODRIGUES, Ana M. G. (2010b), "Prestação de contas e o regime especial de invalidade das deliberações previstas no art. 69.º do CSC", *Miscelâneas*, n.º 6, IDET, Coimbra, p. 95-183.

SANTOS, José C. Gomes (2009), "Factos e Desafios da Tributação das PME – Perspectiva de Política Fiscal", *IV Conferência Internacional do GEOTOC: Problemas Contabilísticos e Fiscais das PME*, Lisboa, 29 e 30 de Outubro.

TAVARES, Tomás Cantista (2011), *IRC e Contabilidade – Da Realização ao Justo Valor*, Coimbra, Almedina.

TAVARES, Tomás Cantista (1999), "Da relação de Dependência Parcial entre a Contabilidade e o Direito Fiscal na Determinação do Rendimento Tributável das Pessoas Colectivas: Algumas Reflexões ao nível dos Custos", *Cadernos de Ciência e Técnica Fiscal*, n.º 396, Outubro-Dezembro.

COOPERAÇÃO ADMINISTRATIVA INTERGOVERNAMENTAL (PARA UMA MAIOR EFICÁCIA DO SISTEMA FISCAL)

Maria Odete Oliveira

1. O sistema fiscal e a sua aplicação no novo contexto económico

Num interessante documento sobre a crise das Administrações fiscais europeias, a União do Pessoal de Finanças da Europa (UFE)[1] considera que a União económica e monetária apenas pode constituir uma oportunidade e uma esperança para os povos europeus se as liberdades de circulação (de mercadorias, serviços e capitais) forem realizadas com respeito pela justiça social. A justiça fiscal constitui indubitavelmente o caminho para uma verdadeira justiça social, a implicar que os sistemas fiscais devam ser conformados de modo a que a carga fiscal para todos os cidadãos seja realmente função da sua capacidade económica, com Administrações fiscais competentes e correctamente habilitadas na criação das condições exigíveis à boa aplicação desses sistemas fiscais.

A justiça social implica pois uma tributação justa, resultante não apenas da legislação em que se apoia (legislação fiscal e aduaneira), mas também da forma como a mesma resulta aplicada.

Embora seja unânime o consenso de que a actual crise não tem origem na tributação, a verdade é que as receitas fiscais há muito vêm a diminuir fruto da crescente mobilização das bases tributáveis para países com baixa tributação e da sofisticada exploração de brechas fiscais, a que se junta a actuação dos agentes da criminalidade económica e fiscal, num

---

[1] Na sua página Web em *www.ufe.ch*

104   *Cooperação Administrativa Intergovernamental ...*

ambiente de acumulação de suculentos proveitos e fortunas em prejuízo dos contribuintes honestos e cumpridores que pagam a factura através de pressões fiscais cada vez mais elevadas, atingindo por vezes padrões quase confiscatórios, e ameaçando de explosão a paz social e a solidariedade no seio das respectivas sociedades.

Segundo estimativas do Instituto de Altos Estudos em Viena, a parte da economia "paralela ou subterrânea" nas economias europeias situar-se-ia entre 10 e 20% do Produto Interno Bruto (percentagem que duplicou nos países da UE desde 1970) e isto numa época em que um grande número de Estados-Membros registam *deficits* orçamentais gigantescos. As perdas fiscais associadas estimam-se no seio da UE em cerca de 300 mil milhões.

Numa altura em que aos trabalhadores e aos cidadãos se pedem sacrifícios que parecem ultrapassar em muitos casos o que seria razoável, impondo sucessivos e crescentes aumentos dos impostos existentes ou mesmo contribuições que, também impostas, apresentam todas as características susceptíveis de as qualificar como novos, embora atípicos, impostos, resulta pouco entendível que não se aposte na exploração dos recursos ainda existentes dos actuais sistemas fiscais em vigor. No Programa de Apoio Económico e Financeiro a Portugal no período 2011-2014 da "Troika", na sua versão traduzida[2], refere-se: "Por último, mas de extrema importância, representando um aumento da receita anual de, pelo menos, Euro 175 milhões, a Administração tributária deverá preparar um plano estratégico, a aplicar entre 2012 e 2014, que versará essencialmente sobre o combate à evasão, à fraude fiscal e à informalidade, o reforço da inspecção tributária, e o aumento da receita através de mecanismos de gestão do risco".

Serge Colin, presidente da referida UFE, numa reunião recentemente realizada em Madrid afirmava, a propósito, a necessidade urgente de melhorar a eficiência fiscal como um meio de aumentar as receitas e reduzir os *deficits*, lutando contra o "nomadismo fiscal", entendido este como as práticas prejudiciais dos grandes contribuintes, pessoas singulares e empresas, que se movem para fora do seu país de residência apenas para fugir aos impostos, pondo em causa os sistemas fiscais e as políticas públicas básicas.

É com este paradigma que se vem falando em boa governação no domínio fiscal em geral e como requisito indispensável da reconstrução

---

[2] Disponível em *http://www.min-financas.pt/* infeconomica/MoU_PT.pdf.)

da economia global após o colapso financeiro de 2008 (Relatório de 2 de Fevereiro de 2010 sobre a Promoção da Boa Governação em Questões Fiscais – COM /2009/2174 (INI) – da Comissão dos Assuntos Económicos e Monetários). É essencial que os Estados sejam capazes de recolher as receitas fiscais resultantes da sua legislação fiscal, assegurando o pagamento do montante de imposto correcto, na data exigida e com um mínimo de custos de conformidade, sejam os administrativos da sua intervenção sejam os de cumprimento associados (especialmente no actual contexto de dificuldade económica), intensificando a sua luta contra a fraude e a evasão fiscal, e promovendo uma boa governação, com as variáveis que esta comporta: transparência, intercâmbio de informações e leal concorrência fiscal. Nisto consiste a eficácia na aplicação do sistema fiscal.

Transparência significa para as Administrações Fiscais[3] comunicar com os contribuintes de forma célere, clara, precisa e apropriada às suas necessidades, de forma a que conheçam e compreendam os seus direitos e obrigações e possam adequadamente cumprir a lei. Do lado dos contribuintes exige-se uma colaboração aberta e honesta com as Administrações Fiscais a que resultem conectados, para que estas, informadas e motivadas, possam satisfazer as funções que delas se esperam.

Intercâmbio de informações implica que a Administração fiscal possua, de forma integrada, todos os dados e arquivos relativos à globalidade da informação dos seus contribuintes, pessoas singulares ou colectivas, gerindo tal informação de acordo com as respectivas características, e prestando especial atenção a técnicas de gestão baseadas no risco (alguns grupos representam riscos maiores e diferentes ou menores do que outros em termos de cumprimento).

Leal concorrência fiscal traduz-se, desde logo, em actuações conformes ao âmbito do Código de Conduta relativo à Fiscalidade das Empresas, garantindo que, entre si e nas suas relações com países terceiros, os Estados-Membros apliquem o Código, em coerência com os seus esforços para promover a transparência e o intercâmbio de informações em questões fiscais.

---

[3] De acordo com a Comissão Europeia: *Fiscal Blueprints – A path to a robust, modern and efficient tax administration*, http://ec.europa.eu/taxation_customs/resources/documents/common/publications/info_docs/taxation/fiscal_blueprint_en.pdf

2. Os novos paradigmas de actuação fiscal

As últimas quatro décadas de liberalização comercial e financeira, associadas a rápidos avanços na tecnologia das comunicações, aumentaram exponencialmente a actuação dos agentes económicos para além das fronteiras do seu próprio território. Hoje pode dizer-se que já não é situação rara a do contribuinte que vive num país, trabalha noutro e opta por reformar-se fazendo afluir o respectivo rendimento a um outro país. E, se estes desenvolvimentos tiveram efeitos positivos na economia global fizeram também com que as autoridades fiscais se vissem confrontadas com factos tributários cada vez mais complexos, sobretudo tendo em conta a sua actuação limitada pelas fronteiras territoriais nacionais contraposta a uma actuação mundializada dos contribuintes para quem as fronteiras nacionais deixaram de constituir obstáculos. Contribuintes estes onde se juntam os que actuam no sentido do cumprimento das suas obrigações fiscais, e os outros, i.e., aqueles que fazem do não cumprimento uma estratégia bem elaborada e amiúde bastante rebuscada de actuação económica, a qual, embora nem sempre possível de quantificar em termos exactos, provoca em muitos países uma severa diminuição da receita fiscal, criando campo fértil para interessantes discussões teóricas dos fiscalistas mas simultaneamente verdadeiros pesadelos aos administradores ou inspectores fiscais. A experiência de várias Administrações fiscais indica que o não cumprimento internacional é transversal, percorrendo todos os segmentos de contribuintes, com diferentes formas: as pessoas singulares ocultam bens ou rendimentos tributáveis através do uso de contas bancárias no exterior, da criação de *trusts* em zonas *offshore* ou em países com sistemas ficais não transparentes ou mudam a sua residência fiscal para países de mais baixa tributação; as pequenas empresas, de capital fechado, usam entes de mera fachada para transferirem lucros para o exterior, através do recurso a facturação fictícia, sobrefacturando ou subfacturando as transacções com empresas associadas; enquanto que as grandes (geralmente multinacionais) se envolvem em transacções sofisticadas que vão desde a montagem de rentáveis esquemas financeiros transfronteiras assentes apenas na procura de vantagens fiscais, até à abusiva utilização das Convenções de Dupla Tributação (o *treaty shopping*), e à manipulação dos preços praticados nas respectivas transacções para artificialmente localizarem os proveitos em jurisdições de baixa tributação e os custos em jurisdições fiscais de tributação alta (*transfer pricing*).

Neste contexto os sistemas fiscais tendem a tornar-se cada vez mais complexos em virtude da introdução de normas (amiúde de interpretação difícil) destinadas a impedir ou dificultar aquelas práticas e a evitar que operações realizadas fora das fronteiras sem controlo, ou tratadas inadequadamente, signifiquem forte erosão das bases tributáveis com todas as consequências negativas que comportam, não só ao nível do quantitativo das receitas mas também no do tratamento dos contribuintes cumpridores e da integridade global dos sistemas fiscais nacionais. Em consequência destes refinamentos direccionados para as práticas concorrência fiscal agressiva, o cumprimento das obrigações tributárias nas várias soberanias onde os contribuintes realizam operações económicas, torna-se difícil e oneroso (só na União Europeia coexistem 27 sistemas fiscais e práticas administrativas diferenciados).

Um alerta ainda para a crescente dificuldade da cobrança neste novo ambiente económico de liberdades de circulação e de investimento, em que os contribuintes podem possuir bens em todo o mundo, mas as autoridades fiscais estão coarctadas, quanto às medidas necessárias à efectiva e coerciva cobrança do imposto, a uma actuação nos limites das suas fronteiras nacionais.

3. A cooperação administrativa fiscal

Deixando de lado outras discussões sobre a adequabilidade do actual sistema fiscal (mais ou menos tradicional) às características da nova economia, nomeadamente a da sua eventual alteração direccionada aos novos paradigmas, ou mesmo a sua total substituição, do que se trata aqui e agora é de, aceite a existência dos sistemas fiscais como se encontram definidos, ajuizar sobre os meios administrativos disponíveis e que sejam susceptíveis de fornecer um eficaz contributo na solução ou minoração das dificuldades apontadas como entraves à sua boa operacionalização. E entre esses meios administrativos disponíveis, cabe referenciar a cooperação administrativa fiscal intergovernamental, concretizada através das respectivas autoridades competentes, no caso as Administrações fiscais, cooperação que terá por objectivo último assegurar, na jurisdição adequada, a correcta determinação e o efectivo pagamento do montante do imposto devido por cada obrigado fiscal.

Isso implica a tomada de todos os procedimentos que permitam evitar e/ou eliminar (combater) a evasão e fraude fiscais, evitar a dupla tributação e assegurar aos contribuintes cumpridores o imprescindível apoio à sua actuação fiscal, não apenas garantindo os seus direitos fundamentais como também minorando os respectivos custos de cumprimento, através de uma actuação articulada e concertada na simplificação das obrigações acessórias dos operam em diferentes espaços tributários caracterizados por grandes divergências ao nível das obrigações fiscais[4].

O combate efectivo à fraude e evasão fiscal[5] requer hoje a adopção de específicas legislação e regulamentação que concedam às Administrações fiscais as competências necessárias e suficientes para o bom desempenho das suas funções de verificação.

Elemento-chave na cooperação em matéria fiscal e na obtenção de adequada competência de verificação da situação tributária dos obrigados fiscais é a partilha de informações. A troca de informações entre as autoridades fiscais dá-lhes acesso a informações relevantes que de outra forma não seriam capazes de obter, tanto as relativas às verdadeiras bases tributáveis dos seus contribuintes (imprescindíveis à correcta determinação da sua dívida de imposto), como ao nível da efectividade de cobrança dessa mesma dívida onde quer que se encontrem os meios capazes de a satisfazer, ao mesmo tempo que se afigura como um instrumento de grande valia no conhecimento e partilha das melhores práticas administrativas em sede dos métodos de abordagem e manejo de novas ferramentas, onde pontuam novas estratégias de gestão.

---

[4] Na Holanda, foi criado em 1990 um Grupo (*Committee Van Lunteren*) destinado a estudar e a apresentar propostas para a diminuição dos custos administrativos e de cumprimento da legislação e regulamentação tributária. O resultado traduziu-se essencialmente em harmonização de conceitos, simplificação de processos e procedimentos, utilização adequada e reutilização da informação, etc. Mas o mais importante, creio, foi a elaboração de um modelo que permite ajuizar, com razoável aproximação, sobre os efeitos de uma nova legislação naqueles custos (*The Standard Costs Model*). Este Modelo está ainda actualmente a ser utilizado na Holanda, tendo sido também adoptado por outras Administrações Fiscais da UE.

[5] Que além dos efeitos fiscais tem associadas práticas socialmente inaceitáveis tais como a corrupção e o tráfico de droga.

4. Os esforços das Organizações Internacionais

A cooperação administrativa em sede fiscal é uma questão global. E daí que várias Organizações internacionais a venham promovendo fortemente com o objectivo de que se torne mais efectiva e mais eficiente.

São exemplo disso a OCDE[6], o Centro Interamericano de Administrações Tributárias (CIAT), o Centro de Reuniões e Estudos de Administração de Administrações Tributárias (CREDAF), a Organização Intra-Europeia das Administrações Tributárias (IOTA), a Associação de Administrações Tributárias dos Países da Commonwealth (CATA), o Grupo de Estudo sobre Administração Tributária e Pesquisa da Ásia (SGATAR), o Fórum Africano de Administração Tributária (ATAF) e o ITD (*International Tax Dialogue*) que engloba a Comissão Europeia, o BID, o FMI, a OCDE, o UK-DFID e o Banco Mundial para acalentar e facilitar a discussão de questões fiscais entre funcionários tributários nacionais.

A União Europeia desde há muito se tem ocupado deste tema, nomeadamente na tributação directa onde se torna cada vez mais difícil aos Estados que a integram lançar, liquidar e cobrar os seus impostos de forma isolada, dada a pouca expressão das medidas de harmonização/coordenação, resultante do facto de os Estados-Membros não estarem dispostos a abdicar da sua soberania. No Imposto sobre o Valor Acrescentado e Impostos Especiais de Consumo, a preocupação cresceu sobretudo a partir da abolição das fronteiras físicas e fiscais no espaço comunitário.

A verdade é que nos espaços integrados, como é a UE, às liberdades de circulação de bens, de serviços e dos restantes factores de produção devem corresponder sistemas tributários harmonizados ou pelo menos compatíveis, que estejam ao serviço da realização do Mercado Comum (Mercado interno) e que evitem distorções nos processos económicos geradas pelos respectivos impostos. A esta exigência de legislação tributária modelada hão-de acrescer Administrações tributárias (dos países integrantes) com níveis equivalentes de eficiência, tendo em conta que aqueles processos

---

[6] O FTA (*Fórum on Tax Administration da OCDE*) criado pelo Comité de Assuntos Fiscais (CFA) da OCDE, reúne altos funcionários fiscais de todos os países membros da OCDE. Também as Nações Unidas possuem um Grupo Adhoc de Peritos para a Cooperação Internacional em questões Tributárias, composto por 20 representantes de países desenvolvidos e em vias de desenvolvimento, que reúnem semestralmente.

afectam estas em dois sentidos: a necessidade de um maior controle fiscal das transacções internacionais, que sempre crescem bastante em resultado da integração, e a necessidade de reflectirem as maiores relações entre os países. Tendo a cargo a administração da "coisa fiscal", devem promover condições mais favoráveis para a intensificação de uma cooperação mútua ou recíproca.

Estabelecer um sistema de cooperação administrativa assente em partilha de informações que seja operante requer Administrações fiscais dotadas dos meios necessários quer à solicitação e posterior aproveitamento próprio dos dados recebidos das outras Administrações fiscais quer ao apetrechamento para obtenção e envio dos dados solicitados pelas outras Administrações.

Tratando-se de relações entre Administrações do Estado, essa cooperação há-de reger-se por disposições de Direito internacional.

De acordo com a Agenda Fiscal da OCDE Abril 2011[7], esta Organização e a UE estão a trabalhar estreitamente nestas ferramentas, evitando duplicação de trabalho e visando um tratamento mais consistente e mais eficaz.

5. Bases normativas da cooperação administrativa e assistência mútua

A base normativa que informa o estado actual cooperação administrativa e assistência mútua é constituída pelas Convenções de Dupla Tributação, com destaque para as que têm por base o Modelo da OCDE, por Directivas e Regulamentos comunitários e ainda por Acordos específicos sobre intercâmbio de informação.

Nas mais habituais Convenções bilaterais de Dupla Tributação, as informadas pelo Modelo da OCDE, são os artigos 25.º, 26.º e também o artigo 27.º (este mais recentemente introduzido – 2003) que disciplinam como mecanismos de cooperação administrativa o Procedimento amigável, a Troca internacional de informação tributária e a Assistência na cobrança, respectivamente, com o objectivo de permitir, aos Estados contratantes, a boa aplicação das disposições convencionais e do respectivo Direito interno, tanto em termos de determinação correcta da prestação tributária e sua efectiva cobrança aos residentes de um ou de ambos os Estados contratantes,

---

[7] Em http:// www.oecd.org

como de permitir às autoridades fiscais dos dois Estados resolverem entre si as questões conexas com a sua interpretação e aplicação.

Na Europa comunitária, a cooperação administrativa e assistência mútua surgem materializadas, logo em 1976 e 1977 nos domínios da cobrança de impostos e da correcta determinação dos mesmos, com a Directiva 76/308/CEE, de 15 de Março de 1976 e a Directiva 77/799//CEE, de 19 de Dezembro de 1977, respectivamente.

Depois de alterações várias ditadas pela evolução verificada a diferentes níveis, a matéria é hoje disciplinada:

- Em sede do Imposto sobre o Valor Acrescentado, pelo Regulamento (CE) 1798/2003, de 7 de Outubro de 2003;
- Em sede dos Impostos Especiais de Consumo pelo Regulamento (CE) 2073/2004, de 16 de Novembro de 2004;
- Em sede da tributação do rendimento ainda pela Directiva 77/799//CEE[8];
- Em sede da cobrança (de todos os créditos tributários) pela Directiva 2008/55/CE, de 26 de Maio de 2008.

Também a Directiva 2003/48/CE, de 3 de Junho de 2003, relativa à tributação dos rendimentos da poupança sob a forma de juros, utiliza um mecanismo de cooperação administrativa – o intercâmbio de informação – embora mais como instrumento obrigatório na opção escolhida pelo legislador comunitário de manter a tributação daqueles rendimentos da poupança no Estado de residência do respectivo titular, do que como ferramenta de apoio aos objectivos antes enumerados.

Dificuldades várias têm assombrado a eficácia da troca de informações tributárias, tanto ao nível internacional em geral como em particular ao comunitário: umas de índole jurídico-normativa e outras de cariz essencialmente administrativo. Nas primeiras militam questões jurídicas, desde o princípio da reciprocidade, a essencialidade dos dados solicitados com esgotamento prévio de todos os meios internos, a consulta ou notificação

---

[8] Sucessivamente alterada pelas: Directiva do Conselho 79/1070/CEE de 6 de Dezembro de 1979; Directiva 92/12/CEE do Conselho de 25 de Fevereiro de 1992; Directiva 2003/93/CE do Conselho de 7 de Outubro de 2003; Directiva 2004/56/CE do Conselho de 21 de Abril de 2004; Directiva 2004/106/CE do Conselho de 16 de Novembro de 2004 e Directiva 2006/98/CE do Conselho de 20 de Novembro de 2006.

prévia dos contribuintes visados e o interesse fiscal próprio da Administração requerida até ao círculo de confidencialidade dos dados e esfera reservada do seu uso. Nas segundas pontuam essencialmente a inexistência ou insuficiência de "uma cultura de cooperação" e aspectos correlativos, os requisitos técnicos (ao nível da identificação dos contribuintes e dos procedimentos de armazenamento, tratamento e envio da informação) e a adequada formação dos recursos humanos, para além de indefinições ao nível das autoridades competentes e da estrutura em que as mesmas se devem inserir para assegurar as articulações indispensáveis à recolha dos dados a fornecer e à distribuição dos recebidos, respectivamente.

A constatação destas dificuldades e o reconhecimento da valia dos fins da cooperação administrativa em geral e da partilha de informações em particular, ditaram a atenção especial que tanto a OCDE como a UE estão a dar à matéria.

Centrando a atenção na Europa comunitária onde, embora com níveis diferentes de capacidade instalada, as Administrações fiscais estão mais niveladas (diferentemente do que acontece no universo internacional global, onde a realidade é bem diferente), foram revistos aqueles mecanismos de Direito comunitário derivado, com a aprovação de novas bases normativas destinados a colmatar muitas daquelas dificuldades.

Assim:

– Em sede do Imposto sobre o Valor Acrescentado, o Regulamento (CE) n.º 1798/2003, será substituído pelo Regulamento (UE) 904/2010, de 7 de Outubro de 2010, com aplicabilidade prevista para 1 de Janeiro de 2012;

– Em sede dos Impostos sobre o rendimento e património, a Directiva 77/799/CEE será substituída pela Directiva 2011/16/UE, de 15 de Fevereiro de 2011, já em vigor mas com obrigatoriedade de transposição para o Direito interno nacional até 1 de Janeiro de 2013;

– Em sede de assistência na cobrança de créditos fiscais, a Directiva 2008/55/CE, de 26 de Março de 2008 será abolida a partir de 1 de Janeiro de 2012, em razão da nova Directiva 2010/24/UE, que se espera venha a ser transposta para o Direito interno no entretanto.

6. Formas de cooperação administrativa e assistência mútua

Deixando de lado a partilha de metodologias para o exercício das respectivas funções pelas Administrações fiscais podemos dizer, duma forma simplificada, que a cooperação administrativa em matéria tributária envolve:

- O intercâmbio de informação tributária propriamente dito;
- A realização de exames fiscais simultâneos;
- A participação de funcionários de um Estado em auditorias fiscais noutro (s) Estado (s);
- Os serviços de documentação e notificação;
- A assistência na cobrança (incluindo medidas cautelares).

6.1. O Intercâmbio de informação tributária propriamente dito

Assume três diferentes modalidades: a pedido, espontâneo e automático.

O intercâmbio de informação a pedido exige, como o próprio nome indica, prévia solicitação, e acontece, em geral, quando as autoridades competentes de um Estado-Membro estejam a efectuar uma investigação sobre um sujeito passivo em concreto e no decurso da mesma se revele necessária ou útil, para completar ou melhorar tal investigação, a colaboração das autoridades fiscais de outro Estado.

Espontânea é a troca de informações não sistemática, a qualquer momento e sem pedido prévio, de informações que um Estado possua, porque obtidas no exercício das suas funções domésticas, e que sejam consideradas de interesse para o outro Estado (havendo situações em que é estabelecida a presunção desse interesse).

Finalmente, é automático o intercâmbio de informação processado de forma sistemática, regular, e sem solicitação específica, para um conjunto de informações pré-definido, e disponível nos registos informáticos da Administração tributária (através dos habituais processos de recolha e processamento) do Estado que comunica as informações. O intercâmbio automático, que quase unanimemente é visto como aquele que possui mais potencialidades face aos objectivos da partilha de informações entre as Administrações, requer para ser eficaz a estandardização de formatos para o envio dos dados. A OCDE desenvolveu e continua a desenvolver normas

114 *Cooperação Administrativa Intergovernamental ...*

para este intercâmbio automático tendo em conta os últimos desenvolvimentos tecnológicos – o novo formato STF (*Standard Transmission Format*) baseado no XML (*Extensible Markup Language*), uma linguagem usada amplamente na tecnologia da informação pelas suas múltiplas vantagens.

6.2. A realização de exames fiscais simultâneos

Ocorre nas situações em que a situação de um ou vários obrigados fiscais apresente um interesse comum ou complementar para dois ou mais Estados, os quais podem recorrer a controles ou exames fiscais simultâneos sempre que entendam que os mesmos se afiguram como mais eficazes do ponto de vista do resultado passível de ser obtido que os levados a cabo por um único Estado.

Abrange as empresas que operam internacionalmente, com produção de bens e serviços em qualquer parte do mundo, possuindo também deslocalizadamente os seus livros e registos contabilísticos, caso em que as Administrações tributárias terão vantagem em melhorar e intensificar a auditoria tributária multilateral, prática a que se tem já recorrido. Para que os exames fiscais simultâneos sejam realizados com êxito, necessário se revela que cada Administração tributária tenha conhecimento das estratégias e políticas de auditoria tributária e dos respectivos procedimentos e técnicas de auditoria utilizados pelas outras Administrações tributárias, assim como conhecimento sobre as faculdades com que contam para recolher informação e para executar fiscalizações e auditorias. Foi, aliás, neste contexto que a Administração Fiscal da Holanda elaborou um "Manual" descrevendo e documentando os processos de auditoria nos diversos Estados-Membros da UE, o qual se encontra disponível e está em contínuo processo de actualização.

6.3. A participação de funcionários de um Estado em auditorias fiscais noutro (s) Estado (s)

A presença de funcionários de um Estado no território de outro Estado visa a obtenção de informações úteis para ambos os Estados, assegurando um controle fiscal mais efectivo das operações internacionais realizadas pelos respectivos sujeitos passivos ou obrigados tributários. Subjazem-lhe, grosso modo, as razões apontadas à realização de exames fiscais simultâneos.

Quer a realização de exames fiscais simultâneos quer a presença de funcionários de um Estado no território de outro Estado, potenciam também que as Administrações tenham um melhor conhecimento do Direito comunitário e dos sistemas que compõem o Direito fiscal no seio de outros países da UE, assim como da sua organização administrativa e das melhores práticas utilizadas, juntando conhecimentos teóricos e práticos num permanente *"on job training"*. Esta troca de experiências foi inicialmente criada em 1992 com o Programa Fiscal Matthäeus e tem avançado com os Programas Fiscalis mais voltados para o IVA, sendo importante que a atenção seja também direccionada para a tributação directa. É aliás essa a Conclusão expressa no Relatório da Comissão ao Parlamento Europeu, ao Conselho, ao Comité Económico e Social Europeu e ao Comité das Regiões sobre a avaliação intercalar do programa Fiscalis 2013 (COM/2011/0538 final) de 5 de Setembro de 2011), onde expressamente se propõe que seja concedida uma maior prioridade à cooperação no domínio da fiscalidade directa, para uma luta mais eficaz contra a fraude; que se faça da redução dos encargos administrativos que pesam sobre o contribuinte um objectivo específico do programa Fiscalis; que se crie um sistema de acompanhamento e de avaliação das actuações com base nos resultados obtidos; que se melhore a divulgação e a aplicação dos conhecimentos e de boas práticas nas Administrações nacionais; que se explorem as possibilidades de aperfeiçoar e desenvolver ainda mais o sistema de intercâmbio de informações sobre o IVA (VIES) e se introduza um sistema de planeamento, vigilância e comunicação adaptado à organização e ao acompanhamento das visitas de trabalho.

6.4. Os serviços de documentação e notificação

Ocorrem por iniciativa da autoridade competente de um Estado, que solicita à sua congénere de outro Estado que proceda à notificação a um contribuinte de quaisquer actos ou decisões daquela emanados e respeitantes à aplicação no seu território de legislação relativa aos impostos abrangidos pelos diplomas de cooperação administrativa e assistência mútua.

6.5. A assistência na cobrança, incluindo medidas cautelares

Além de incluir os instrumentos já referidos, este tipo de assistência prevê especificamente que uma autoridade requerente solicite à sua homóloga de outro Estado, a notificação a um determinado destinatário de todos os documentos, nomeadamente de natureza judicial, emanados do seu Estado e que respeitem a um crédito tributário ou à sua cobrança. Em resultado, a autoridade competente requerida cobrará, a pedido da autoridade requerente, os créditos que sejam objecto de um título executivo no Estado da autoridade requerente, e se tal for considerado necessário, a autoridade requerida pode tomar medidas cautelares para garantir a respectiva cobrança, desde que as disposições legislativas ou regulamentares em vigor no seu Estado o permitam (na medida em que sejam igualmente admitidas medidas cautelares, numa situação idêntica, pelo Direito nacional e pelas práticas administrativas do Estado-Membro requerente).

Sem entrar em análises mais detalhadas, poder-se-á dizer que as novas Directivas e Regulamento, que acima se identificaram como aplicáveis dentro de um futuro próximo, activam uma etapa mais avançada na cooperação administrativa, com a preocupação primeira de homogeneizar as respectivas normas reguladoras, obrigações e direitos através de instrumentos que possam ser aceites e qualificados como idóneos para todos os Estados-Membros.

7. A posição do Tribunal do Luxemburgo

Para além das iniciativas da Comissão Europeia, para quem a cooperação administrativa em sede fiscal vem sendo um instrumento considerado com utilidade crescente no actual contexto económico, também o Tribunal de Justiça da União Europeia, em vários acórdãos e de forma crescente vem salientando a importância da cooperação administrativa.

Vejamos, a título exemplificativo, o último (até agora) e o primeiro dos acórdãos que referenciam os instrumentos de cooperação administrativa, no caso a Directiva 77/799/CEE.

No Processo C-433/09, Comissão/Portugal, com sentença em 6 de Outubro de 2011, a Comissão Europeia pedia ao Tribunal de Justiça que declarasse o incumprimento pela República Portuguesa das obrigações que lhe incumbem por força dos artigos 63.º do TFUE e 40.º do Acordo sobre o Espaço Económico Europeu (EEE), de 2 de Maio de 1992, em resultado do facto de no seu território serem tributados os dividendos auferidos por fundos de pensões não residentes a uma taxa superior à que incide sobre os dividendos auferidos por fundos de pensões residentes no território português.

A Comissão sustentava (na linha das conclusões do Advogado-Geral *Paolo Mengozzi*, apresentadas em 25 de Maio de 2011) que o regime fiscal português aplicável aos fundos de pensões prevê uma diferença de tratamento em função do local de residência dos referidos fundos: os dividendos pagos a fundos de pensões que se constituam e operem em conformidade com a legislação portuguesa são totalmente isentos de IRC, ao passo que os dividendos pagos a fundos de pensões não residentes estão sujeitos a esse imposto, diferença de tratamento que constitui uma restrição à livre circulação de capitais, na medida em que o investimento dos fundos de pensões não residentes em sociedades portuguesas se torna menos atractivo.

Entre outros argumentos, a República Portuguesa alegou que a limitação da isenção de IRC aos fundos de pensões residentes assenta em exigências ligadas à eficácia dos controlos fiscais: as exigências legais que dão direito ao benefício de isenção de IRC requerem que os fundos que dele pretendam beneficiar possam ser directamente controlados pelas autoridades fiscais portuguesas, fiscalização particularmente complexa e que implica que as mesmas autoridades se possam dirigir directamente aos fundos de pensões que beneficiam de isenção de IRC, sendo tal intervenção impossível no que respeita aos fundos de pensões residentes noutro Estado-Membro e, *a fortiori*, no que respeita aos fundos de pensões residentes num Estado terceiro parte no Acordo EEE, uma vez que as disposições da União relativas à cooperação em matéria fiscal não são aplicáveis neste contexto. E continuou alegando que, "sendo jurisprudência constante e aceite que a necessidade de garantir a eficácia da fiscalização fiscal constitui uma razão imperiosa de interesse geral susceptível de justificar uma restrição ao exercício das liberdades fundamentais garantidas pelo Tratado, não deve considerar-se verificado o incumprimento".

Quid juris?

O Tribunal veio a condenar Portugal, não atendendo aos argumentos nacionais, e concretamente aos respeitantes à dificuldade dos controlos fiscais, declarando que "tratando-se dos fundos residentes num Estado-Membro diferente da República Portuguesa, a Directiva 77/799/CEE do Conselho, de 19 de Dezembro de 1977, relativa à assistência mútua das autoridades competentes dos Estados-Membros no domínio dos impostos directos e a Directiva 2008/55/CE do Conselho, de 26 de Maio de 2008, relativa à assistência mútua em matéria de cobrança de créditos respeitantes a certas quotizações, direitos, impostos e outras medidas, oferecem às autoridades portuguesas um quadro de cooperação e de assistência que lhes permite obter as informações exigidas com base na legislação nacional e os meios para cobrar eventuais dívidas fiscais junto dos fundos de pensões não residentes.

O primeiro é o Processo C-204/90, de 28 de Janeiro de 1992, e envolvia um litígio entre o Sr. *Bachmann* e a Administração Fiscal belga. *Bachmann* era um trabalhador, de nacionalidade alemã, que decidiu voluntariamente contratar um seguro de doença e invalidez, bem como um contrato de seguro de vida. Fê-lo no seu país natal, a Alemanha, muito embora se encontrasse a trabalhar na Bélgica, país que lhe vem a negar a dedução de tais encargos aos rendimentos do trabalho auferidos, alegando que a sua legislação apenas permite tal dedução quando se trate de prémios de seguros pagos na Bélgica a companhias de seguros belgas. Os argumentos envolvem, entre outros, a falta de harmonização das legislações fiscais em sede dos impostos sobre o rendimento e a dificuldade, senão mesmo a impossibilidade, de controlar os "atestados" correspondentes a pagamentos de cotizações efectuadas nos outros Estados-membros (assegurar os controlos fiscais).

Inconformado, *Bachmann*, acciona todos os meios de reacção até ao Tribunal Superior, o qual suspende o procedimento e coloca ao TJCE questões prejudiciais sobre a compatibilidade da legislação belga com os artigos 48.º, 59.º, 67.º e 107.º do Tratado CEE (liberdades comunitárias fundamentais) – diferente tratamento fiscal dado em razão da nacionalidade: no geral, os nacionais de um Estado-Membro ao regressar ao seu país de origem, são tributados pela totalidade dos seus rendimentos, onde quer que tenham sido auferidos; a negação da dedução ao rendimento dos prémios de seguro pagos noutro Estado-Membro, em resultado de legislações fiscais não fiscalmente harmonizadas neste âmbito (fiscalidade directa), gera violação da liberdade de circulação das pessoas (dos trabalhadores no caso em análise) estabelecida no actual artigo 39 n.º 2 do Tratado CE[9].

Responde o Tribunal condenando a Bélgica e declarando que no que respeita à eficácia dos controlos fiscais a Directiva 77/799/CEE do Conselho, de 19 de Dezembro de 1977, relativa à assistência mútua das autoridades competentes dos Estados-membros no domínio dos impostos directos, pode ser invocada por um Estado-membro a fim de controlar se foram efectuados pagamentos noutro Estado-membro quando, como é o caso no processo principal, o cálculo correcto do imposto sobre o rendimento deva ter em conta os referidos pagamentos.

8. Conclusões

- Um sistema fiscal eficiente e eficaz requer uma Administração fiscal eficiente e eficaz.
- Uma Administração fiscal eficiente e eficaz requer faculdades administrativas adequadas.
- Faculdades administrativas adequadas incluem necessariamente a faculdade de obter toda a informação relevante dos contribuintes a partir das declarações destes e da colaboração dos terceiros com eles conectados para efeitos tributários (empregadores, instituições financeiras, empresas seguradoras, etc. etc.), englobando nessa informação tanto a que tem origem no próprio país como a que tenha origem para além das suas fronteiras territoriais.
- As últimas quatro décadas de liberalização comercial e financeira, associadas a rápidos avanços na tecnologia das comunicações, possibilitaram uma forte actuação dos agentes económicos para além das fronteiras do seu próprio território, o que associado à manutenção do critério de tributação pessoal ou mundial os contribuintes residentes, implica que a capacidade contributiva seja avaliada em

---

[9] Artigo 39.º n.º 2 *"A livre circulação supõe a abolição de qualquer discriminação em razão da nacionalidade entre os trabalhadores dos Estados membros, no que respeita ao emprego, à retribuição e demais condições de trabalho"*.

resultado da cumulação dos dois tipos de rendimentos – os de fonte interna e os de fonte internacional.

- Para as Administrações tributárias, o crescentemente rápido ritmo de alterações tecnológicas teve, tem, e continuará a ter impactos importantes, uns positivos, outros negativos, uns directos e outros indirectos. As tecnologias da informação, telecomunicações e sistemas computorizados, aumentam significativamente a produtividade com poupanças de tempo e de dinheiro, traduzindo-se num melhor serviço aos contribuintes. Se por um lado os cidadãos contribuintes e as empresas se têm acostumado a ferramentas de comunicação mais sofisticadas e se convertem em contribuintes mais exigentes e que esperam serviços de primeira qualidade, por outro sofisticam também as formas de escamoteamento dos seus rendimentos, que se tornam cada vez mais voláteis, exigido maior responsabilidade de actuação às Administrações fiscais.

- As Administrações fiscais têm de responder à globalização com uma melhorada exigência de cumprimento, a qual passa também por uma maior atenção à cooperação administrativa internacional. O exercício dos poderes soberanos, incluindo actividades de verificação, liquidação e arrecadação de impostos, se estiver limitado ao território da jurisdição, apenas versará sobre uma parte (cada vez mais pequena) das actividades ou investimentos dos contribuintes que operam de forma global, e daí que as Administrações tributárias dependam cada vez mais da cooperação com as suas congéneres estrangeiras para administrarem mais eficazmente as leis tributárias nacionais. Através da utilização de técnicas de gestão de risco para desencadear controlos adequados, poderão fazer, durante as suas auditorias ou investigações, um bom uso das informações recebidas e armazenadas. Com base nessa análise de risco a actuação pode ser proactiva, se o acontecimento com relevância tributária ainda não ocorreu ou reactiva quando os procedimentos de detecção se instituem em função de uma declaração tributária já apresentada.

- Nessa cooperação administrativa estão englobadas várias ferramentas, desde o intercâmbio de informação propriamente dito, as auditorias fiscais simultâneas, a presença de funcionários de um Estado no território do outro e os serviços de notificação e documentação até à assistência mútua na cobrança de créditos tributários e medidas cautelares, passando pela partilha das melhores práticas existentes em cada momento para a realização das várias funções a que as mesmas são chamadas. Através dessa cooperação, os países mantêm a sua soberania sobre a aplicação e o integral cumprimento das suas leis tributárias (levando-o até à fase final de garantia da efectiva cobrança do respectivo crédito), ficando assegurada a correcta alocação dos recursos tributários.

- A susceptibilidade de receber informação vinda do exterior e de enviar para aí a informação interna disponível tem de ser enquadrada em disposições normativas. Disciplinam o intercâmbio de informação quer as normas que com esse âmbito estão incluídas nas Convenções de Dupla Tributação quer as constantes de específicos normativos comunitários (Directivas e Regulamentos de cooperação administrativa e assistência mútua). Na União Europeia a garantia do bom funcionamento do Mercado interno, permitindo que os cidadãos da UE e empresas se possam mover ou investir extra fronteiras sem sofrer discriminação ou dupla tributação, mas limitando as possibilidades de fraude e evasão fiscal em nome da neutralidade do imposto, e a necessidade de assegurar aos Estados-Membros e a si própria os recursos necessários ao financiamento dos seus Orçamentos, reforçam a importância da cooperação administrativa e assistência mútua, cooperação que é sucessivamente realçada pelas Instituições europeias, e em especial pela Comissão Europeia e pelo Tribunal de Justiça da União Europeia.

- Para além da necessidade de adequado enquadramento normativo, existem as questões de operacionalização. É que na prática, o intercâmbio de informação e outras formas de cooperação internacional têm-se revelado muito aquém do esperado, tanto em termos qualitativos como em quantidade de fluxos. Existem diferenças nas normas tributárias disciplinadoras; existe insuficiente coordenação entre as autoridades competentes para a troca de informação e a organização das Administrações tributárias em que as mesmas se inserem; existem dificuldades com a identificação dos contribuintes (alguns países não utilizam Número de Identificação Fiscal ou códigos postais, além de não existir um Número de Identificação Fiscal Internacional); existem dificuldades nos processos, procedimentos e sistemas operativos. Enviar dados não padronizados ou estandardizados é de pouco valor para o país receptor, que não será capaz de os processar, de os combinar e de os contrapor aos dados declarados pelos seus contribuintes. Da mesma forma, o envio de dados padronizados será de uso limitado se o país receptor não tiver a capacidade de os processar automaticamente.

- A tecnologia, a economia global e as práticas de troca de informações continuarão a evoluir, sendo indispensável conciliar a constante necessidade de garantir um equilíbrio adequado entre "expectativa legítima de privacidade dos contribuintes" e a legítima necessidade das Administrações fiscais obterem informações que lhes permitam garantir o cumprimento das leis fiscais. O uso da tecnologia para partilhar informações tem o potencial de melhorar a respectiva eficiência, devendo, todavia, serem fornecidas garantias de confidencialidade equivalentes às verificadas quando os meios tradicionais de troca de informações são baseados em papel.

- O novo marco legislativo na UE, traduzido na aprovação recente de novas Directivas e Regulamentos de cooperação administrativa, vem resolver várias das dificuldades apontadas. Há, contudo, um longo caminho a percorrer antes que se chegue a uma cooperação óptima entre as Administrações Tributárias, se bem que a tendência seja para o reforço das capacidades de partilha de informações entre elas sobretudo no desenvolvimento de abordagens mais estratégicas.

- Se bem que a crise económica e financeira não tenha sido originada em questões tributárias, é bem possível que se tenha exacerbado a mesma pela existência de sistemas fiscais que criavam incentivos artificiais para certos tipos de comportamentos económicos, e para a pouca atenção à existência e uso de esquemas de planificação tributária internacionais complexos, facilitados por regimes de paraísos fiscais criados em muitas partes do mundo. Os líderes do G20 exortaram os países a adoptar e implementar normas internacionais para o intercâmbio de informação, sendo certo que na prática muitos deles, com destaque para os que estão em vias de desenvolvimento, enfrentam grandes dificuldades no momento de implementar efectivamente os seus acordos de intercâmbio de informação. Daí a criação do Fórum Global sobre Transparência e Intercâmbio de Informação encarregado de monitorar a implementação das normas por parte desses países.

- Em resultado de todo o exposto dir-se-á que uma cooperação administrativa intergovernamental que se materialize numa acção coordenada das autoridades competentes dos diversos países com o objectivo de fomentar o correcto cumprimento das obrigações fiscais internacionais, fazendo-o de forma a que resultem diminuídos os custos administrativos em que incorrem as Administrações tributárias e os de cumprimento para os contribuintes cumpridores, fará com que resulte directamente reforçada a eficácia de aplicação do sistema fiscal, e indirectamente a eficácia do próprio sistema fiscal. O desenvolvimento de um sistema robusto e eficaz de cooperação administrativa e troca de informações é um pré-requisito para alcançar tais objectivos.
- Reconhecida nas novas Directivas e Regulamentos comunitários a maior valia da troca automática de informação, a cautela é que não haja o risco de "sobrecarga de informação". A troca automática de informação só será útil quando a informação estiver devidamente estruturada e adaptada às necessidades das Administrações fiscais, permitindo que estas obtenham informações sobre os seus próprios residentes fiscais nos casos em que por si próprias as não poderiam ter obtido. Mesmo em relação à Directiva da Poupança, sempre se dirá que é bem mais interessante para uma autoridade fiscal receber informações completas sobre os activos que são propriedade de seus residentes no exterior do que receber apenas uma retenção na fonte de imposto sobre os rendimentos produzidos por esses activos, uma vez que este procedimento gera receitas mas não permite aos Estados-Membros avaliar a base fiscal global de seus residentes.
- Neste contexto, deve salientar-se que embora seja importante construir um eficiente sistema para as Administrações fiscais, é igualmente importante garantir que a troca automática de informação acordada respeite padrões de privacidade do contribuinte. No âmbito da UE, a informação é protegida por disposições rigorosas sobre sigilo e protecção de dados, com qualquer informação recebida a dever ser mantida em segredo da mesma maneira que ao abrigo da legislação nacional, e não podendo ser usada para outros fins que não a determinação ou cobrança de impostos.

O NOVO REGIME DO TEMPO DE TRABALHO

JOANA NUNES VICENTE

I. No quadro das reformas legislativas laborais que se avizinham, o tema que nos foi proposto abordar diz respeito aos regimes dos tempos de trabalho[1]. Das várias áreas onde a tarefa de flexibilização na organização das condições de trabalho pode incidir – designadamente nos aspectos geográfico, temporal e funcional da organização das condições de trabalho – o domínio do tempo de trabalho é, sem dúvida, aquele que na última década mais estratégias legislativas e expedientes inovadores conheceu. A esse dado não é certamente alheio o facto de se tratar de uma área onde – apesar de, e como é natural, se procuram harmonizar interesses antagónicos – existe porventura uma clara vantagem para as entidades patronais (porque a implantação de reformas na área do tempo de trabalho não pressupõe custos ou encargos suplementares) e uma menor resistência, se comparada com outras áreas, por parte dos trabalhadores e dos seus representantes[2].

Não se vão através desta reforma criar novas figuras nem novos institutos; a reforma irá incidir sobre institutos já previstos, uns mais enraizados do que outros: ora mecanismos que permitem o alargamento da duração

---

[1] O presente texto corresponde, com ligeiras alterações, à comunicação proferida no Congresso 10 anos do IDET "O «memorandum» da Troika e as empresas (aspectos fiscais, laborais e comerciais)", realizado no dia 29 de Outubro de 2011. O "documento de trabalho" que serviu de suporte a essa comunicação e ao texto que aqui se apresenta foi apenas o *Memorando da Troika* e as directrizes que deste constavam, uma vez que na calendarização prevista nesse documento, a apresentação das propostas de lei que incidirão sobre a organização do tempo de trabalho só terá lugar durante o 1.º trimestre de 2012.

[2] Vejam-se, a esse propósito, as conclusões do estudo *Négocier la flexibilité – Le role des partenaires sociaux et de l´État*, sob a direcção de Muneto Ozaki, Bureau International du Travail, Genève, 2000, pág. 138 e ss..

da prestação de trabalho – caso do trabalho suplementar[3] e da figura do banco de horas[4]; ora mecanismos que permitem a redução da duração da prestação de trabalho, *rectius* a redução temporária do período normal de trabalho ou suspensão do contrato de trabalho[5].

A nossa atenção vai centrar-se sobretudo nas questões relacionadas com o trabalho suplementar e o banco de horas – portanto, mecanismos que possibilitam a extensão da duração da prestação de trabalho. Em bom rigor, há uma forte ligação entre os dois institutos, pelo menos no nosso ordenamento jurídico[6], e como tal, a análise conjunta dos dois é vantajosa.

II. O ordenamento jurídico português é um dos sistemas que continua a prever uma regulamentação legal própria para o trabalho suplementar (à semelhança do que sucede em sistemas como o espanhol e o italiano, por contraposição com outros, como sejam os sistemas alemão e o britânico). Trata-se de uma regulamentação de cariz limitativo fundada em razões ligadas à protecção da saúde dos trabalhadores, mas também na tutela e incremento dos níveis de ocupação. Na verdade, uma disciplina jurídica restritiva de recurso ao trabalho suplementar constitui uma forma de assegurar a absorção de mão-de-obra disponível através de uma equilibrada repartição do trabalho, e desse modo, uma medida (indirecta) de promoção do emprego[7].

---

[3] Actualmente regulado nos arts. 226.º a 231.º do Código do Trabalho, com os seus efeitos retributivos previstos no art. 268.º do mesmo Código, doravante CT.

[4] Cf. o art. 208.º do CT.

[5] Cf. o art. 298.º e ss. do CT.

[6] Como refere ANTÓNIO NUNES DE CARVALHO, "Notas sobre o Regime do Tempo de Trabalho. na Revisão do Código do Trabalho", *Código do Trabalho – A Revisão de 2009*, coord. de Paulo Morgado de Carvalho, Coimbra Editora, Coimbra, 2011, pág. 372, dependendo da concreta configuração legal, o instituto do banco de horas é susceptível de desempenhar funções diferentes e substancialmente distintas, dando o exemplo do caso francês das "contas poupança-tempo" cuja principal função é proporcionar ao trabalhador uma significativa margem de gestão do seu rendimento e actividade, do caso brasileiro em que o banco de horas corresponde a um mecanismo puro de compensação de certos períodos de prestação de trabalho suplementar com uma redução equivalente do tempo de trabalho, ou sistemas híbridos como o modelo italiano de "time-banking". No caso português, trata-se, como veremos, fundamentalmente de uma solução alternativa ao trabalho suplementar, com a vantagem de aliviar a entidade empregadora de alguns constrangimentos legais associados a esse instituto.

[7] Cf. o art. 58.º/2/a) da Constituição da República Portuguesa, onde se lê: "Para assegurar o direito ao trabalho, incumbe ao Estado promover a execução de políticas de pleno emprego".

A propósito da disciplina do trabalho suplementar, podemos falar de limites *directos* – aqueles que incidem sobre os poderes patronais e por isso constituem verdadeiras condições de legitimação do prolongamento da prestação; e de limites *indirectos* – os que operam sobre o plano das consequências económicas das escolhas organizativas do empregador, produzindo um efeito de desincentivação[8].

No que aos limites directos diz respeito, destacam-se: (*i*) limites de tipo quantitativo (limites anuais à prestação de trabalho suplementar – art. 228.º do CT); (*ii*) limites quanto às hipóteses materiais de recurso ao trabalho suplementar (o recurso ao trabalho suplementar só pode ter lugar em condições particularmente exigentes – ora assente num critério de necessidade condicionada, ora assente num critério de indispensabilidade – art. 227.º do CT[9]); (*iii*) limites que atendem à esfera de interesses do trabalhador, que se cifram na possibilidade de aquele invocar um motivo atendível para se escusar à prestação de trabalho suplementar – art. 227.º/3 do CT; (*iv*) condicionamentos de natureza procedimental/formal, como sejam os deveres patronais de registo do trabalho suplementar e de comunicação junto do serviços da Autoridade para as Condições de Trabalho – art. 231.º do CT.

No tocante aos limites indirectos, cumpre indicar que a prestação de trabalho suplementar, dependendo do número de horas de trabalho por dia e da circunstância de esse trabalho ser executado em dia normal de trabalho ou em dia de descanso ou feriado, confere ao trabalhador: (*i*) direito ao descanso compensatório remunerado nos termos dos arts. 229.º e 230.º; (*ii*) direito a retribuição acrescida, *ex vi* art. 268.º, todos do CT.

A reforma legislativa prevista nesta matéria vai incidir, não sobre os limites directos ao trabalho suplementar, mas sobre os limites indirectos, aligeirando, diminuindo os custos associados.

Assim, em primeiro lugar, prevê-se reduzir para o máximo de 50% o acréscimo retributivo a que corresponde a prestação de trabalho suplementar – até ao momento, esse acréscimo é de 50% para a primeira hora ou fracção desta, 75% para as horas seguintes e 100% para o trabalho suplementar em dia de descanso semanal ou em feriado. O documento não

---

[8] Assim, por exemplo, GIORGIO BOLEGO, *Il lavoro straordinario*, Cedam, Milano, 2004, pág. 102.

[9] Seguindo a terminologia de JORGE LEITE, *Direito do Trabalho*, vol. II, Serviços de Acção Social da Universidade de Coimbra, Serviço de Textos, Coimbra, 2004, pág. 142.

chega a distinguir qual será o acréscimo retributivo em cada um destes cenários – primeira hora, horas seguintes em dia útil e dias de descanso semanal e feriado – apenas refere o máximo que tal acréscimo pode atingir[10]. Em segundo lugar, pretende-se eliminar o direito ao descanso compensatório correspondente a 25% do trabalho suplementar prestado em dia útil, em dia de descanso semanal complementar ou em feriado. *A contrario*, tal significa que o trabalho suplementar prestado *em dia de descanso semanal obrigatório* ou *que impeça o gozo do período mínimo de descanso diário* continuará a conferir ao trabalhador o direito a um descanso compensatório, tal como actualmente se encontra previsto no art. 229.º/3/4 do CT[11].

Por outro lado, estabelece-se que estas mesmas normas podem ser afastadas, "para mais ou para menos", através de instrumento de regulamentação colectiva de trabalho. Ou seja, sublinha-se a natureza dispositiva (*rectius*, convénio-dispositiva[12]) das norma legais que regulam estes dois aspectos. À luz do Código do Trabalho actual, a alteração, através de instrumento de regulamentação colectiva de trabalho, quer da matéria regulada no art. 268.º do CT (relativa ao pagamento) quer da matéria regulada no art. 229.º do CT (relativa ao descanso), só pode ocorrer validamente dentro de uma lógica de compensações recíprocas, isto é, não se pode reduzir os valores pecuniários previstos na lei, sem se conceder, em alternativa, um "plus" de descanso compensatório, ou, ao menos, sem se fazer a tal "redução equivalente do tempo de trabalho" a que alude o artigo 229.º/6 do CT; do mesmo modo que não se pode reduzir o tempo de descanso compensatório

---

[10] O acordo de concertação social tripartido sobre o " Compromisso para o Crescimento, Competitividade e Emprego", assinado no passado dia 18 de Janeiro de 2012, introduziu algum detalhe nesta matéria. As partes subscritoras do referido acordo aceitaram reduzir para 25% o acréscimo retributivo da primeira hora e para 37,5% o acréscimo da hora ou fracção subsequente, em caso de trabalho suplementar prestado em dia útil; e para 50% o acréscimo por cada hora ou fracção, em caso de trabalho suplementar prestado em dia de descanso semanal obrigatório ou complementar, ou feriado.

[11] Nestes dois casos – trabalho suplementar prestado em dia de descanso semanal obrigatório ou que impeça o gozo do período mínimo de descanso diário – o direito ao descanso compensatório decorre de imperativos do próprio direito comunitário, *rectius* da Directiva 2003/88/CE, do Parlamanto Europeu e do Conselho, de 4 de Novembro de 2003.

[12] Sobre esta classificação, veja-se, por todos, João Leal Amado, *Contrato de Trabalho*, 3.ª ed., Coimbra Editora, Coimbra, 2011, pág. 46 e ss..

sem se compensar isso com um "plus" de valor retributivo relativamente ao previsto na lei e/ou redução da duração da jornada[13].

Tudo aponta para que esta lógica de compensações mútua desapareça com a reforma. Quanto aos efeitos retributivos, a convenção colectiva passa a poder validamente reduzir os valores pecuniários pela realização de trabalho suplementar, sem qualquer compensação ao nível do descanso ou da redução do tempo de trabalho[14]. No tocante ao descanso compensatório, uma vez que se propõe a eliminação da norma que prevê descanso compensatório, quando muito, fica por apurar se a convenção colectiva poderá contrariar essa eliminação, prevendo o descanso compensatório para os trabalhadores abrangidos pelo estatuto colectivo[15].

Em jeito de balanço, podemos afirmar que, a concretizarem-se estas mudanças legislativas, a diminuição dos custos do trabalho suplementar irá facilitar indirectamente a possibilidade de recurso ao trabalho suplementar. Ao aligeirar esses custos, parece anunciar-se a ideia de que a disciplina legal sobre trabalho suplementar perderá força enquanto medida indirecta de criação de emprego. Por outro lado, essa ideia é ainda reforçada pelo facto de os efeitos jurídicos da prestação de trabalho suplementar poderem ser regulados de modo diferente através de convenção colectiva de trabalho. Quer dizer, mesmo que a lei estabeleça certos critérios para a remuneração do trabalho suplementar, a partir do momento em que os mesmos podem

---

[13] Diferente era a leitura susceptível de ser feita em relação à norma correspondente do Código de Trabalho de 2003. Estatuía o então art. 258.º/4 do Código do Trabalho que "Os montantes retributivos previstos nos números anteriores podem ser fixados em instrumentos de regulamentação colectiva de trabalho". Entendia-se, face à redacção daquela norma, que os acréscimos remuneratórios pela prestação de trabalho suplementar podiam ser modificados por instrumento de regulamentação colectiva de trabalho tanto num sentido mais favorável como num sentido menos favorável ao trabalhador, sem qualquer lógica de compensações. Assim, por exemplo, MARIA DO ROSÁRIO PALMA RAMALHO, *Direito do Trabalho – Parte II*, 1.ª ed., Almedina, Coimbra, 2006, pág. 476.

[14] O acordo de concertação social tripartido sobre o "Compromisso para o Crescimento, Competitividade e Emprego" veio, no entanto, introduzir uma *nuance* no que poderá vir a ser a reforma legislativa desta matéria. Aí pode ler-se que as normas legais que venham a proceder às reduções dos limites do montante a pagar pela prestação de trabalho suplementar deverão ter, durante dois anos a contar da entrada em vigor da futura lei, uma natureza absolutamente imperativa sobre os instrumentos de regulamentação colectiva de trabalho ou contratos de trabalho.

[15] No acordo de concertação social tripartido propõe-se que essa eliminação tenha carácter imperativo sobre os instrumentos de regulamentação colectiva e contratos de trabalho.

ser regulados através da autonomia colectiva, a lei dá margem para que seja a contratação colectiva a definir até que ponto a disciplina do trabalho suplementar pode ou não ser uma medida indirecta de fomento dos níveis de ocupação.

III. Debrucemo-nos agora sobre o banco de horas. Através da implantação de um esquema de banco de horas, confere-se ao empregador o poder de alargar o período normal de trabalho diário e semanal até certo limite de acordo com as necessidades da empresa. Quer dizer, fixa-se um determinado período normal de trabalho diário e semanal, mas o empregador reserva-se a faculdade de solicitar, em cada momento, caso seja necessário, a prestação de trabalho além da respectiva duração normal. Esse aumento pode atingir as 4 horas diárias, as 60 horas semanais e as 200 horas por ano. Diversamente do que sucede no regime de adaptabilidade, a previsibilidade quanto à disponibilidade e programação dos tempos de vida é aqui inferior pelo facto de a entidade patronal poder solicitar o aumento da jornada de trabalho a qualquer momento, desde que o comunique ao trabalhador, respeitando o período de antecedência previsto em convenção colectiva de trabalho[16].

Ou seja: em bom rigor, numa óptica patronal, trata-se de uma solução alternativa ao trabalho suplementar, com a vantagem de aliviar a entidade empregadora de alguns constrangimentos legais associados a esse instituto. A saber: (*i*) a lei não faz qualquer menção às hipóteses materiais que legitimam o recurso à figura, logo, tudo indica que haverá menor exigência quanto aos condicionamentos que permitem a prestação de trabalho (a lei não recorta nem remete para a convenção colectiva o tipo de causas que legitimam a solicitação do aumento da jornada); (*ii*) não se prevê qualquer possibilidade de recusa por parte do trabalhador fundada em motivo

---

[16] Sobre a distinção entre as duas figuras, veja-se António Nunes de Carvalho, "Notas sobre o Regime do Tempo de Trabalho na Revisão do Código do Trabalho", *Código do Trabalho – A Revisão de 2009*, coord. de Paulo Morgado de Carvalho, Coimbra Editora, Coimbra, 2011, pág. 375; Catarina de Oliveira Carvalho, "A desarticulação do regime legal do tempo de trabalho", *Direito do Trabalho + Crise = Crise do Direito do Trabalho?*, coord. Catarina de Oliveira Carvalho e Júlio Vieira Gomes, Coimbra Editora, Coimbra, 2011, págs.384 a 400; e Joana Nunes Vicente, "O processo de implantação do banco de horas – breves notas", *Actas do Congresso Internacional de Direito do Trabalho*, organizado pela Escola de Direito do Porto da Universidade Católica Portuguesa em Maio de 2011 (no prelo).

atendível ou de outra natureza; (*iii*) pelo trabalho prestado em resultado do alargamento do período normal de trabalho, o trabalhador terá direito a uma compensação que pode ser feita através de pagamento em dinheiro – embora a lei não estabeleça qualquer critério de majoração para essa compensação – ou a uma redução do tempo de trabalho equivalente, redução esta que pode ter lugar por iniciativa do trabalhador ou do empregador.

Já noutra ocasião tivemos a oportunidade de manifestar reservas quanto à bondade de algumas das opções do legislador português tomadas na configuração legal do banco de horas, opções que, a nosso ver, oferecem mesmo dúvidas no plano da validade constitucional[17].

Desde logo, questiona-se se a previsão em instrumento de regulamentação colectiva deve poder ser condição *necessária* e *suficiente* para que o empregador possa implantar o regime de banco de horas (como acontece actualmente) ou se a ela deve *acrescer*, como pressuposto necessário para a actuação da figura do banco de horas, uma fórmula adequada de tutela dos interesses do trabalhador potencialmente afectados. Fórmula essa que do ponto de vista da configuração legal deveria situar-se, julga-se, num de dois níveis: ou prevendo-se, à semelhança do que sucede em matéria de trabalho suplementar, a possibilidade de o trabalhador invocar *motivo atendível* para se escusar a prestar trabalho; ou fazendo depender a concreta actuação do regime de banco de horas, não obstante a previsão e disciplina em instrumento de regulamentação colectiva, de *um concreto e autónomo acordo* em que o trabalhador manifestasse a sua aceitação, ficando doravante vinculado a essa possível execução.

Outro ponto sensível é o de saber se, no caso de a compensação ser efectuada por redução do tempo de trabalho equivalente, deve a escolha do momento em que essa redução terá lugar poder ficar a cargo do trabalhador ou do empregador (como prevê a lei actualmente). Parece-nos, mais uma vez, que um mínimo de tutela dos interesses do trabalhador deve ser garantido através da lei: ou através de uma remuneração majorada – pela maior

---

[17] Contrariamente ao que foi decidido pelo Tribunal Constitucional no Acórdão n.º 338/2010, de 22 de Setembro de 2010 (publicado no *Diário da República*, 1.ª série, n.º 216, de 8 de Novembro de 2010). Seja-nos permitido remeter uma vez mais para o nosso estudo "O processo de implantação do banco de horas – breves notas", *Actas do Congresso Internacional de Direito do Trabalho* (no prelo). No fundo, trata-se de saber se a prossecução dos interesses empresariais, por mais legítimos que sejam, não atentam de forma excessiva e intolerável, contra posições subjectivas de uma condição laboral conforme à Constituição.

132   *O Novo Regime do Tempo de Trabalho*

penosidade do trabalho – ou, se a opção for a compensação por redução do tempo de trabalho, por uma efectiva possibilidade de escolha por parte do trabalhador dos momentos em que gozará essa redução de tempo, o que só se alcançará se tal faculdade lhe for atribuída em exclusivo.

A revisão legislativa que se avizinha prevê a implantação do banco de horas por mero acordo individual[18]. Fica por apurar se a autonomia privada individual apenas servirá de impulso à implantação de um esquema de banco de horas ou se será também responsável pela disciplina do próprio esquema, isto é, se serão as partes por acordo a fixar as condições de funcionamento do mecanismo – *v.g.* questão do prazo de antecedência, das modalidades de compensação, do valor da compensação em caso de pagamento em dinheiro, entre outras.

Se a autonomia privada invadir todos estes aspectos, vão colocar--se certamente questões. Por um lado, a de saber até que ponto deve ser possível deixar a conformação do esquema de banco de horas ao sabor da autonomia privada individual; estarão reunidas condições para uma conformação equilibrada dos interesses de ambas as partes, que não sacrifiquem desmesuradamente os interesses do trabalhador?

Por outro, pode ficar irremediavelmente comprometida e frustrada a finalidade de o trabalho suplementar constituir uma medida indirecta de promoção do emprego. Se essa decisão ficasse apenas nas mãos da contratação colectiva (através da supletivização das normas sobre trabalho suplementar e através da definição do regime de banco de horas), ainda seria plausível pensar que essa poderia ser uma finalidade a ter em conta na ponderação feita pela autonomia colectiva. A partir do momento em que o banco de horas venha a ser implantado por mero acordo entre as partes, falece qualquer expectativa a esse respeito.

---

[18] As partes subscritoras do recente acordo de concertação social tripartido, para além de terem acordado que o regime de banco de horas possa vir a ser implementado mediante acordo entre empregador e trabalhador, admitiram também a possibilidade de o tornar aplicável a todos os trabalhadores, caso uma maioria de 60% ou 75% dos trabalhadores esteja abrangido por regime de banco de horas estabelecido por instrumento de regulamentação colectiva ou por acordo das partes, respectivamente. Trata-se, neste último ponto, de uma solução semelhante à que já hoje vigora para o regime de adaptabilidade do tempo de trabalho, a adaptabilidade grupal (art. 206.º do CT).

TROIKA E ALTERAÇÕES
NO DIREITO LABORAL COLETIVO

João Reis

1. Introdução

Não vão ser abordadas, naturalmente, todas as implicações do Memorando da Troika sobre as relações laborais. Desde logo, ficam de fora as medidas de política orçamental, com impacto na relação de emprego público, previstas para o ano de 2012. Mas, anda assim, para ter uma ideia de conjunto, convém não perder de vista que estão previstas medidas de diversa ordem com um significativo impacto laboral: promoção da mobilidade dos trabalhadores nas administrações central, regional e local; revisão das políticas remuneratórias das entidades públicas e das entidades que fixam o seu próprio regime remuneratório; diminuição da contratação de recursos humanos na área da educação; limitação de admissões de pessoal na administração pública; congelamento de salários e limitação de promoções no sector público; redução do custo orçamental com sistemas de saúde dos trabalhadores em funções públicas; redução das pensões acima dos 1500 Euros, de acordo com taxas progressivas; congelamento das pensões, excepto para as pensões mais reduzidas (não se definem os montantes); restrição de sistemas de remuneração e de prestações acessórias no sector empresarial do estado[1].

---

[1] Estamos a seguir várias medidas previstas no ponto 1. do Memorando de Entendimento sobre as Condicionalidades de Política Económica (doravante designado Memorando), acordado, 17 de Maio, entre o Fundo Monetário Internacional (FMI), Banco Central Europeu (BCE) e Comissão Europeia (entidades designadas em conjunto frequentemente por Troika) e o Governo português, na parte relativa à Política orçamental para o ano de 2012.

Mais próximo do nosso tema, no que respeita ao mercado de trabalho, o documento da Troika destaca cinco matérias: as prestações de desemprego, a cessação do contrato de trabalho, o tempo de trabalho, salário, competitividade e fomento do emprego.

A reflexão subsequente incidirá sobre o ponto relativo à "Fixação de Salários e Competitividade", pois é sob esta rubrica que no documento as matérias de Direito Coletivo do Trabalho, mormente a negociação coletiva, vêm tratadas. Mais especificamente, pretende-se introduzir alterações na área dos salários, da convenção coletiva, das relações laborais e da política activa do mercado de trabalho[2].

Para uma ideia mais exacta sobre o conteúdo e finalidade das medidas propostas, convém proceder a uma análise mais pormenorizada no âmbito de cada uma das áreas mencionadas, fornecer uma breve nota sobre os regimes que se pretendem alterar, bem como aludir a instrumentos laborais que ajudam a compreender o Memorando. Estamos a pensar principalmente em dois acordos de concertação social: no Acordo Tripartido para a Competitividade e Emprego, de 22 de Março de 2011, celebrado antes do Memorando, e, depois deste, no Compromisso para o Crescimento, Competitividade e Emprego, de 18 de Janeiro de 2012.

2. Alterações propostas

Grosso modo, o Memorando propõe modificações na política salarial, nas regras sobre a extensão da convenção coletiva e na negociação coletiva ao nível da empresa. Para além disto, propõe a elaboração de estudos "independentes" sobre o modo como a concertação social deve encarar a evolução dos salários e sobre como reduzir o período legal de sobrevigência da convenção coletiva, bem como a criação de um órgão destinado a apoiar a concertação social e a negociação coletiva. Ainda que sem grandes desenvolvimentos, justifica-se um tratamento separado dos vários pontos.

---

[2] Este último segmento, o das políticas activas de emprego, não vai ser objeto da nossa atenção. Sempre se observa, todavia, que a este respeito não se assumem no Memorando compromissos que, directamente, levem a alterar o direito vigente. É simplesmente previsto um relatório sobre eficácia da atual política ativa de emprego e um plano de ação para melhorar esta política.

2.1. Salário mínimo

Em consonância com a Convenção n.º 131 da OIT, relativa à fixação dos salários mínimos[3], e em cumprimento de um ditame constitucional (art. 59.º, n.º 2, al. a), cabe ao Estado garantir uma retribuição mínima mensal, a qual é determinada anualmente, depois de ouvida a Comissão Permanente de Concertação Social (art. 273.º, n.º 1, do CT)[4].

Este regime vai sofrer a seguinte alteração: enquanto durar o programa acordado com a Troika, o Governo português compromete-se a não aumentar o salário mínimo por sua iniciativa.

Não significa isto, porém, que esteja liminarmente afastada a possibilidade de aumentar o salário mínimo. Pode haver aumento, desde que se preencham duas condições: se ele for suportado pela evolução da situação económica e de mercado, e se houver nesse sentido um acordo com a Troika, no quadro da revisão do programa em vigor.

A primeira condição parece não traduzir uma alteração significativa em relação ao direito vigente. No contexto do programa negociado, ela justifica-se principalmente pelo desejo em salvaguardar «… uma evolução dos salários consistente com os objectivos … da melhoria da competitividade das empresas …» (ponto 4.7), ou seja, no fundo, o objectivo predominante, se não exclusivo, a alcançar é a promoção da competitividade das empresas com base em baixos salários. Sem se identificar inteiramente com o paradigma do nosso direito, este objectivo já encontra nele, todavia, um eco significativo. A ideia de que deve existir uma correspondência entre o nível da situação económica e financeira das empresas e o nível do salário mínimo – mas já não a de que se deve promover o embaratecimento da "mão-de-obra" – não é, portanto, nova entre nós. Tem, como se aludiu acima, expressa consagração constitucional e legal.

---

[3] Esta convenção foi ratificada pelo Decreto 77/81, de 19 de Junho, publicado no DR, I, Série n.º 138, e foi registada no *BIT* em 24 de fevereiro de 1983.

[4] Esta retribuição mínima deve "garantir uma existência condigna" ao trabalhador, isto é, não basta, como precisa Jorge Leite, que ela garanta meramente as necessidades vitais do trabalhador, «… o estritamente necessário à sua sobrevivência». É necessário respeitar, na linguagem deste autor, o "princípio da retribuição suficiente" (*Direito do Trabalho,* Vol. II, Serviços de Acção Social da U.C., Serviços de Textos, Coimbra – 2004, p. 122). Sobre a determinação do salário mínimo mensal, cfr. J. Leal Amado, *Contrato de Trabalho,* Coimbra Editora, 3.ª Edição, 2011, p. 308 a 310.

Com efeito, a nossa lei fundamental já manda o Estado atender, no estabelecimento e actualização do salário mínimo, ao "nível de desenvolvimento das forças produtivas", às "exigências da estabilidade económica e financeira" e à "acumulação para o desenvolvimento" (art. 59.º, n.º 2, al. a) da CRP). E, na mesma linha, o CT manda ponderar, "entre outros factores", «a evolução da produtividade, tendo em vista a sua adequação aos critérios da política de rendimentos e preços (art. 273.º, n.º 2, do CT). Só que o nosso regime não se fica por aqui. Não se cinge unicamente a critérios economicistas. É, em simultâneo, sensível "às necessidades dos trabalhadores"[5], "ao aumento do custo de vida", ao "nível de desenvolvimentos das forças produtivas". Segue nesta parte a Conv. n.º 131 da OIT, a qual refere, como primeiro fator a atender na fixação do salário mínimo, "as necessidades dos trabalhadores e das respectivas famílias" (art. 2.º, al. a)[6]. E isto não pode ser considerado irrelevante e muito menos passar despercebido.

Estamos, deste modo, perante duas visões diferentes: a da Troika que vê o salário única e exclusivamente como um custo de um factor de produção e a da direito português e a da OIT que, para além desta vertente, já tem em conta o salário como um bem indispensável para uma existência condigna. No primeiro caso, atende-se exclusivamente às necessidades das empresas; no segundo, às necessidades das empresas e dos trabalhadores. Esta última perspectiva contém, se não uma recusa, uma crítica constitucional e legal implícita a políticas de desenvolvimento económico e social baseadas em salários baixos.

---

[5] Comentando o art. 59.º, n.º 2, al. a) da CRP, destacam G. Canotilho e V. Moreira que o «primeiro dos critérios de fixação do salário mínimo consiste naturalmente nas necessidades dos trabalhadores, devendo ele garantir um mínimo de existência socialmente adequado» (*CRP Constituição da República Portuguesa Anotada,* Vol. I, 4.ª ed. revista, Coimbra Editora, 2007, p. 775). No mesmo sentido, Leal Amado, depois de reconhecer que a determinação da retribuição mínima deve atender a factores de "ordem social e económica", tem o cuidado de acrescentar que «... a lógica subjacente a esta retribuição mínima é a de permitir a satisfação das necessidades básicas do trabalhador e garantir uma existência condigna deste» *(ibidem,* 309).

[6] Esta disposição dispõe que se deve ter «... em atenção o nível geral dos salários no país, o custo de vida, as prestações de segurança social, e os níveis de vida comparados de outros grupos sociais». A al. b) do mesmo artigo manda ponderar «Os factores de ordem económica, abrangendo as exigências do desenvolvimento económico, a produtividade e o interesse que há em atingir e em manter um alto nível de emprego».

Em face da gravíssima situação económico-financeira do país não custa admitir que o aumento dos custos empresariais possa constituir uma medida insuportável para algumas empresas e perigosa para outras. E parece-nos que a Constituição não proíbe a manutenção do salário mínimo nacional em situações de verdadeira desgraça nacional. Pelo menos, se a não atualização do salário mínimo for transitória e devidamente justificada em nome de interesses superiores bem identificados. Mas a questão não se limita a esta vertente. Abrange pelo menos estoutra: será razoável, de um ponto de vista constitucional, que não haja aumento do salário mínimo nacional em qualquer empresa? Mesmo naquelas que, comprovadamente, não estão a enfrentar dificuldades financeiras? Mesmo naquelas sociedades que distribuem lucros e dividendos pelos accionistas?

A questão posta tem sentido na medida em que a CRP não impõe uniformemente um salário mínimo nacional. Permite o estabelecimento de diferentes salários mínimos, consoante as características económicas, financeiras e sociais do setor de actividade ou mesmo das empresas em causa. Regime este, note-se, que vigorou, como é sabido, durante anos em Portugal[7]. Em sentido idêntico opinam G. Canotilho e V. Moreira, para quem, desde que se respeitem os critérios de fixação do salário mínimo constitucionalmente fixados, «parece não ser obrigatória a fixação de um montante uniforme, podendo haver quantitativos diversos para diferentes situações, desde que as diferenças sejam adequadamente baseadas em razões económicas e sociais relevantes».

Que esta medida possa justificar-se em relação a empresas em crise e financeiramente débeis, é uma coisa; aplicá-la indiscriminadamente a toda e qualquer empresa, é outra! Em relação a empresas lucrativas e financeira-mente sólidas parece não haver fundamento constitucional bastante para a inalterabilidade do salário mínimo contra as exigências constitucionais de sinal contrário, requeridas pelas necessidades sociais dos trabalhadores e das suas famílias e pela obrigação estadual de promover a "igualdade real entre os portugueses" (art. 9.º, al. d) da CRP), o «aumento do bem-estar

---

[7] Entre nós, vigoraram salários mínimos nacionais diferentes para a agricultura, para o serviço doméstico e para a generalidade dos outros sectores (comércio, indústria e serviços). O DL n.º 14-B/91, de 9 de Janeiro, equiparou o salário mínimo dos trabalhadores da agricultura, pecuária e pescas ao dos trabalhadores em geral e o DL n.º 19/2004, de 20 de janeiro, fez o mesmo para os trabalhadores do serviço doméstico. Só a partir desta data, passou a existir uniformização do salário mínimo nacional.

social e económico e da qualidade de vida das pessoas, em especial das mais desfavorecidas ...», bem como de «... operar as necessárias correcções das desigualdades na distribuição da riqueza e do rendimento» (art. 81.º, al. a) e al. b) da CRP). Contra estes ditames, esta medida reforça a política de salários baixos e é totalmente insensível a necessidades sociais primárias, precisamente num momento em que se verifica um geral e extraordinário aumento do custo de vida (água, alimentação, gás, electricidade, transportes, impostos, etc.), provocando ainda maior desigualdade num dos países mais desigualitários da UE, onde as pessoas de mais baixo rendimento têm suportado a crise em proporção superior às pessoas de rendimentos mais elevados[8].

Por outro lado, a obrigação assumida pelo Estado português de condicionar a atualização do salário mínimo ao assentimento da Troika revela-se igualmente problemática. À luz deste regime, é perfeitamente possível que, mesmo havendo uma evolução económica e social positiva, isto é, que suporte uma atualização do salário mínimo, as autoridades portuguesas não a podem efectuar sem autorização das entidades estrangeiras subscritoras do Memorando.

Concedemos que este cenário não se afigura provável, mas, para efeitos de aferir da conformidade constitucional da obrigação assumida, a simples hipótese de tal poder ocorrer já levanta sérios problemas jurídicos.

Recorde-se que o Acordo Tripartido para a Competitividade e Emprego, celebrado em 2011, no qual a Troika se apoiou para algumas das medidas adoptadas, não contém nenhuma medida idêntica. Bem pelo contrário, nesta altura estava de pé – embora com vacilações – o acordo de concertação social sobre a evolução do salário mínimo, celebrado em 2006, o qual apontava para que o valor deste atingisse 500 Euros em 2011. Acordo que, como se sabe, não veio a ser cumprido.

Por seu turno, o Programa do XIX Governo Constitucional não especifica nada em relação a este ponto. Queda-se por uma retórica afirmação genérica de que «... a política normal de rendimentos deve respeitar o princípio geral de que, a nível global da economia, os custos do trabalho deverão evoluir de acordo com a produtividade» (p. 26).

---

[8] Segundo dados do Eurostat, em 2010, 25,3% das pessoas em Portugal estavam ameaçadas de pobreza ou exclusão social. Em Fevereiro de 2012, o desemprego atingiu 15%.

2.2. Extensão das convenções coletivas

O Memorando prevê também alterações num dos temas caros ao sistema de relações coletivas, o dos instrumentos de regulamentação colectiva, mais propriamente no regime da extensão das convenções colectivas.

Não foram desenvolvidas as razões justificativas que determinaram esta atitude. Da exígua justificação apresentada retiram-se três motivos: a falta de clareza dos actuais critérios de extensão, a necessidade de se atender à representatividade dos sujeitos outorgantes da convenção coletiva[9] e a implicação da extensão para a posição competitiva das empresas não filiadas abrangidas.

Quanto à questão central da representatividade na negociação coletiva, propõe-se o estabelecimento de critérios quantitativos e qualitativos para aferir da representatividade das "parceiros sociais". Cautelosamente, não se concretizam os critérios de representatividade, mas, um tanto surpreendentemente, acaba por se dizer que o Instituto Nacional de Estatística (INE) deverá fazer um inquérito para averiguar da representatividade dos parceiros sociais. Em todo o caso, concretiza-se temporalmente esta obrigação: o governo deverá elaborar uma proposta de lei até ao 2.º trimestre de 2012, onde defina os critérios e as modalidades a observar na extensão da convenção coletiva.

Para um correcto enquadramento da modificação proposta, convém recordar, sumariamente, o regime vigente no nosso ordenamento laboral sobre a extensão da convenção coletiva de trabalho. Deve começar por se separar a extensão voluntária da extensão administrativa[10].

A extensão voluntária é aquela que é promovida pelos sujeitos coletivos laborais com idoneidade para celebrarem uma convenção colectiva, e designa-se entre nós por acordo de adesão (art. 504.º do CT). Este é, em

---

[9] Estes dois motivos foram invocados por Jorge Leite para criticar o regime codicístico sobre a extensão administrativa da convenção coletiva (("O sistema português de negociação colectiva", in *Temas Laborais Luso-Brasileiras,* coordenadores P. Forjaz, F. Silva, A. Madeira e N. Correia), Jutra Associação Luso-Brasileira de Juristas do Trabalho, Coimbra Editora, 2007, 150).

[10] Sobre a ampliação do âmbito originário de aplicação de uma convenção coletiva, cfr. Jorge Leite, *Direito do Trabalho,* Vol. I, Serviços de Acção Social da U.C., Serviços de Textos, Coimbra – 2003, pp. 181 a 183, Monteiro Fernandes, *Direito do Trabalho,* 14.ª Edição, Almedina, 2009, pp. 107 a 108, e 836 a 841.

140   *Troika e Alterações no Direito Laboral Coletivo*

termos formais, o único instrumento de regulamentação colectiva de trabalho (IRCT) baseado na autonomia colectiva dos agentes laborais coletivos (associações sindicais, associações de empregadores e empregadores). Mais recentemente, num registo diferente, que não deixa de suscitar algumas interrogações, numa empresa abrangida por uma ou mais convenções coletivas ou decisões arbitrais, os trabalhadores, desde que não filiados em nenhuma associação sindical, podem escolher individualmente o IRCT aplicável (art. 497.º, n.º 1, do CT).

A extensão administrativa verifica-se quando a convenção colectiva ou a decisão arbitral é alargada pelo ministro responsável pela área laboral ou, caso haja oposição dos interessados, por este e pelo ministro responsável pelo setor de atividade (arts. 514.º a 516.º do CT). Esta vontade administrativa é veiculada através de uma Portaria de Extensão (PE)[11].

É na extensão administrativa que a Troika está, evidentemente, a pensar. Unicamente nesta se verifica a imposição de um regime à revelia ou independente da vontade das partes, requerendo, por isso, uma sujeição a certos critérios exteriores predeterminados. Por definição, isto não se verifica na extensão voluntária. Em relação a esta vale a liberdade negocial dos interessados.

O critério justificativo da extensão administrativa em vigor parte de uma ponderação entre a situação económica e social regulada no IRCT a estender e a situação económica e social que se pretende regular; se há similitude entre as duas situações, à partida, estará justificada a extensão. Quer dizer, a PE pode ser emitida caso as circunstâncias sociais e económicas caracterizadoras do sector de actividade e profissional para onde se pretende estender a CCT ou a decisão arbitral justificarem a aplicação do regime incorporado no instrumento que se estende (art. 514.º, n.º 2, do CT). Este critério, de difícil execução, dá azo a um considerável subjectivismo[12],

---

[11] Dada a reduzida taxa de cobertura das convenções coletivas, por causa da sua eficácia subjetiva limitada, trata-se, nas palavras de Jorge Leite, do «mecanismo … mais importante pelo elevado número de empregadores e trabalhadores que atinge. Este é, pois, ironicamente, a verdadeira estrela do firmamento português da autonomia coletiva» ("O sistema português de negociação colectiva", in *Temas Laborais Luso-Brasileiras*, coordenadores P. Forjaz, F. Silva, A. Madeira e N. Correia), Jutra Associação Luso-Brasileira de Juristas do Trabalho, Coimbra Editora, 2007, 149. Sobre esta forma de extensão da convenção coletiva, quando ainda era apelidada de "regulamento de extensão", Maria R. Palma Ramalho, *Direito do Trabalho, Parte I – Dogmática Geral*, Almedina, 2005, pp. 239 a 242.

[12] No mesmo sentido, Jorge Leite, *ibidem*, 150.

na medida em que remete para a elástica ponderação de "circunstâncias sociais e económicas" por parte da autoridade administrativa, a qual apenas é, de algum modo, limitada pela conveniência – não a necessidade[13] – em se observar uma similitude entre a situação regulada e a situação a regular nos domínios sectoriais e profissionais em causa.

Compreende-se, por isso, que o Governo se comprometa, no Memorando, a "definir critérios claros a serem seguidos para a extensão das convenções colectivas".

Cabe no entanto observar que o critério vigente, de algum modo, já responde parcialmente às preocupações do Memorando. Com efeito, na medida em que ele atende à identidade económica dos setores envolvidos, já dá guarida à ideia de ponderar a "posição competitiva das empresas não filiadas". Quer dizer, ainda que de uma forma mais abstrata, ele já se abre a uma ponderação que permite atingir os fins queridos pela Troika. Na verdade, caso se conclua que as empresas para onde se estende o regime do IRCT são menos competitivas do que aquelas que se encontram abrangidas por tal regime, não se justificará a extensão. Portanto, nesta óptica, o que se propõe já vigora no nosso direito. Contudo, numa visão mais exigente, admite-se que a *Troika* esteja a pensar num critério mais preciso, e que queira destacar uma dimensão concreta dentro de um critério mais vasto. Mais do que uma geral identidade ou semelhança entre situações, pretende--se uma identidade entre capacidade competitiva das empresas. Com a redução do seu alcance, o critério torna-se mais operativo e consistente.

Por conseguinte, nunca deverá haver extensão de um IRCT se esta prejudicar a posição das empresas não filiadas. Com este entendimento, estamos já a falar num critério que pode conduzir a resultados diferentes do critério actual. Como é natural, os IRCT consagram regimes mais favoráveis dos que os previstos na lei, os quais acarretarão normalmente mais custos para as empresas. Quando isto suceda, a Administração passará a estar impedida de emitir PE. E assim, muito provavelmente, promover-se-á a diminuição da taxa de cobertura dos regimes colectivos.

---

[13] O critério da «... identidade ou semelhança económica e social das situações no âmbito da extensão e no do instrumento a que se refere», previsto no n.º 2 do art. 514.º do CT, como resulta do advérbio "nomeadamente", é apenas um critério mais específico a ter em conta dentro de um critério mais vasto dominado pela ponderação da conveniência ou inconveniência, fundada em razões de ordem económico-social, em alargar o IRCT em causa a novos destinatários.

142   *Troika e Alterações no Direito Laboral Coletivo*

Mas é na parte em que apela para a representatividade dos parceiros sociais que, a serem levadas a cabo, residem as modificações mais substanciais.

O direito português, exceptuando o que se passa no emprego público (art. 347.º do RCTFP)[14], não estabelece critérios de representatividade. É possível estender uma CCT celebrada por sujeitos colectivos que têm pouca representatividade ou não têm representatividade nenhuma. Isto descredibiliza o regime português.

Para quem entenda que está aqui uma das debilidades do sistema de relações laborais, só tem de apoiar o objectivo de estabelecer critérios de representatividade no ordenamento laboral português. Se não erramos, reside aqui um dos pontos mais críticos do sistema de relações colectivas português. Um sistema de pluralismo sindical e de pluralismo de associações de empregadores implica regras sobre a representatividade dos sujeitos laborais colectivos. É necessário escolher a associação sindical ou associação de empregadores que, em virtude da sua maior representatividade, possa falar em nome e nos interesses gerais dos trabalhadores e não apenas nos dos seus filiados. Não é por acaso que todos os sistemas de pluralismo existentes na nossa família jurídica regulam a representatividade dos parceiros sociais[15]. A UE também já se deparou e depara com um problema idêntico quanto à representatividade dos parceiros sociais ao nível comunitário[16].

---

[14] O regime legal reflete dois tipos de representatividade. Uma "representatividade institucional" a favor das confederações sindicais com assento na Comissão Permanente de Concertação Social (CPCS) na celebração de acordos coletivos de carreiras gerais e especiais e de acordos coletivos de entidade empregadora pública. E uma representatividade quantitativa das outras associações sindicais, baseada no número de filiados (5% ou 2,5%, conforme os casos) na celebração de acordos coletivos de carreiras gerais e de carreiras especiais. Relativamente à celebração de acordos coletivos de entidade empregadora pública não são exigidos critérios de representatividade para as associações sindicais. Basta que elas tenham trabalhadores filiados a laborar na entidade empregadora pública em causa.

[15] Na doutrina nacional, cfr. Filipa M. Machado, *A Representatividade e a Convenção Colectiva de Trabalho,* Faculdade de Direito da Universidade de Coimbra, 2009, e J. A. Mendes de Almeida, *A Representatividade Sindical - Noção, Origens e Funções,* Coimbra/ 1994, principalmente p. 203 e ss., onde são abordados os critérios de representatividade consagrados no direito comparado.

[16] Não existe regulamentação de direito comunitário acerca da representatividade dos parceiros sociais. O CES, o CEEP e a UNICE fizeram uma proposta à Comissão, em 1993, sobre as condições que os parceiros deveriam preencher para negociar acordos sobre política social. Para lá do papel dos parceiros sociais e da Comissão na definição dos critérios de representatividade, o Tribunal de Primeira Instância das Comunidades Europeias

Esta questão não tem passado despercebida no panorama jurídico-
-laboral português[17]. Alguma doutrina tem vindo a aludir a ela num tom
crítico[18]. Com muitos anos de atraso, no âmbito de um estudo com o objectivo de reformar a legislação laboral portuguesa, ela foi "oficiosamente"
abordada, enquanto factor de desenvolvimento da contratação colectiva,
pelo Livro Branco das Relações Laborais, de 2007. A maior representatividade foi considerada como o critério indicado para suplantar o problema da extensão de convenções sobrepostas. Discutiu-se a opção entre
o alargamento do âmbito da convenção colectiva através de instrumento
administrativo, regime que vigora na atualidade, ou a atribuição legal de
eficácia *erga omnes* à convenção colectiva celebrada pelos sujeitos colectivos mais representativos. A preferência foi a favor desta última opção[19].

Na altura, pensou-se que os critérios deveriam ser estabelecidos por
autorregulação. Os sujeitos com assento na Comissão Permanente de Concertação Social deveriam ter a primeira e decisiva palavra sobre o assunto.
A lei só deveria intervir caso os parceiros sociais não se entendessem[20].

---

já foi chamado a pronunciar-se sobre a questão da representatividade dos parceiros sociais
(Sentença de 17 de Junho de 1998). Cfr. Marie-Ange, "Sur la représentativité des parte-
naires sociaux européens", Droit Social, n.º 1, Janvier 1999, p. 53 e ss., Antonio Baylos,
"Representación y representatividad sindical en la globalizacion", *Cuadernos Relaciones
Laborales,* 2011, 19, p. 69 e ss., principalmente p. 84 e ss., Bernard Teyssié, *Droit euro-
péen du travail,* 3.ª éd. Litec, 2006, 285 a 289, Pierre Rodière, *Droit Social de L'Union
Européenne,* L.G.D.J., Paris, 1998, 91-92.

[17] Organizações laborais, com assento na CPCS, e organizações não laborais já expri-
miram o seu ponto de vista crítico quanto à falta de regras sobre a representatividade dos
"parceiros sociais". Neste sentido, cfr. o parecer da CGTP-Intersindical e o da Comissão
Nacional Justiça e Paz sobre um "Relatório da Comissão do Livro Branco das Relações
Laborais", publicado na revista *Questões Laborais,* 29, Ano XIV – 2007, p. 57 e

[18] Um dos aspectos do CT, de 2003, criticados por Jorge Leite, já há alguns anos,
foi justamente a ausência de critérios de representatividade no ordenamento português, a
propósito do regime da extensão administrativa da convenção coletiva e da composição do
CPCS, *vide* "Código de Trabalho – algumas questões de (in)constitucionalidade", *Questões
Laborais,* n.º 22, Ano X – 2003, respetivamente, p. 250 e 266.

[19] Escrevendo-se neste sentido: «A representatividade sindical, em particular, via-
biliza a aplicabilidade das convenções ao conjunto dos trabalhadores, incluindo os não
sindicalizados, superando deste modo uma das causas da necessidade de regulamentos de
extensão, bem como a unidade da regulamentação colectiva aplicável em cada empresa»
in Relatório da Comissão do Livro Branco das Relações Laborais, publicitado na revista
Questões Laborais, Ano XIV – 2007, 29, p. 36.

[20] Neste sentido, *vide Livro Branco das Relações Laborais,* Ministério do Trabalho
e da Solidariedade Social, 2007, p. 118 e ss., principalmente 120.

144   *Troika e Alterações no Direito Laboral Coletivo*

Com o Memorando, parece ter havido mudança de rumo: o Governo assume o compromisso de elaborar uma proposta de lei, até ao 2.º Trimestre de 2012, sobre o regime da extensão, sendo de presumir que este instrumento também regule os critérios de representatividade.

O Memorando não concretiza os critérios de representatividade. Refere unicamente que ela «... será avaliada com base em indicadores quantitativos e qualitativos». Quem ficará incumbido de "coligir dados sobre a representatividade dos parceiros sociais de ambos os lados" será o INE, devendo para o efeito efectuar um inquérito. Contudo, não se especificam os critérios de representatividade que devem ser inquiridos. Será o INE a definir tais os critérios? Será o Governo? Nada foi adiantado. O Acordo Tripartido para a Competitividade e Emprego, de 22 de Março de 2001[21], e o Compromisso para o Crescimento, Competitividade e Emprego, de Janeiro de 2012[22], não abordaram a questão da representatividade dos parceiros sociais, de modo que não podemos recorrer a estes instrumentos para conhecer a posição dos parceiros sociais sobre este assunto. O programa do Governo também nada refere a este propósito.

2.3. Estudos sobre a concertação social e a sobrevigência

Até ao 2.º Trimestre de 2012, o Governo deve "preparar um estudo independente" sobre o modo de estimular a concertação social tripartida, de modo a que esta fique apetrechada a estabelecer convenientemente regras sobre a evolução salarial global, sem perder de vista a competitividade da economia portuguesa.

O Governo obriga-se a elaborar, no mesmo prazo, um outro "estudo independente" sobre «a necessidade de redução da sobrevigência dos contratos caducados, mas não substituídos por novos». Portanto, se bem interpretamos, naqueles casos em que a convenção coletiva não é subs-

---

[21] No ponto IV – "Melhorar o funcionamento do mercado de trabalho: potenciar o sistema regulador das relações laborais"- fala-se em dinamizar a negociação coletiva, mas as matérias acabadas de referir não foram abordadas.

[22] No ponto IV dedicado à "Legislação Laboral, Subsídio de Desemprego e Relações de Trabalho", mais propriamente sob a letra J. relativa à "Dinamização da negociação colectiva", entre os vários compromissos assumidos, nada é escrito sobre a representatividade dos "parceiros sociais".

tituída por outra, deve ser estudada a forma de reduzir o período da sua sobrevigência[23]. O regime atual sobre os prazos de ultraactividade pode durar, grosso modo, vinte meses[24].

O Memorando acha que o período estabelecido é muito longo. O regime de sobrevigência da convenção colectiva, instituído pelo CT, de 2003, tem vindo a ser alterado, e o Memorando entende que é necessário continuar a alterar. O mínimo que se pode dizer é que o legislador tem tido dificuldades em acertar numa solução convincente. Na verdade, o regime é algo confuso e até complexo. A directriz apontada à alteração, contudo, não vai no sentido da clarificação e simplificação, mas no de abreviar a caducidade da convenção. É coisa diferente.

2.4. Negociação coletiva

No Acordo Tripartido de Março de 2011, os parceiros sociais concluíram pela grande importância da dinamização da negociação colectiva. Não só pela sua importância directa na regulação das condições de trabalho, mas enquanto fator de primordial importância na "regulação económica e social". Mais do que um direito fundamental reconhecido aos trabalhadores, a negociação coletiva é apreendida como um instrumento de "interesse mútuo para as empresas e os trabalhadores", orientado para a gestão da crise e da mudança. Deve, por isso, promover a «... concorrência leal e melhores condições para a adaptação das empresas à mudança e para a melhoria da qualidade do emprego»[25].

No quadro de uma articulação com a concertação social e de uma aproximação dos regimes convencionais aos respectivos destinatários, entendeu-se conveniente promover uma "descentralização organizada" da negociação colectiva. Em vez de uma regulação "centralizada" no setor de atividade, como tem sido tradicional entre nós, os azimutes viram-se

---

[23] A diminuição do período de sobrevigência é uma conhecida reivindicação das associações de empregadores. Veja-se a "Posição comum das Confederações Patronais sobre o quadro de revisão do Código do Trabalho" e respectiva Regulamentação", publicada na revista *Questões Laborais,* 29, Ano XIV – 2007, p. 69.

[24] Sobre o regime atual da sobrevigência, Monteiro Fernandes, *Direito do Trabalho,* 14 .ª Ed., p. 847 e ss., P. Romano Martinez, *Direito do Trabalho,* 5.ª Ed., 2010, 1228 e ss.,

[25] Acordo Tripartido para a Competitividade e Emprego, de Março de 2011, p. 23.

146   *Troika e Alterações no Direito Laboral Coletivo*

agora, em nome da flexibilidade e competitividade empresariais, para a conveniência da negociação coletiva a nível da empresa.

Mas esta mudança de rumo depara com um problema. No nosso tecido empresarial predominam as micro e pequenas empresas. E há a convicção de que a absolutização ou generalização da negociação coletiva limitada à empresa corre o risco sério de se reduzir drasticamente a regulamentação coletiva. Muitas empresas deixarão de estar abrangidas por convenção coletiva. Por conseguinte, "para se manter uma elevada taxa de cobertura da contratação colectiva de trabalho" em Portugal, os parceiros sociais entendem que «… as convenções colectivas de trabalho sectoriais terão de continuar a desempenhar um importante papel no âmbito da regulamentação colectiva de trabalho»[26]. Impõe-se, assim, a compatibilização entre uma negociação centralizada e uma negociação descentralizada[27]. A convenção coletiva setorial deve passar a prever a possibilidade de certas matérias serem discutidas ao nível da empresa por estruturas representativas desta, nomeadamente por comissões de trabalhadores e comissões sindicais.

Nesta senda, é proposto que os contratos coletivos sectoriais contenham disposições que, em relação aos regimes neles previstos, habilitem directamente a comissão de trabalhadores a celebrar acordos a nível da empresa. Não se impede que esta habilitação abranja qualquer matéria. Todavia, está a pensar-se sobretudo em certos domínios: na mobilidade geográfica e funcional e na organização do tempo de trabalho[28].

Num claro paralelismo com a convenção coletiva de trabalho, os acordos alcançados pelas estruturas representativas dos trabalhadores na

---

[26] *Ibidem,* 22-23.

[27] «Esta forma de descentralização organizada pressupõe a possibilidade de os interlocutores sociais preverem, a nível sectorial, que determinadas matérias possam ser reguladas a nível empresarial, assim como os termos e condições para que tal se verifique, mantendo embora em vigor, no restante, a convenção colectiva sectorial» (*ibidem,* p. 23).

[28] Com efeito, a primeira medida, entre várias, assumidas pelos parceiros sociais no sentido de promover a "concretização da descentralização organizada", consiste justamente na recomendação aos seus associados de que os «contratos colectivos de trabalho sectoriais de que são autores e outorgantes, possibilitem a negociação e desenvolvimento das soluções neles constantes, nomeadamente, em domínios como a mobilidade geográfica e funcional e a organização e gestão dos tempos de trabalho, por estruturas representativas dos trabalhadores na empresa, incluindo as comissões de trabalhadores e as comissões sindicais, mediante a definição dos termos e condições em que tal se pode verificar» (Acordo Tripartido para a Competitividade e Emprego, p. 24).

empresa deveriam ser submetidos a depósito e a publicação no *Boletim do Trabalho e Emprego* (BTE).

Mas a aposta no protagonismo negocial das estruturas representativas dos trabalhadores na empresa, nomeadamente na comissão de trabalhadores, não se fica por aqui. Foi igualmente previsto, em empresas com mais de 250 trabalhadores, a possibilidade de as associações sindicais lhes delegar "poderes para contratar"[29]. Quer dizer, num registo diferente do anterior, mas em que não é fácil traçar a linha divisória, as instâncias de representação coletiva ou outras associações sindicais podem contratar directamente com o empregador a nível da empresa matérias novas, isto é, não previstas em convenções colectivas anteriores. E nisto consiste a diferença. Mas não podem contratar por sua iniciativa própria e em seu nome. Necessitam, como na situação anteriormente descrita, de uma autorização da pertinente associação sindical.

Na ótica de alcançar "ajustamentos salariais de acordo com a produtividade ao nível das empresas", o Governo português assumiu no Memorando o conteúdo do Acordo Tripartido de Março de 2011 acabado de referir[30]. Para o efeito, deveriam ter sido adotadas medidas até ao 4.º trimestre de 2011.

Todavia, o modo como o Memorando se refere ao compromisso assumido pelo Governo, parece não reproduzir fielmente o Acordo Tripartido de 2011, na medida em que parece prever a possibilidade das comissões de trabalhadores poderem celebrar acordos a nível da empresa com ou sem a delegação de poderes por parte das associações sindicais. Será assim? Ou esta interpretação é errónea?

Com efeito, o Governo compromete-se a «aplicar os compromisso assumidos no Acordo Tripartido de Março de 2011, nomeadamente os relativos à: (i) possibilidade das comissões de trabalhadores negociarem as condições de mobilidade funcional e geográfica e os regimes do tempo de trabalho; e ainda a (iii) «... diminuição do limite da dimensão da empresa acima do qual as comissões de trabalhadores podem concluir acordos a nível

---

[29] Reproduzindo o teor do Acordo Tripartido para a Competitividade e Emprego, de 2011: «... O Governo e os parceiros sociais entendem que se deve alargar a possibilidade de a associação sindical delegar noutras associações sindicais ou em estruturas de representação colectiva de trabalhadores na empresa poderes para, relativamente aos seus associados, contratar com empresa com, pelo menos, 250 trabalhadores».

[30] Cfr. o ponto 4.8. (i) e (II) do Memorando de Entendimento, de 17 de Maio de 2011.

148   *Troika e Alterações no Direito Laboral Coletivo*

de empresa para 250 trabalhadores». Este regime corresponde integralmente ao conteúdo do Acordo tripartido de 2011. Deste modo, nenhuma dúvida de que a celebração dos acordos aqui em causa necessita de uma delegação de poderes na comissão de trabalhadores por parte da associação sindical juridicamente legitimada[31].

Aliás, a última medida referida não é desconhecida do direito português. O art. 491.º, n.º 3, do CT, já permite a delegação nas estruturas de representação coletiva dos trabalhadores na empresa de "poderes para contratar". Só que o exercício desta faculdade só pode ter lugar em empresas com um mínimo de 500 trabalhadores. O que se pretende, até ao 1.º trimestre de 2012, é unicamente reduzir este limite mínimo para 250 trabalhadores e, depois desta data, baixá-lo ainda mais[32]. Portanto, daqui se retira, sem qualquer equívoco, que a licitude da celebração de acordos coletivos pela comissão de trabalhadores está condicionada a uma delegação de poderes por parte da associação sindical legitimada.

Mas o mesmo não se pode afirmar do ponto 4.8. (ii) do Memorando, na medida em que se prevê uma intervenção da comissão de trabalhadores sem delegação sindical. Em termos rigorosos, nele se dispõe que os "parceiros sociais" devem «promover a inclusão nos contratos colectivos sectoriais de disposições, ao abrigo das quais as comissões de trabalhadores podem celebrar acordos ao nível da empresa sem a delegação sindical».

Esta disposição parece, assim, estar a admitir, em termos expressos, a hipótese de acordos celebrados sem autorização sindical. Contudo, só na aparência ela pode conduzir a este entendimento. Com efeito, tal disposição unicamente admite a celebração de acordos pela comissão de trabalhadores desde que isso seja previamente previsto nos contratos coletivos setoriais. Nestes têm de existir, à luz do Memorando, disposições que permitam à

---

[31] Sobre a legitimidade para negociar convenções coletivas de trabalho, Jorge Leite, "O sistema português de negociação colectiva", cit., 140 a 143.

[32] Num documento de trabalho relacionado com o Compromisso para a Competitividade e Crescimento, distribuído apelo Governo aos parceiros sociais, intitulado "Políticas de Mercado de Trabalho e Reforma da Legislação Laboral", foi mesmo previsto que a comissão de trabalhadores possa celebrar o acordo seja qual for o número de trabalhadores da empresa; nele se escreve: «Admissibilidade da concessão de poderes, por parte da associação sindical às estruturas de representação colectiva de trabalhadores, para contratar em relação a qualquer empresa, independentemente do número de trabalhadores» (8. iv).

comissão de trabalhadores outorgar em convenções coletivas que abranjam os filiados na associação sindical habilitante. Deste modo, o Memorando, tal como o Acordo Tripartido de 2011, não pretendeu atribuir um originário direito de contratação coletiva à comissão de trabalhadores.

A tentativa de, a partir do Memorando, reconhecer à comissão de trabalhadores um direito próprio à negociação coletiva e introduzir um novo instrumento de regulamentação coletiva – o acordo geral de empresa – não tem, a nosso ver, fundamento. Estranha-se, por isso, que num documento de trabalho ligado à reforma do CT – e, ao que julgo, discutido na concertação social – tenha sido apresentado o acordo geral de empresa como uma medida baseada no Memorando[33].

2.5. Centro de Relações Laborais

Por último, refira-se o compromisso assumido quanto à criação de um Centro de Relações Laborais, cujo objectivo é o de apoiar o diálogo social, fornecendo para o efeito a conveniente informação e disponibilizando "assistência técnica às partes envolvidas nas negociações". Esta instituição, de natureza tripartida, tinha sido já prevista no Acordo Tripartido de 2011[34] e, anos antes, no Acordo de Concertação Estratégica de 1996/1999.

---

[33] No ponto 8, relativo à intervenção das comissões de trabalhadores, do documento identificado na nota anterior, foi proposta a seguinte medida: (i) «Introdução de um novo instrumento de regulamentação colectiva de trabalho negocial, os acordos gerais de empresa, celebrados entre as comissões de trabalhadores e o empregador». Este novo IRCT passaria a ocupar na hierarquia dos IRCT o último lugar, portanto, surgia depois do contrato coletivo, do acordo coletivo e do acordo de empresa, nos termos do ponto 8. (ii) do mesmo documento.

[34] Cujo al. h) da parte IV – intitulado "Melhorar o funcionamento do mercado de trabalho: potenciar o sistema regulador das relações laborais" – dispunha que o Governo «Até ao final do mês de Março 2011, aprovará, após consulta aos parceiros sociais a criação do Centro de Relações Laborais, órgão de natureza tripartida, com a missão de apoiar o diálogo social, nas suas vertentes da informação socioeconómica e da formação de negociadores, bem como nas de análise de conteúdos negociais».

3. O Compromisso para o Crescimento, competitividade e Emprego, de Janeiro de 2012

Este controverso acordo, na parte que nos interessa, aquela que se refere ao direito coletivo – intitulado "Dinamização da negociação coletiva" (j.) – caracteriza-se por acolher uma parte do já convencionado no Acordo Tripartido de 2011 e no Memorando da Troika[35] e por deixar cair outra parte. Não vemos nele qualquer inovação relevante.

No que respeita à intervenção da comissão de trabalhadores e de outras instâncias representativas dos trabalhadores na empresa continua a prever--se, por um lado, que elas intervenham para regular certas matérias, como a mobilidade geográfica e funcional, o tempo de trabalho e a retribuição, desde que esta faculdade tenha sido estabelecida previamente no contrato coletivo de trabalho, portanto, em convenções coletivas outorgadas por associações sindicais e associações de empregadores e, por outro, que, em relação às empresas com um mínimo de 150 trabalhadores, nelas possam ser delegados poderes para celebrar convenções coletivas.

Como já resultava dos compromissos anteriores, o acordo celebrado pela comissão de trabalhadores ou por outra instância de representação coletiva dos trabalhadores em desenvolvimento ou concretização de disposição de um contrato coletivo, está sujeito a depósito e a publicação como se tratasse de uma convenção coletiva típica[36].

O Governo, enquanto empregador, obriga-se a dinamizar a negociação colectiva na Administração Pública e no Sector Empresarial do Estado e, enquanto órgão da Administração Pública, «a tornar mais operativos os serviços de conciliação e mediação[37] e a utilizar os mecanismos adminis-

---

[35] O que é expressamente mencionado neste acordo: «O Governo e os Parceiros Sociais entendem que devem ser prosseguidas reformas na área laboral, tendo em linha de conta o Acordo Tripartido de Março de 2011, bem como o Memorando de Entendimento ...» (Parte IV, p. 39).

[36] Por negociação coletiva típica entendemos aqui, no seguimento de Jorge Leite, «... o procedimento tido por adequado ao exercício da competência (normativa) prevista no art. 56.º/3 da Constituição cujo resultado esperado é a convenção colectiva, e que, por razões expositivas, poderíamos designar por procedimento normativo-convencional ou normativo-profissional» ("O sistema português de negociação colectiva", cit., p. 130).

[37] A conciliação e a mediação aqui em causa reportam-se à composição do conflito coletivo de trabalho. Registe-se, no entanto, que o Acordo pretende também promover os meios extrajudiciais de resolução ao nível conflitualidade individual, nomeadamente a arbitragem. Neste sentido, cfr. o ponto F. da parte IV do Acordo de janeiro de 2012.

trativos ao seu dispor». Por seu turno, os "parceiros sociais" devem celebrar entre si acordos para dinamizar a negociação colectiva.

Por outro lado, o projecto de diploma legal sobre o Centro de Relações Laborais deve ser discutido na CPCS até ao fim de Fevereiro de 2012.

Em relação às regras sobre a extensão da convenção coletiva, nada é mencionado neste acordo. O que faz levantar a seguinte dúvida: terão caído os compromissos sobre os critérios de representatividade em relação aos outorgantes da convenção coletiva? O futuro nos esclarecerá.

A hipótese de reconhecer mais um IRCT – o acordo geral de empresa – também parece ter sido abandonado neste acordo. Nada se dispõe a este respeito. E o governo, sem o assentimento dos restantes subscritores, não pode legislar sobre matérias não constantes do presente acordo[38].

4. Breve comentário

Dos acordos mencionados resulta uma inequívoca tendência para o estímulo da negociação coletiva na empresa. Pretende-se desta forma tornar os regimes colectivos mais adaptados à matéria a regular, possibilitando que eles sejam mais diversificados em correspondência com a variável situação concreta das empresas. Esta salutar opção acompanha a tendência que, desde há alguns anos, se vem desenrolando na Europa[39]. E correto nos parece ainda que esta opção negocial descentralizadora não seja feita à revelia do que se passa no setor. Entre outras, para além da própria tutela e promoção dos regimes convencionais, razões ligadas ao princípio da igualdade e à competitividade empresarial aconselham a não abandonar a convenção coletiva setorial.

Este objectivo surge no Memorando e nos acordos a ele conexionados na estreita dependência do reforço do papel da comissão de trabalhadores ao nível da negociação coletiva. Deve começar por se recordar que o ordenamento português reserva para esta instância de representação unitária

---

[38] Segundo o estabelecido no último parágrafo da parte V do Compromisso para o Crescimento, Competitividade e Emprego, de janeiro de 2012.

[39] Neste sentido, veja-se Alain Supiot *et al., Transformações do Trabalho e futuro do Direito do Trabalho na Europa,* Coimbra Editora, 2003, principalmente p. 160 e ss. e 328 a 331.

dos trabalhadores na empresa um conjunto de direitos que implicam, se não inevitavelmente, pelo menos tendencialmente, uma natural atividade negocial em prol dos interesses dos representados e do funcionamento democrático da empresa.

Tal pode derivar, por exemplo, do exercício do controlo de gestão. Ninguém duvidará de que a promoção pela comissão de trabalhadores de uma «... adequada utilização dos recursos técnicos, humanos e financeiros», de «... medidas que contribuam para a melhoria da actividade da empresa», da apresentação de sugestões, recomendações e críticas quanto à qualificação e formação dos trabalhadores e à segurança e saúde no trabalho (art. 426.º, n.º 2, al. *b*), *c*) e *d*) do CT), demanda uma normal consulta e negociação com os órgãos de direção da empresa. O mesmo se passará ao abrigo do direito de informação. É normal que ao ser informada, por exemplo, sobre os critérios de gestão de pessoal e de produtividade, o montante e distribuição do montante salarial e as regalias sociais, nos termos do disposto no art. 424.º, n.º 1, al. *e*) do CT, a comissão de trabalhadores pretenda negociar com o empregador alguns dos temas anunciados. Também no decurso da consulta obrigatória de certas matérias, a qual deve ter lugar quando existe mudança de empresa ou uma medida empresarial que implique, em termos substanciais, "diminuição de trabalhadores", "agravamento das condições de trabalho" ou "mudanças na organização do trabalho" (art. 425.º, al. *b*) e *c*) do CT, será expectável que se abra um processo negocial com a comissão de trabalhadores.

Portanto, por força dos direitos e garantias reconhecidas no ordenamento português à comissão de trabalhadores, não faltam oportunidades para que esta estabeleça com o empregador um processo de diálogo e de negociação colectiva[40]. Mister é que, no cumprimento da lei, haja predisposição das duas partes para isso.

Parece-nos aceitável, por isso, que se amplifique, no seguimento do que já é permitido pelo art. 491.º, n.º 3, do CT, a faculdade de a associação sindical poder delegar noutras associações sindicais ou em instâncias de representação coletiva de trabalhadores na empresa a celebração, em seu

---

[40] Trata-se, naturalmente, de uma negociação coletiva atípica, já que a negociação coletiva típica está reservada, do lado dos trabalhadores, para as associações sindicais. Em geral, sobre este tema, Maria R. Palma Ramalho, *Negociação Colectiva Atípica*, Almedina, 2009.

nome, de convenções colectivas[41] ou a concretização e desenvolvimento de regimes estabelecidos em contratos colectivos.

Mas já não nos parece aceitável identificar descentralização da negociação coletiva com reconhecimento próprio da capacidade e legitimidade de negociação coletiva à comissão de trabalhadores ou a qualquer outra estrutura representativa dos trabalhadores na empresa. Em sistemas como o nosso, as associações sindicais têm capacidade e legitimidade para celebrar convenções coletivas de âmbito empresarial – o chamado acordo de empresa[42] –, pelo que não é razoável invocar que o nosso actual ordenamento jurídico impede regimes convencionais mais próximos da realidade empresarial.

O nosso ordenamento laboral não obstaculiza a negociação coletiva pela comissão de trabalhadores. O que a CRP impede é outra coisa: que as associações sindicais sejam afastadas da negociação ao nível da empresa e que, em seu lugar, seja reconhecido à comissão de trabalhadores um direito formal à contratação coletiva, tal como esta é desenhada constitucional e legalmente.

A CRP não só reconhece o " direito ao exercício da actividade sindical na empresa" (art. 55.º, n.º 2, al. d), como atribui às associações sindicais o exercício, em exclusivo, do direito à contratação coletiva (art. 56.º, n.º 3). No atual quadro constitucional, o direito reconhecido no art. 56.º, n.º 3, da CRP não pode ser atribuído à comissão de trabalhadores[43]. A convenção coletiva enquanto fonte de direito não pode, deste modo, resultar de

---

[41] A delegação de poderes das associações sindicais nas comissões de trabalhadores para celebrarem convenções colectivas não deixa de levantar um problema sério e complexo, de ordem jurídico-constitucional, na medida em que estamos perante a delegação do exercício de um direito fundamental. O problema não vai, porém, ser enfrentado aqui.

[42] Nos termos do art. 2.º, n.º 3, al. c) do CT.

[43] Neste sentido, explicita Jorge Leite: «Na atribuição da competência para exercer o direito de contratação colectiva, a Lei Fundamental Portuguesa faz, assim, uma opção por instâncias estruturadas, estáveis, permanentes e, sobretudo, externas à empresa, diferentemente da Constituição Espanhola que atribui o direito, e não apenas o seu exercício, aos representantes dos trabalhadores (e dos empresários), que não têm de ser, ou não têm de ser apenas, os representantes sindicais» ("O sistema português de negociação colectiva", cit., 141). Também no sentido de que o direito de contratação coletiva, pertencente aos trabalhadores, unicamente pode ser exercido pelas associações sindicais, G. Canotilho e V. Moreira, *Constituição da República Portuguesa Anotada, op. cit.,* 744. Recentemente, o Ac. 338/2010, de 22 de Setembro, do Tribunal Constitucional não deixa margem para dúvidas: «De facto, nos termos do art. 56.º, n.º 3, da Constituição, "compete às associações sindicais exercer o direito de contratação colectiva, o qual é garantido nos termos da lei". Há, pois, uma incindível ligação entre contratação colectiva e associações sindicais» (ponto 11).

154   *Troika e Alterações no Direito Laboral Coletivo*

nenhuma negociação coletiva promovida pela comissão de trabalhadores em nome próprio[44]. Não é constitucionalmente legítimo aproveitar a ideia de uma regulação de proximidade para, querendo dar voz a outros sujeitos – comissões de trabalhadores –, enfraquecer os sindicatos.

Por isso, se compreende e aplaude que, diversamente do que chegou a ser sustentado, o Compromisso para o Crescimento, Competitividade e Emprego, de 2012, tenha deixado cair o acordo geral de empresa, pois este novo IRCT, ao pressupor um originário direito à contratação coletiva, seria inconstitucional, por atentar contra o art. 56.º, n.º 3, da CRP[45].

Não vale a pena insistir numa disputa entre as associações sindicais e as comissões de trabalhadores quanto à titularidade do direito à contratação coletiva. O direito português vigente e as alterações propostas estabelecem, quanto a este ponto, uma saudável coordenação entre estas duas organizações representativas dos trabalhadores: reconhecendo formalmente o direito de contratação colectiva às associações sindicais, permitem que o seu exercício possa, em condições definidas, ser levado a cabo pela comissão de trabalhadores.

Contudo, no plano jurídico-formal, não deve ser esquecido que para a OIT a negociação colectiva deve preferencialmente ser realizada pelos sindicatos, ainda que à custa de outros representantes dos trabalhadores[46].

No que respeita à extensão das convenções coletivas, nomeadamente quanto ao estabelecimento de critérios de representatividade dos parceiros sociais, o compromisso assumido pelo Governo no Memorando não obteve seguimento. Tanto o Programa do Governo como o Compromisso para o Crescimento, Competitividade e Emprego, de 2012, são mudos em relação a esta matéria.

A questão da representatividade dos parceiros sociais é de grande importância na dinamização da negociação coletiva e em geral no bom

---

[44] Parafraseando Maria R. Palma Ramalho, «... por determinação constitucional e legal, o direito de contratação colectiva é atribuído em exclusivo às associações sindicais», o que leva ao surgimento de «.... uma questão de negociação coletiva atípica em sentido estrito sempre que o poder de autodeterminação das condições de trabalho através da instituição de um regime uniforme pelos seus representantes colectivos ... seja exercido por entidades não sindicais» (*A Negociação Colectiva Atípica,* op. cit., 61).

[45] A proposta de um novo IRCT, denominado acordo geral de empresa, constava do projecto inicial do CT, de 2003. A sua exclusão da versão final do CT ficou a dever-se – ao que se julga - à convicção de que violava a CRP.

[46] Cfr. art. 5.º da Conv. n.º 135, e par. 2.º da Conv. 154 e Rec. n.º 91, segundo par.

funcionamento de um sistema de relações profissionais dominado pelo pluralismo. Mesmo que o compromisso de estabelecer critérios de representatividade fosse apenas assumido, especificamente, em relação ao regime da extensão da convenção colectiva, ainda assim, constituía um passo inicial, um começo, no sentido de resolver um vício marcante do sistema português de relações colectivas de trabalho. Perdeu-se mais uma oportunidade.

Os acordos de concertação social de 2011 e 2012 proclamam a dinamização da negociação coletiva[47]. Enveredam por uma orientação geral correcta. A negociação coletiva é um poderoso instrumento de regulação laboral, económica e social. Em épocas de profunda mudança e de crise pode constituir uma necessária plataforma de entendimento entre os diversos interesses conflituantes presentes. Pode servir para alcançar compromissos indispensáveis à pacificação laboral e social. E sem esta, a estabilidade necessária à recuperação da empresa e ao relançamento económico pode tornar-se uma miragem. Um país em crise profunda necessita, na verdade, de dinamizar uma negociação coletiva séria, de assumir esta, em termos genuínos, como "um factor essencial de desenvolvimento das relações laborais", como "instrumento fundamental de regulação económica e social".

Só que nem sempre o conjunto de reformas em perspectiva parece ter como bússola o fomento coerente da negociação coletiva. Por exemplo, no que respeita à organização do tempo de trabalho, pretende-se, por um lado, que haja negociação coletiva entre o empregador e as estruturas de representação coletiva dos trabalhadores na empresa (comissão de trabalhadores ou comissões sindicais) e, por outro, que seja possível fixar e promover o regime do banco de horas através de acordo individual entre o empregador e o trabalhador. Isto significará, muito provavelmente, a diminuição da eficácia da negociação coletiva nesta matéria. Esta deixa de ser imprescindível. Num ponto tão sensível e controverso, como é o da negociação do tempo de trabalho, fomenta-se, à revelia da negociação coletiva, uma maior individualização da relação de trabalho, com o risco sério de se alcançarem regimes mais desequilibrados.

Um outro exemplo, entre vários, é o do regime do trabalho suplementar. Uma das alterações previstas é a de que à realização de trabalho suplementar

---

[47] Já o Programa do Governo é omisso quanto ao papel da negociação colectiva, incluindo quanto às alterações propostas pela Troika.

156   *Troika e Alterações no Direito Laboral Coletivo*

deixa de corresponder um descanso compensatório[48]. O Memorando e o Acordo de 2012 querem tornar o trabalho suplementar menos oneroso para o empregador. Mesmo que esta alteração faça sentido – o que para nós é duvidoso –, justificar-se-á ela contra a convenção coletiva de trabalho? Mesmo contra a vontade do empregador e da associação sindical manifestada em acordo de empresa? Não vislumbramos os interesses públicos ou coletivos que justificam neste caso a eliminação do descanso compensatório "com carácter imperativo, relativamente a IRCT's". Na mesma linha, também não abona a favor do respeito pelo conteúdo de convenção colectiva já celebrada, a obrigação de redução para metade dos montantes nela previstos a título de acréscimo retributivo pelo trabalho suplementar[49].

Os exemplos acabados de aludir não parecem congruentes com a aposta na dinamização da convenção coletiva. Bem pelo contrário, são elucidativos da intenção de lhe negar eficácia. Afirmar uma coisa e permitir outra, tem sido, de resto, uma das características do nosso sistema de relações laborais[50].

Acresce que, num outro registo, a descentralização e flexibilização da negociação colectiva, mediante o reforço do papel das instâncias representativas dos trabalhadores na empresa, parecem estar orientadas unicamente para assegurar uma correspondência da retribuição à produtividade da empresa. Neste sentido, o teor literal do ponto 4.8. do Memorando, intitulado "O Governo proporá ajustamentos salariais de acordo com a produtividade ao nível das empresas", é bem demonstrativo. É sob este ponto que se prevê, justamente, uma intervenção mais ativa da comissão de trabalhadores na negociação coletiva ao nível da empresa. Quer dizer, tão ou mais importante que aproveitar a posição ocupada pela comissão de trabalhadores para negociar coletivamente ao nível da empresa, parece que o que conta é chamar um órgão, historicamente mais "dócil" e próximo do

---

[48] Na parte IV. A. i) do Compromisso para o Crescimento, Competitividade e Emprego, escreve-se: «Eliminar, com carácter imperativo, relativamente a IRCT's ou contrato de trabalho, o descanso compensatório …». O descanso compensatório, a suprimir, vem previsto no art. 229.º do CT.

[49] Obrigação assumida na parte IV. A. Iii) do Compromisso para o Crescimento, Competitividade e Emprego.

[50] Uma das características do sistema português de relações laborais consiste precisamente nas suas "dimensões semântica e retórica". Neste sentido, António Casimiro Ferreira, *Trabalho Procura Justiça,* Almedina, 2005, 136.

empregador, para exclusivamente negociar o preço da força de trabalho e a mobilidade geográfica e funcional dos trabalhadores.

E deste modo se usa a negociação colectiva unicamente como instrumento ao serviço da competitividade empresarial e da gestão da crise empresarial, com manifesto prejuízo do seu desígnio histórico, o de contribuir, não para o empobrecimento dos trabalhadores, mas para a melhoria das condições de vida de quem trabalha. Hoje este não é, evidentemente, o único objetivo da convenção coletiva. Esta está ao serviço de outros objetivos – por exemplo, o de proporcionar uma concorrência igualitária entre empresas – e desempenha um conjunto diversificado e complexo de tarefas[51]. Mas isto não significa, forçosamente, o abandono da finalidade de melhorar as condições de vida e de trabalho dos que produzem subordinadamente e por conta alheia.

As alterações que se avizinham, tal como as que nos últimos tempos têm sido realizadas entre nós, perspectivam o Direito do Trabalho de um modo diferente. Pretende-se, pelos vistos, um outro Direito do Trabalho. Mais do que a sua "morte", tantas vezes aberta ou envergonhadamente anunciada na sequência das transformações do trabalho, o objetivo parece ser agora cambiar-lhe a "alma", pô-lo ao serviço de outras finalidades.

Sem perder de vista que a finalidade e as funções do Direito do trabalho são de grande complexidade, e que sobre elas se digladiam concepções ideológicas muito distintas[52], talvez se possa dizer, simplificando, que ao longo dos tempos se foi formando e consolidando duas abordagens distintas.

De acordo com uma das abordagens, o Direito do Trabalho é visto como "um direito dos trabalhadores", "um direito dos fracos", "um direito da desigualdade"[53]. As vertentes de tutela dos bens essenciais da pessoa no trabalho e de proteção do contraente mais débil, contribuíram decisivamente para

---

[51] Entre uma bibliografia praticamente inabarcável, cfr. A. Supiot, *Transformações do Trabalho e futuro do Direito do Trabalho na Europa, op. cit.,* principalmente, pp. 150 a 155.

[52] Para maiores desenvolvimentos sobre este ponto, *vide* M. C. Palomeque Lopez, *Direito do Trabalho e Ideologia,* (Tradução de António Moreira), Almedina, 2001.

[53] Esta concepção pode ser exemplificada com a Sentença do Tribunal Constitucional Espanhol 3/1983: «... o legislador, ao regular as relações de trabalho, contempla necessariamente categorias e não indivíduos concretos e, constatando a desigualdade socioeconómica do trabalhador face ao empresário, pretende reduzi-la mediante o adequado estabelecimento de medidas igualitárias. Daí deriva o específico carácter do Direito laboral, em virtude, mediante a transformação de regras indeterminadas que aparecem indubitavelmente ligadas aos princípios da liberdade e igualdade das partes sobre as quais se baseia o direito dos contratos, constitui-se como um ordenamento compensador e igualitário, em

formar esta concepção. De acordo com outra, porventura bem mais realista, este ramo do direito nunca foi entendido como um direito de "emancipação" do trabalhador, ou apenas orientado para a exclusiva finalidade de tutela da parte mais fraca da relação de trabalho. Atribuiu-lhe uma natureza compromissória, de conciliação e normalização dos interesses dos empregadores e dos trabalhadores no quadro de uma dada formação económico-social[54]. Dentro do "contrato social" estabelecido nas nossas sociedades, lido, desde logo, à luz das constituições vigentes, aceitam-se certos "equilíbrios básicos", entre empregadores e trabalhadores, competindo ao Direito do Trabalho regular a relação entre o trabalho e o capital numa perspectiva de "harmonização e compatibilização de interesses" e de pacificação laboral. Os "equilíbrios básicos" sempre foram instáveis, deslocando-se umas vezes mais para o lado dos empregadores e outras para a banda dos trabalhadores. Porém, nunca entraram em dissolução ou rutura irreparável.

Pois bem, as alterações em perspectiva parecem situar-se fora de qualquer dos dois entendimentos acabados de mencionar. Elas fundam-se na crença de que a finalidade primordial a proteger é a empresa. E esta é identificada exclusiva ou predominantemente com uma organização ao serviço dos interesses do empregador. Em vez de direito do trabalho e de direito do trabalhador parece mais apropriado falar em direito do capital e em direito do empregador. A regulação laboral deve provir naturalmente do mercado[55].

---

ordem à correcção, pelo menos parcialmente, das desigualdades fundamentais» (*Apud* M. C. Palomeque Lopez, *ibidem,* 15).

[54] Esta vertente era salientada na definição de Direito do Trabalho avançada por Jorge Leite. Com efeito, para este juslaborista, este ramo do direito consiste no «conjunto de normas jurídicas ... que visam regular, com vista à sua normalização, as relações individuais e colectivas que têm como seu elemento unificante e desencadeante o trabalho assalariado», nas suas Lições ao 3.º Ano da Faculdade de Direito de Coimbra, cfr. *Direito do Trabalho,* Serviços Sociais da U.C., Serviços de Textos, Coimbra – 1982 (Edição de 1986/87), p. 79. Esta definição pretende sublinhar que "a principal função" do Direito do trabalho é "normativizar" as relações de trabalho e que, nas palavras do autor, «Ao normativizá-las, o Direito do Trabalho quer "normalizá-las" tentando evitar, dentre dos limites que lhe são próprios, quer o arbítrio patronal ... quer a subversão dos fundamentos ...» em que assentam as suas regras (*ibidem,* 80). Esta perspetiva é, entre nós, sufragada por Leal Amado, autor que sublinha a "ambivalência do Direito do Trabalho", *Contrato Individual de Trabalho, op. cit.,* 32.

[55] Crença que não passa de ficção, pois, como bem observa A. Supiot, «o mercado não é fonte espontânea de regras universais, mas uma construção institucional singular, cuja solidez depende da das suas bases jurídicas e do conjunto institucional mais vasto em

Os textos explicativos das alterações projetadas não transmitem, é certo, aberta e impressivamente, a imagem acabada de explanar. Bem pelo contrário, numa retórica de inevitabilidade e de modernidade, procuram criar a ideia de que, por um lado, são alterações positivas para os trabalhadores e para os empregadores e, por outro, para a empresa, entendida esta essencialmente como uma comunidade de interesses. E sempre tudo, claro está, a bem ... da economia nacional!

O regime da organização do tempo de trabalho, previsto no Compromisso para o Crescimento, Competitividade e Emprego, de 2012, é um exemplo do que acaba de se observar. Como linha jurídico-programática de fundo, com altissonância, nele se proclama: «A prestação laboral desenvolve-se dentro de um período temporal limitado, com vista a estabelecer uma compatibilização entre a realização profissional do trabalhador e a sua vida pessoal e familiar. Os tempos de repouso são assim fundamentais para a recuperação física e psíquica do trabalhador, constituindo valores fundamentais garantidos na Constituição Portuguesa».

Desta declaração, feita a pensar na necessidade de preservar um espaço maior de liberdade pessoal para o trabalhador, seria de esperar qualquer coisa como uma amplificação dos motivos para a ausência justificada ao serviço ou um reforço do período de repouso. O que não seria expectável era que, a seguir a tal declaração, se viesse a propor a expansão do uso do regime do "banco de horas" por mero acordo individual, ou a permitir o "banco de horas grupal". Estas medidas, evidentemente, não visam tutelar uma maior disponibilidade pessoal e familiar do trabalhador; explicam-se porque o «atual contexto do mercado de trabalho exige às empresas uma capacidade cada vez mais elevada de adaptação às necessidades de uma economia globalizada. Neste âmbito, mostra-se necessário moldar o regime do tempo de trabalho a estas necessidades».

Deste modo, já num contexto de grande flexibilidade do tempo de trabalho, entre dar preferência a razões individuais, sociais e familiares ligadas ao trabalhador ou a genéricas e abstratas razões ligadas à com-

---

que se insere» (*Homo Juridicus – Ensaio sobre a função antropológica do Direito,* Instituto Piaget, 2006, 121). Para uma crítica à concepção neo liberal do Direito do trabalho, do mesmo autor, "O direito do trabalho ao desbarato no "mercado das normas", *Questões Laborais,* Ano XII – 2005, 26, p. 121 e ss.

petitividade empresarial, ou atender às duas, o Acordo de 2012 atirou-se exclusivamente para o lado dos interesses do empregador.

Lógica semelhante está presente a respeito das alterações quanto ao trabalho suplementar (baixa de custo), de férias e de feriados (diminuição), de despedimento (facilitação e embaratecimento), de caducidade do contrato a termo (embaratecimento) e do subsídio de desemprego (diminuição do período de concessão e embaratecimento)[56].

Quer dizer, o "Direito" do trabalho projectado, longe de ser fundado nos interesses da parte mais fraca, em contradição com a retórica proclamada, também não procura sequer atender aos interesses dos seus dois protagonistas principais. Lança-se na proteção unilateral dos interesses do empregador e está cada vez a afastar-se mais dos equilíbrios básicos assumidos no "contrato social" plasmado na Constituição portuguesa. Assume-se como uma projecção direta, quase automática, das regras económicas dominantes em Portugal neste período histórico.

O grande lema é o de que assim como a economia deve ser competitiva também o direito o deve ser[57]. Não se duvida das estreitas relações, em sentido recíproco, entre economia e direito. Mas, em última instância, não é o direito que tem de ser economia. É a economia que tem de ser justa! A visão do jurista não pode ser outra.

Na concepção do Memorando e dos acordos de concertação social, a pessoa enquanto trabalhador cede à pessoa enquanto simples detentora de uma mercadoria que se chama força de trabalho. Ora, de há muito que a nossa consciência ético-jurídica não aceita que a pessoa seja reificada. Isto põe sérios problemas não apenas ao Direito do Trabalho mas ao Direito em geral. Nos Estados em cujas leis fundamentais se jura um incondicional e inquebrantável compromisso com a dignidade da pessoa humana, como é o caso do primeiro artigo da Constituição portuguesa, a pessoa não pode ser uma coisa!

---

[56] Segundo o Memorando o subsídio de desemprego deve ser reduzido para o período máximo de 18 meses e deve ser introduzido «um perfil decrescente de prestações ao longo do período de desemprego após seis meses de desemprego (uma redução de pelo menos 10% do montante de prestações)» (4.1. al. i) ii).

[57] Para uma crítica à concepção neo liberal do Direito do trabalho, A. Supiot, "O direito do trabalho ao desbarato no "mercado das normas", *Questões Laborais,* Ano XII – 2005, 26, p. 121 e ss.

ESTATUTO JURÍDICO-CONSTITUCIONAL DO SALÁRIO: CONSIDERAÇÕES A PROPÓSITO DO ART. 19.º DA LEI 55-A/2010[1]

JORGE LEITE

I. Constitucionalização do direito à retribuição

1. Introdução

A Lei n.º 55-A/2010, de 31 de dezembro, que aprova o Orçamento Geral do Estado (OGE) para o ano de 2011, inclui um capítulo, o capítulo III, com a epígrafe «Disposições relativas a trabalhadores do sector

---

[1] Uma consideração preliminar – O autor deste estudo não põe em causa a necessidade de medidas pré-ordenadas à chamada consolidação orçamental ou, por outras palavras, à urgente necessidade de redução do défice público. Mesmo que, por mera hipótese, se admita que tudo se poderia resolver com base em estratégia diferente da preferida pela lei do orçamento apresentada e aprovada – uma estratégia mais desenvolvimentista, como alguns defendem – o autor deste trabalho não põe em causa a necessidade, nem de medidas dirigidas ao aumento das receitas, nem de medidas destinadas à redução das despesas, deixando, deste modo, claro a intangibilidade do interesse público de redução do défice.

Subsiste, ainda assim, um problema constitucional com a Lei 55-A/2010, qual seja o de saber se as medidas de redução em causa dos montantes salariais devidos pelo trabalho prestado e outras nela contempladas com reflexos na situação jurídica dos trabalhadores abrangidos são absolutamente necessárias para resolver o problema que se propõem resolver, e se, não sendo as únicas possíveis, são constitucionalmente as mais adequadas, ou seja, se o mesmo resultado não poderia ser alcançado ou perseguido com recurso a medidas que não afectem, ou afectem em menor grau, os princípios e as normas da Constituição com as quais as correspondentes normas daquela lei entram em rota de colisão: o princípio da proporcionalidade, o princípio da igualdade, o princípio da confiança, o princípio da autonomia colectiva e o princípio da autonomia individual, aspeto que aqui não será objeto de desenvolvimento.

162   *Estatuto Jurídico-Constitucional do Salário: Considerações a propósito ...*

público», analisando-se as socialmente mais significativas (*i*) numa redução directa da generalidade das prestações pecuniárias devidas pelo desempenho dos cargos ou pelo exercício de actividades profissionais dos seus titulares ou pessoal identificado nas 21 alíneas do n.º 9 do seu artigo 19.º ou (*ii*) em medidas que, directa ou indirectamente, afetam os seus rendimentos conexos com o desempenho dos cargos ou o exercício das actividades em causa (ver, em anexo, o art. 19.º da Lei n.º 55-A/2011).

No Acórdão n.º 396/20011, proferido no Processo n.º 72/11, o Tribunal Constitucional concluiu, com três votos de vencido, que as referidas normas não eram inconstitucionais. Eis a questão deste artigo, que reproduz uma grande parte de um trabalho anterior àquele acórdão publicado no n.º 38 da revista *Questões Laborais*, com aditamento de uma ou outra consideração proferida numa comunicação feita numa iniciativa promovida pelo IDET (Instituto de Direito das Empresas e do Trabalho)[2].

Para responder às questões de eventual inconstitucionalidade das normas em análise, o autor do trabalho atrás referido percorreu o itinerário seguinte[3]:

   a)   Há alguma norma da Constituição que vede a redução do montante salarial devido aos trabalhadores?

   b)   A matéria salarial é uma matéria constitucionalmente indiferente?

   c)   Da inexistência de norma constitucional que expressamente proíba a redução da retribuição resulta, necessariamente, que a

---

[2] Refiro-me ao Congresso 10 anos do IDET: o memorando da Troika e as empresas (aspectos fiscais, laborais e comerciais), em 29.10,2011, na Faculdade de Direito da Universidade de Coimbra.

[3] Veja, da Lei n.º 55-A/2011, o art. 19.º (Redução remuneratória), da secção II (Disposições remuneratórias), do capítulo III (Disposições relativas a trabalhadores do sector público) (veja o texto completo em anexo), cujo n.º 1 dispõe o seguinte:

«1 – A 1 de Janeiro de 2011 são reduzidas as remunerações totais ilíquidas mensais das pessoas a que se refere o n.º 9, de valor superior a € 1500, quer estejam em exercício de funções naquela data, quer iniciem tal exercício, a qualquer título, depois dela, nos seguintes termos:

a) 3,5% sobre o valor total das remunerações superiores a € 1500 e inferiores a € 2000;

b) 3,5% sobre o valor de € 2000 acrescido de 16% sobre o valor da remuneração total que exceda os € 2000, perfazendo uma taxa global que varia entre 3,5% e 10%, no caso das remunerações iguais ou superiores a € 2000 até € 4165;

c) 10% sobre o valor total das remunerações superiores a € 4165».

Lei Fundamental não veda nem condiciona medidas de redução dos montantes salariais?

d) Como pode descrever-se, em termos sucintos, a configuração jurídico-constitucional do salário?

e) A norma que reduz o montante salarial a que um trabalhador tem direito por força da lei, da convenção colectiva ou do contrato é uma norma de restrição do direito (fundamental) ao salário?

f) Sendo a norma em causa uma norma de restrição de um direito fundamental de natureza análoga à dos direitos, liberdades e garantias, que normas e princípios constitucionais poderão sentir--se por ela interpelados[4]?

2. Comecemos pelo óbvio

Não há qualquer norma da Constituição da República Portuguesa (CRP) que, em termos expressos, proíba a redução dos montantes salariais devidos aos trabalhadores pelo seu trabalho, independentemente da sua fonte de determinação: a lei, a convenção colectiva, o contrato, o regulamento interno ou mesmos os usos da profissão ou da empresa. À primeira vista não há, pois, obstáculo constitucional à decisão normativa de redução dos montantes nominais dos salários, já que, aparentemente, nenhuma norma da Lei Fundamental se lhe opõe pelo menos em termos ostensivos.

Da inexistência de norma da Lei Fundamental que vede expressamente a redução dos salários não se retira, porém, mais do que isso mesmo; não se retira, designadamente, que a Constituição não vede ou não condicione medidas de redução dos montantes salariais devidos pelo trabalho prestado no âmbito de um contrato de trabalho dependente ou mesmo independente. A eventual inconstitucionalidade das normas em análise não se esgota, na verdade, na resposta à questão da existência de norma constitucional expressa que proíba a sua redução. À semelhança do que sucede com todas as medidas restritivas dos direitos fundamentais, haverão de ser as

---

[4] Na última das etapas do itinerário do trabalho acima referido procurava-se resposta para a questão seguinte: A Lei n.º 55-A/2010, designadamente na parte em que subtrai a matéria salarial do âmbito da negociação colectiva e na parte em que anula ou altera normas de convenções colectivas validamente celebradas, viola os n.ºs 3 e 4 do art. 56.º?

164   *Estatuto Jurídico-Constitucional do Salário: Considerações a propósito ...*

normas em análise sujeitas aos sucessivos testes de constitucionalidade, dada a existência, como se verá, de várias outras normas e princípios que por elas se sentem interpelados.

Com efeito, a resposta a uma tal questão exige, desde logo, a análise do tratamento dispensado à matéria salarial pela Lei Fundamental, parecendo avisado começar por enfrentar o problema seguinte, de acordo, aliás, com o itinerário atrás traçado: **a matéria salarial é uma matéria constitucionalmente indiferente?**

3. Tratamento constitucional da matéria salarial

A resposta a esta questão é ainda mais óbvia do que a anterior. Com efeito, a matéria salarial não só não é indiferente à Constituição como é objecto de uma sua particular atenção, ou seja, a Constituição não só não mostra indiferença pela matéria salarial como por ela exprime uma inequívoca preocupação.

Na verdade, a Constituição (*i*) consagra o direito de todos os trabalhadores (…) à retribuição do trabalho (art. 59.º/1-*a*), (*ii*) incumbe o Estado de assegurar (…) [a] retribuição (…) a que os trabalhadores têm direito (art. 59.º/2-*proémio*) e *(iii)* de estabelecer e actualizar o salário mínimo nacional (art. 59.º/2-*a*), dispondo ainda que (*iv*) os salários gozam de garantias especiais, nos termos da lei (ar. 59.º/3).

«[Esta] preocupação constitucional com a retribuição (…) compreende-se facilmente», como escreve Rui Medeiros[5], que, logo a seguir, transcreve o seguinte passo do Acórdão 257/2008 do Tribunal Constitucional: «A retribuição da prestação laboral, quer na sua causa, quer na destinação típica, está intimamente ligada à pessoa do trabalhador. Ela é também (…) o único ou principal meio de subsistência do trabalhador, que se encontra numa situação de dependência da retribuição auferida na execução do contrato para satisfazer as suas necessidades vivenciais. É esta dimensão pessoal e existencial que justifica a tutela constitucional do direito à retribuição – incluindo as exigências de pontualidade e regularidade no cumprimento da obrigação da retribuição – bem como a tutela constitucional

---

[5] Jorge Miranda e Rui Medeiros, *Constituição Portuguesa Anotada, Tomo I, 2.ª Edição, Introdução Geral, Preâmbulo, Artigos 1.º a 79.º*, p. 1150.

reforçada de que gozam os créditos salariais, para além da conferida, em geral, às posições patrimoniais activas». Em comentário à norma relativa às garantias especiais de que os salários gozam, considera aquele autor que a norma do art. 59.º/3 «é coerente com a importância reconhecida à retribuição» na alínea a) do n.º 1 do citado artigo e «com a teorização dos deveres de protecção de direitos fundamentais».

Trata-se, aliás, de uma questão a que a doutrina e a jurisprudência se têm mostrado particularmente sensíveis.

«Numa sociedade, escreve J.-E Ray, em que vários milhões de pessoas são estruturalmente 'offreurs de travail', isto é, 'demandeurs d'emploi', trabalhar é mais do que uma necessidade alimentar: é a possibilidade de existir socialmente, para um desempregado é a possibilidade de reencontrar a sua dignidade»[6].

Embora, no rigor dos princípios jurídicos, não seja inteiramente exato dizer-se, sublinha Lyon-Caen, que o crédito salarial tem um caráter alimentar, já que não nasce das necessidades do credor e dos recursos do devedor num círculo de parentesco ou de aliança, certo é que «o *salário é utilizado pelo trabalhador para a sua própria subsistência*», sendo «*isso que explica que a lei o haja submetido a um regime jurídico que apresenta certas afinidades com o regime jurídico do direito a alimentos*»[7].

Mesmo quando se entenda, como bem salienta Lyon-Caen, que não é um crédito de natureza alimentar, é manifesto o nexo entre o crédito salarial e as necessidades básicas do trabalhador e dos familiares a seu cargo[8].

«A protecção especial de que beneficiam os créditos salariais advém da consideração de que a retribuição, para além de representar a contrapartida do trabalho por este realizado, constitui o suporte da sua existência e, bem assim, da subsistência dos que integram a respectiva família. Fala-

---

[6] «Mutation économique et droit du travail», em *Les Transformations du Droit du Travail, Études offertes à Gérard Lyon-Caen*, Dalloz, 1989, p. 18.

[7] *Le Salaire*, Dalloz, p. 3.

[8] À importância pessoal, familiar e social do salário se referem vários autores. Se é certo que se não confunde com o direito à vida, o salário traduz-se, escreve Jorge Leite, numa das suas mais significativas exigências, podendo dizer-se que constitui uma necessidade vital do trabalhador e respectiva família, *Direito do Trabalho e da Segurança Social, Lições ao 3.º ano de Direito da FDUC*, 1986/87, p. 295.

166 *Estatuto Jurídico-Constitucional do Salário: Considerações a propósito ...*

-se, para designar esta vertente da retribuição, como a dimensão social ou alimentar do salário».

Esta é uma característica que a jurisprudência, designadamente a do Tribunal Constitucional, tem salientado com muita frequência nos sucessivos casos sobre os quais tem sido chamada a pronunciar-se e de que o acórdão atrás citado é apenas um exemplo[9].

4. Caracterização constitucional do direito à retribuição

É esta função alimentar do salário que justifica, em boa medida, a *especial protecção* de que a ordem jurídica portuguesa[10], à semelhança do que sucede com a generalidade das ordens jurídicas dos demais países europeus, dota os créditos salariais, uma proteção que se traduz num regime marcadamente distinto, em muitos aspetos, do regime jurídico dos créditos comuns, como mais à frente melhor se verá (cfr. infra n.º 8 e 9).

Tanto pelo que ficou muito resumidamente exposto, como pelas expressas referências que a Lei Fundamental lhe faz[11], pensa-se ser pacífica a conclusão de que o direito à retribuição se pode caracterizar, do ponto de vista jurídico-constitucional, através das notas seguintes:

a) É um direito formal e materialmente fundamental (n.º 5);

---

[9] À função alimentar se refere também João Leal Amado em *A Protecção do Salário*, Coimbra, Coimbra Editora, 1993, designadamente na pág. 22 em que, em jeitos de conclusão à parte introdutória escreve: «o regime jurídico do salário é – deve ser – fundamentalmente enformado pelo seu carácter 'alimentar', buscando-se aqui, sem tergiversações, a superaç~~ao de uma visão puramente (ou predominantemente) formal-economicista daquele, pois, como bem afirma João Paulo II, 'a renumeração do trabalho é o meio concreto pelo qual a maioria dos homens acede aos bens deste mundo'.

[10] Embora vários autores e boa parte da jurisprudência tendam a centrar na subordinação do trabalhador o essencial dos motivos justificativos da referida proteção, é naquela função que, a meu ver, reside o seu fundamento principal. Daí que considere, um pouco contra a corrente atual, que o regime dos créditos salariais se não altere substancialmente depois da extinção do contrato. Afinal a função alimentar também se não altera, se é que se não torna mais premente ...

[11] Veja-se, em especial, o texto do art. 59.º/1-*a*, da Constituição, nos termos do qual «Todos os trabalhadores, sem distinção de idade, sexo, raça, cidadania, território de origem, religião, convicções políticas ou ideológicas, têm direito: a) [à] retribuição do trabalho, segundo a quantidade, natureza e qualidade, observando-se o princípio de que para trabalho igual salário igual, de forma a garantir uma existência condigna» (sublinhado meu).

b) É um direito fundamental de natureza análoga à dos direitos, liberdades e garantias (n.º 6);

c) É um direito que, por expressa determinação constitucional, incumbe ao Estado assegurar (um direito cuja garantia constitui uma obrigação constitucional do Estado) (n.º 7);

d) É, além disso, um direito que goza de garantias especiais por expressa determinação constitucional (n.º 8);

e) É um direito objeto de várias concretizações legislativas de proteção (n.º 9).

5. Direito fundamental

Pensa-se que nenhuma dúvida suscitará a qualificação do direito à retribuição como direito fundamental, tanto do ponto de vista formal, associada, como se sabe, à ideia da sua consagração em texto nacional e/ou internacional solene, mais correntemente, em termos nacionais, à ideia da sua constitucionalização, como do ponto de vista material, dada a natureza, importância e substantividade do bem que dele é objecto e que as considerações atrás expostas exprimem.

Se, como bem diz Alexys, a fundamentalidade nos remete para a especial dignidade do *quid* fundamentalizado, não se vê como poderia o direito em causa ser excluído de uma tal classificação.

6. Direito fundamental de natureza análoga

Tanto a doutrina como a jurisprudência convergem na classificação do direito à retribuição como direito fundamental de natureza análoga à dos direitos, liberdades e garantias.

Depois de se referirem aos critérios de identificação dos direitos fundamentais de natureza análoga, concluem Gomes Canotilho e Vital Moreira que «serão de considerar direitos fundamentais de natureza análoga aos direitos, liberdades e garantias, entre outros (...) o direito à retribuição do trabalho»[12].

---

[12] *Constituição da República Portuguesa Anotada, Artigos 1.º a 107.º, Volume I*, 4.ª edição, 2007, Coimbra Editora, p. 374.

Também Jorge Miranda e Jorge Pereira da Silva, em anotação ao art. 18.º, incluem expressamente «o direito à retribuição [art. 59.º, n.º 1, alínea *a*) e n.º 3] no elenco dos direitos fundamentais, de natureza análoga, embora – acrescentam – com limitações ou concretizações dependentes de princípios e institutos constitucionais conexos ou em zonas de fronteira com direitos económicos, sociais e culturais»[13], logo salientando na nota seguinte a importância do art. 17.º ser, nos últimos tempos, bem menor do que se julgava em 1976 e em 1982, «por se tender a aplicar aos direitos económicos, sociais e culturais, com mais ou menos adaptações, os princípios recortados no art. 18.º, n.º 1, assim como os princípios da tutela da confiança, da proporcionalidade, da tutela jurisdicional a até da responsabilidade civil do Estado».

No mesmo sentido, Rui Medeiros, na mesma obra, conclui sobre este mesmo direito, na sua longa anotação ao art. 59.º, nos termos seguintes: «Trata-se, por isso, de um direito [fundamental] de natureza análoga à dos direitos, liberdades e garantias (acs. 373/91, 498/2003, 620/2007)», uma posição que reafirma na p. 1166, XXII: «O direito à retribuição constitui (…) um direito fundamental de natureza análoga à dos direitos, liberdades e garantias».

7. Direito que incumbe ao Estado assegurar

O n.º 2 do art. 59.º da CRP, nos termos do qual «Incumbe ao Estado assegurar as condições de trabalho, *retribuição* e repouso a que os trabalhadores têm direito (…)», é uma especificação do dever geral do Estado de assegurar (não apenas de respeitar) os direitos fundamentais. Esta não é uma norma de reconhecimento ou uma norma de consagração dos direitos à retribuição, ao repouso, à duração máxima do trabalho, ou a outras condições de trabalho, como o direito ao respeito, à saúde e segurança no trabalho, à estabilidade do emprego (…). Não é, neste sentido, uma norma de acesso aos bens jurídicos correspondentes (salário, vida, integridade física e moral, livre desenvolvimento da personalidade), não fazendo parte

---

[13] Jorge Miranda e Rui Medeiros, *Constituição portuguesa Anotada, Tomi I, Introdução Geral, Preâmbulo, Artigos 1.º a 79.º*, W. Kluwer/Coimbra Editora, 2.ª edição, 2010, p. 306.

do variado e «denso bloco de normas que exprimem o ser em si e no seu devir», o ser social solidário e carecido de ajuda, etc.

O art. 59.º/2 faz parte de um conjunto de normas de uma outra natureza ou de um outro tipo; das *normas dirigidas à efectivação dos direitos* através de um leque diversificado de mecanismos ou de expedientes ou de técnicas que melhor garantam a fruição dos bens que os direitos representam e a que dão acesso (*faire droit aux droits*). Com as normas agora consideradas, as modernas constituições reconhecem que a realização dos direitos, quer se analisem em direitos de liberdade, em direitos de participação ou em direitos a prestações, depende sempre, em maior ou menor medida, de outros indivíduos e de outras entidades, umas vezes negativamente, por se lhes impor um dever de respeito, de abstenção, de não agressão, de não ingerência, outras vezes positivamente, por ficarem adstritas a deveres de conduta, a obrigações de fazer, que contribuem, decisivamente, para a sua satisfação ou que realizam, elas mesmas, o direito em causa[14].

Há, como referem vários autores, 'um sentido jurídico ínsito no bloco das normas que consagram e das normas que asseguram os direitos fundamentais: o sentido do inultrapassável envolvimento do Estado através de deveres de distinta natureza, em especial, deveres de respeito, de protecção, de promoção e de prestação, um envolvimento que tem vindo a ser ampliado (também controvertido por outras correntes de pensamento), em especial com as modernas constituições do Estado social, ou, na designação da CRP, do Estado de direito democrático, imputando-se-lhe o dever de criar as condições da sua efectivação. Com alguma frequência, de que o art. 59.º é exemplo, a CRP associa ao reconhecimento de direitos fundamentais obrigações do Estado (incumbências), desde logo do Estado legislador, no sentido de os realizar ou de criar as condições que tornem possível ou facilitem a sua satisfação[15].

Associado à consagração do correspondente direito, é criado o dever do Estado de assegurar a retribuição devida aos trabalhadores, como, reforçando a incumbência ligada aos direitos fundamentais em geral, expressamente

---

[14] Sobre a «clássica e bem actual contraposição dos direitos fundamentais (...) em *direitos propriamente ditos* (...) e *garantias* (...)», veja-se Jorge Miranda, *Manual de Direito Constitucional, Tomo IV, Direitos Fundamentais*, 4.ª edição, Coimbra Editora, 2008, p. 112 e ss.

[15] Sobre as desenvolvidas anotações sobre esta questão Jorge Miranda e Jorge Pereira da Silva em Jorge Miranda e Rui Medeiros, *Constituição, cit.*, p. 342 e ss.

170   *Estatuto Jurídico-Constitucional do Salário: Considerações a propósito ...*

resulta do proémio do n.º 2 do art. 59.º, sob pena de inconstitucionalidade por omissão e, eventualmente, de responsabilidade civil pelos danos causados por essa omissão[16].

Os deveres desta natureza cumpre-os o Estado através de condutas positivas, tanto de natureza normativa, como de índole prática (fáctica), como a de dispor de um corpo de pessoas com a função de fiscalizar o seu cumprimento e, se for o caso, de sancionar as suas violações.

8. Direito dotado de garantias especiais

À protecção devida a todos os direitos fundamentais e à protecção contemplada no n.º 2 do art. 59.º para os direitos fundamentais previstos no seu n.º 1, acresce ainda a protecção consagrada no n.º 3 do mesmo artigo de acordo com o qual «os salários gozam de garantias especiais, nos termos da lei».

Aditado pela lei de revisão constitucional de 1997, o n.º 3 do art. 59.º mostra, com alguma exuberância, a especialíssima atenção que a Constituição vem dispensando aos salários (aos rendimentos do trabalho por conta de outrem) e exprime, uma vez mais, a sua preocupação em assegurar, através de medidas específicas, que os mesmos cheguem tempestivamente aos seus destinatários e possam cumprir a sua função principal (função alimentar e social).

Isto mesmo tem salientado o TC em diversos acórdãos tirados nos casos em que foi chamado a pronunciar-se, designadamente naqueles em que o crédito salarial era confrontado com créditos hipotecários ou mesmo com créditos do Estado (Ministério das Finanças) e da Segurança social. «Com o objectivo de reforçar a ténue tutela do salário inicialmente prevista no art. 737.º/1-d do Código Civil de 1966, tem sido o que tem acontecido

---

[16] *Constituição cit.*, p. 775.
«Disse-se [atrás], escreve João Leal Amado, *ob cit.*, p. 30/1, que o direito à retribuição constitui um direito fundamental dos trabalhadores. Mas deve-se dizer-se mais. É que este direito é constitucionalmente concebido como possuindo uma dupla dimensão: por um lado, uma lógica e inarredável dimensão subjectiva, enquanto direito dos trabalhadores dirigido contra as entidades patronais (...); por outro lado, porém, uma dimensão (...) objectiva, conferida pela expressa obrigação estadual de o assegurar», sendo também consequentemente, «um direito dirigido ao Estado (...)».

sucessivamente com as intervenções legislativas consubstanciadas na aprovação do regime constante do art. 12.º da Lei 17/86 e das suas posteriores alterações, entre as quais se conta o próprio regime previsto no art. 337.º do Código do Trabalho [de 2003]», como se pode ler no Ac. 335/2008. Este mesmo acórdão lembra o acórdão de 22.10.2003 em que, depois de «encontrar diferenças relevantes entre créditos laborais e créditos do Estado e da Segurança Social, não julgou inconstitucional a norma da alínea *b*) do art. 12.º da Lei 12/86, de 14 de Junho, na interpretação segundo a qual o privilégio imobiliário geral conferido aos créditos emergentes do contrato individual de trabalho prefere à hipoteca, nos termos do art. 751.º do Código Civil[17].

«Os salários – conclui, coerentemente o TC – devem gozar expressamente de garantias especiais segundo a Constituição, pelo que o legislador ordinário está constitucionalmente credenciado para limitar ou restringir os direitos patrimoniais dos demais credores para assegurar aquele desiderato (art. 59.º/3)».

É certo que a CRP não diz, nem quantas, nem quais as garantias de que deverão os salários ser dotados, mas diz, seguramente, que o legislador não pode abster-se de criar um *sistema de garantias especiais*, ou seja, um sistema de garantias adequadas ao crédito em causa, ou, como se pode ler no Ac. n.º 284/2007 do TC, «o legislador está vinculado pelo n.º 3 do art. 59.º da Constituição, a criar um regime de protecção especial dos salários dos trabalhadores».

Este é o compromisso constitucional do legislador com os rendimentos dos trabalhadores – o de lhes assegurar as *garantias comuns* à generalidade dos créditos não salariais, designadamente a do seu pagamento pontual, e as *garantias especiais* adequadas à eficaz protecção desta particular fonte de rendimentos. «A garantia especial dos salários a que se refere o artigo 59.º, n.º 3, acresce (sublinhado meu) à protecção geral fundada noutras normas constitucionais» (p. 1167).

---

[17] O acórdão em causa, o n.º 498/2003, foi publicado em *DR, II*, de 3.1.2004, vindo esta orientação a ser confirmada nos acórdãos 672/2004 e 257/2008.

172   *Estatuto Jurídico-Constitucional do Salário: Considerações a propósito ...*

9. Concretizações legislativas do direito constitucional à retribuição

A protecção de que a ordem jurídica portuguesa, à semelhança do que sucede com a generalidade das ordens jurídicas dos demais países europeus, dota os créditos salariais, é uma protecção marcadamente distinta, em muitos aspectos, do regime comum dos créditos não salariais[18], sendo as seguintes as principais notas características do regime do crédito salarial:

a) *É indisponível ou parcialmente indisponível* – o crédito salarial não pode ser cedido, a título gratuito ou oneroso, na medida em que seja impenhorável (art. 280.°)[19] e é irrenunciável (renúncia abdicativa) no sentido de que é ineficaz a declaração do trabalhador de que o perdoa ou de que se obriga a não o reclamar judicialmente;

b) *É parcialmente impenhorável* – como dispõe a al. *e*) do n.° 1 do art. 823.° do Código de Processo Civil, estão isentos de penhora dois terços das... soldadas, vencimentos e salários de quaisquer empregados ou trabalhadores[20];

c) Não pode ser objecto de compensações ou de descontos ou deduções (art. 279.°), salvo, com o limite previsto no n.° 3, os enunciados nas alíneas do n.° 2 do citado artigo[21];

---

[18] Em concordância com as diferenças relevantes entre estes créditos (os créditos laborais) e os créditos do Estado e da Segurança Social a que fazia referência o citado acórdão 2003 e, acrescente-se, os demais créditos, mesmo os créditos hipotecários, salvo os créditos alimentares.

[19] Cfr. *supra* nota 9.

[20] Pode ser apreendido até metade do montante das soldadas vencimentos ou salários quando a execução provenha de comedorias ou géneros fornecidos para alimentação do executado, do seu cônjuge ou de seus descendentes ou ascendentes. Nos restantes casos, a parte penhorável é fixada pelo juíz, segundo o seu prudente arbítrio e tendo em atenção as condições económicas do executado, entre um terço e um sexto (art. 823.°/4 do CPC).

[21] O n.° 1 não se aplica, como dispõe o n.° 2: (*i*) A desconto a favor do Estado, da segurança social ou de outra entidade, ordenados por lei, decisão judicial transitada em julgado ou auto de conciliação, quando o empregador tenha sido notificado da decisão ou do auto; (*ii*) A indemnização devida pelo trabalhador ao empregador, liquidada por decisão judicial transitada em julgado ou auto de conciliação; (*iii*) À sanção pecuniária a que se refere o art. 328.°/1-*c*; (*iv*) A amortização de capital ou pagamento de juros de empréstimo concedido pelo empregador ao trabalhador; (*v*) A preço de refeições no local de trabalho, de utilização de telefone, de fornecimento de géneros, de combustíveis ou materiais, quando

d) Não pode ser unilateralmente reduzido (art. 129.º/*d*);

e) Goza de um *privilégio creditório mobiliário geral* (art. 333.º/1) e de um privilégio imobiliário especial sobre bem imóvel do empregador em que o trabalhador preste a sua actividade (art. 333.º/1-b), sendo aquele graduado antes de crédito referido no n.º 1 do artigo 747.º do Código Civil (art. 333.º/2-a) e este antes do crédito referido no artigo 748.º do Código Civil e de crédito relativo a contribuições para a segurança social (art. 333.º/2-b);

f) Só prescreve decorrido um ano a partir do dia seguinte àquele em que cessar o contrato (art. 337.º/1) embora os créditos resultantes de indemnização por falta de férias, pela aplicação de sanções abusivas ou pela realização de trabalho suplementar vencidos há mais de cinco anos só possam ser provados por documento idóneo (art. 337.º/2);

g) Confere ao trabalhador o direito (acessório) à entrega, antes ou até ao pagamento, de um documento de que conste a identificação do empregador e o nome completo do trabalhador, o número de inscrição na segurança social, a categoria profissional, o período a que respeita a retribuição, com discriminação da retribuição e das demais prestações, os descontos e deduções efectuadas e o montante líquido a receber[22]. Trata-se de uma exigência sem paralelo no domínio das obrigações que se inscreve na preocupação de tutelar os créditos salariais e que assenta na presunção de que o trabalhador se não encontra, no momento em que recebe o salário

---

solicitados pelo trabalhador, ou outra despesa efectuada pelo empregador por conta do trabalhador com o acordo deste; (*vi*) A abono ou adiantamento por conta da retribuição.

Os descontos a que se refere o n.º 2, com excepção do mencionado na alínea a), não podem, porém, no seu conjunto, exceder um sexto da retribuição (art. 278.º/3).

[22] «Recibo da retribuição» era a epígrafe, enganosa, do art. 11.º do DL 491/85, de 26-11, que, nesta parte, substituiu o art. 94.º da LCT. A obrigação correspondente do empregador deixou de constar de artigo autónomo, esperando-se que não seja um expediente que facilite o seu esquecimento e eventual desaparecimento. Recibo de quitação é o documento que o credor o credor deverá entregar ao devedor no momento do pagamento da dívida correspondente. Diferentemente, no caso em análise, o documento a que se refere a citada norma do Código do Trabalho é um documento que o devedor (empregador) haverá de entregar ao credor (trabalhador) até à data do pagamento com as indicações referidas e observância dos requisitos enunciados. *Boletim de pagamento* (um pouco à francesa) é, talvez, a expressão mais correcta para designar o documento a que se refere o art. 267.º/3.

174 *Estatuto Jurídico-Constitucional do Salário: Considerações a propósito ...*

e, eventualmente, assina o recibo, em condições de conhecer os montantes dos seus créditos líquidos nem, porventura, em condições de reclamar o montante devido ou de recusar as importâncias oferecidas em pagamento (art. 276.º/3).

II. A redução dos salários como restrição ao direito à retribuição

10. A redução como medida de restrição

A Constituição reconhece (vd. *supra* n.º 6) o direito à retribuição como um direito fundamental de natureza análoga à dos direitos, liberdades e garantias, mas, como parece razoável e até inevitável, não quantifica o seu montante, função que cumprem as fontes tradicionais de determinação do salário, em particular a <u>lei</u>, a <u>convenção colectiva</u>, e o <u>contrato</u>. As normas das referidas fontes vigentes à data da entrada em vigor da Lei n.º 55-A/2010 eram, assim, normas de concretização do direito fundamental à retribuição dos trabalhadores por elas abrangidos, normas, por isso mesmo, de concretização do correspondente direito fundamental[23], normas, também por isso, dotadas do regime próprio das demais normas densificadoras de direitos constitucionalmente consagrados.

Assim, as normas posteriores que reduzam o grau de concretização, fixando, transitória ou definitivamente, um salário de montante inferior, são normas que afectam negativamente o direito fundamental em causa, podendo, consequentemente, ser identificadas como suas normas de restrição.

«Sempre que, como escreve Jorge Novais, o âmbito de protecção do direito social, tal como resultou da conformação realizada pelo legislador ordinário, resulta negativamente afectado por uma acção dos poderes públicos, não há qualquer dificuldade dogmática em identificar uma tal afectação como restrição ao direito fundamental»[24].

---

[23] Sobre concretização e densificação de normas como fase do processo à procura da norma de decisão, cfr. J. J. Gomes Canotilho, *Direito Constitucional e Teoria da Constituição*, 7.ª ed., Almedina, p. 1201 e 1221

[24] *Direitos Sociais, Teoria Jurídica dos Direitos Sociais enquanto Direitos Fundamentais*, W. Kluwer/C.ª Editora, 2010, p. 315. As fontes de determinação do montante salarial ou, em geral, de concretização dos direitos fundamentais não têm de ser fontes públicas, como sucederá, com alguma frequência, em relação aos direitos fundamentais laborais, em que a convenção colectiva tem vindo a desempenhar um papel decisivo.

Traduzindo-se, pois, a redução dos montantes salariais prevista no art. 19.º da Lei n.º 55-A/2010 numa restrição de um direito fundamental, no caso do direito fundamental à retribuição, resta apurar se as normas correspondentes são ou não susceptíveis de censura constitucional, ou seja, resta apurar se a medida em causa se encontra em rota de colisão com alguma norma ou princípio constitucional.

11. A redução e o art. 18.º

Como é entendimento generalizado, não estando constitucionalmente vedadas, as restrições de direitos fundamentais estão constitucionalmente condicionadas. Na verdade, a sua legitimidade está sujeita à verificação cumulativa de determinados pressupostos, designadamente aos «filtros» do art. 18.º e de outras normas que fazem parte do regime material dos direitos fundamentais e ainda a outros parâmetros constitucionais de que importa salientar os princípios da igualdade, da confiança e da autonomia colectiva.

As restrições estão, por via de regra, sujeitas às condições seguintes: (*i*) autorização constitucional expressa (ou implícita); (*ii*) finalidade de salvaguarda de outro direito ou interesse constitucionalmente protegido; (*iii*) necessidade e adequação da medida de restrição à salvaguarda do direito ou do interesse que se visa proteger; (*iv*) redução da medida restritiva ao estritamente necessário para alcançar o fim visado; (*v*) salvaguarda do núcleo essencial do direito afectado com a restrição.

A Constituição não proíbe, pois, mas condiciona todas as restrições à verificação de determinados pressupostos que sujeita a um apertado controlo, em particular aos resultantes do art. 18.º que têm a ver com a relação que se estabelece entre a medida de restrição e os direitos ou interesses que a mesma pretende salvaguardar. Trata-se, então, agora de saber se a relação que se estabelece entre, por um lado, a medida (no caso a medida do art. 19.º da Lei n.º 55-A/2010) que afecta o direito fundamental, concretamente o direito fundamental à retribuição, e, por outro lado, o fim ou fins visados com a restrição (o da redução do défice orçamental, quer pela via da redução das despesas do Estado, quer pela via do aumento das receitas, ou, dito de outra forma, o da resolução da crise orçamental) é adequada, necessária e proporcional.

Não se nos afigura suscitar dúvidas fundadas a adequação da medida proposta aos fins a alcançar. Afinal, a medida traduz-se numa redução da

176 *Estatuto Jurídico-Constitucional do Salário: Considerações a propósito ...*

despesa, traduzindo-se, consequentemente, numa contribuição idónea a alcançar os fins tidos em vista.

Mais dúvidas suscita o requisito da sua necessidade ou da sua indispensabilidade para se obter o resultado pretendido, já que, seguramente, o legislador tinha à sua disposição várias outras medidas susceptíveis de produzir idêntico resultado.

Isto mesmo o entendeu o Conselho Económico e Social (CES) que, no seu Parecer de 26 de outubro de 2010, depois de qualificar a redução dos vencimentos (…) como uma medida injusta, não deixou de salientar ser seu entendimento «que tal tipo de medidas só deve ser tomado quando estão esgotadas todas as alternativas, o que o CES considera não ser o caso, uma vez que se coloca uma grande parte do ónus da consolidação orçamental nesses funcionários»[25] (sublinhado meu). Não se compreende, na verdade, que o legislador não tenha procurado resolver o problema, designadamente, pela via dos impostos ou, pelo menos, através de medidas de idêntico sentido incidentes sobre as demais categorias de rendimentos, distribuindo por todos o esforço adicional a que sujeita os rendimentos do trabalho. A solução da Lei 55-A/2010 é tanto mais estranha quanto é certo serem, sem sombra de dúvidas, os rendimentos do trabalho os que maior preocupação suscitam à CRP e nela encontram uma mais densa e intensa protecção (cfr. *supra* n.º 3).

Já o requisito da proporcionalidade *stricto sensu*, um dos testes contemplados no art. 18.º, parece ser pouco relevante para o caso em análise. Traduzindo-se num critério de «racionalidade e de justa medida», a avaliação do expediente da redução dos rendimentos do trabalho fica em boa parte prejudicada, quer pela injustiça que comporta, quer pela sua reprovação no teste da necessidade. Na verdade, não sendo indispensável, por dispor o legislador de outras vias igualmente adequadas, desde logo a dos impostos, será também, até por maioria de razão, igualmente desproporcionada, por ir além do exigível a esta particular categoria de cidadãos para se alcançar o resultado almejado.

---

[25] Conselho Económico e Social, Parecer aprovado a 26 de Outubro de 2010 sobre a Proposta de Lei de Orçamento do Estado para 2011, de que foi relator o Conselheiro João Ferreira do Amaral.

12. A redução das remunerações e o princípio da igualdade

O art. 18.º não esgota, porém, o regime dos direitos fundamentais, nem mesmo na sua vertente material, sendo necessário confrontar a medida em causa com outros parâmetros ou princípios constitucionais, em particular com o princípio da igualdade, sendo, por isso, conveniente, antes de mais, centrar a questão partindo daquilo que, a este propósito, parece consensual: a Lei n.º 55-A/2010 afeta, direta e/ou indiretamente, todas e cada uma das diferentes categorias de rendimento: os rendimentos do trabalho (categorias A e B), os rendimentos comerciais e industriais (categoria C), os rendimentos agrícolas (categoria D), os rendimentos de capitais (categoria E), os rendimentos prediais (categoria G), as pensões (categoria H) e os rendimentos de jogos de azar legalmente permitidos (categoria I). Sucede, porém, que a mesma lei afeta de um modo especial uma particular categoria de rendimentos sobre eles fazendo incidir uma medida sem paralelo em nenhuma das outras categorias, reduzindo, pura e simplesmente, o montante das respetivas remunerações globais ilíquidas mensais[26]. Quer dizer, a lei isola uma determinada categoria de rendimentos para a afetar negativamente, assim onerando os seus titulares com uma desvantagem de que os titulares dos demais rendimentos ficam exonerados.

É natural que uma tal medida cause alguma estranheza, acabando por suscitar o problema de saber se não violará o princípio da igualdade consagrado no art. 13.º da CRP, já que se afigura suspeita de, sem fundamento, onerar especialmente uma só categoria de rendimentos, a única, ainda por cima, a que a CRP dispensa, como atrás se viu, uma protecção especial.

---

[26] A lei deixa dúvidas sobre a natureza da medida: será uma medida de natureza laboral, uma medida que reduz a despesa das entidades devedoras das prestações objecto da redução e que reduz, em quantias correspondentes, os rendimentos dos respectivos credores (uma transferência de rendimentos do credor para o devedor)? Será, diferentemente, uma medida de natureza fiscal, mantendo inalterados os montantes praticados à data da sua entrada em vigor, não reduzindo, pois, a despesa das entidades devedoras, mas sujeitando-os a uma nova dedução de que é directo beneficiário o Estado que assim vê aumentada a sua receita? Como não será difícil admitir, a diferente natureza da medida projecta-se em termos muito distintos na posição jurídica dos vários sujeitos afectados, designadamente em matéria de segurança social (subsídio de desemprego, subsídio de doença, proteção na parentalidade, etc.), já que alterando-se no primeiro caso, mas não no segundo, a base de cálculo de eventuais prestações futuras também se alterarão ou não as próprias prestações.

178   *Estatuto Jurídico-Constitucional do Salário: Considerações a propósito ...*

Na verdade, tendo o legislador português preferido o modelo da tributação cedular ou modelo analítico em prejuízo do chamado modelo sintético (imposto estruturado com base na previsão global dos rendimentos tributáveis), e supondo, como será de admitir, que os orçamentos anteriores respeitavam o princípio da igualdade (igualdade tributária entre as diferentes categorias de rendimentos, ou seja, entre as diferentes categorias de contribuintes), como compatibilizar este ónus orçamental excepcional dos rendimentos do trabalho com o princípio da igualdade? Haverá fundamento objectivo bastante capaz de justificar este especial sacrifício dos titulares desta categoria de rendimentos? Ainda que, por certo com razão, se invoque o interesse geral de redução do défice orçamental, *o que é que pode justificar a alteração do anterior equilíbrio na distribuição da contribuição das várias categorias de rendimentos ou de contribuintes, sujeitando uma delas a um esforço suplementar?*[27]

No caso em apreço o legislador optou pela menor consideração dos rendimentos do trabalho, deixando de fora de medida de idêntico sentido (excepcional e até exclusivo) todos os demais rendimentos: juros, lucros, rendas ... como se só os rendimentos do trabalho pudessem ser objecto

---

[27] Na óptica da igualdade orçamental, a comparação referida no texto não é a única possível, podendo estabelecer-se várias outras comparações com base em diferentes critérios. A comparação poderia também estabelecer-se entre o tratamento dispensado aos rendimentos do trabalho de que é devedor uma entidade pública resultantes do cumprimento de um contrato de trabalho com outros rendimentos de que as mesmas entidades são devedoras em cumprimento de contratos de diferente natureza: contratos de locação de móveis ou de imóveis, contratos de aquisição de serviços, contratos de *leasing*, contratos de empreitada, de parceria público privada, etc. Com efeito, numa óptica de redução da despesa pública, o que é que justifica o sacrifício dos rendimentos do trabalho devidos pelas entidades públicas relativamente aos demais rendimentos por elas devidos? Não têm todos como sua fonte um contrato ou mecanismo equivalente? Não são todos eles contrapartida de algo que o credor colocou à disposição do devedor? A diferença residirá na natureza daquilo que cada credor disponibiliza – a energia laboral, num caso, a propriedade ou o capital ou os serviços (...) em outros casos? Ou será que a alteração de circunstâncias se projecta de modo distinto em cada um destes contratos de troca?

Dir-se-á que, resultando os demais rendimentos de contratos livre e validamente celebrados, ficaria o Estado, como qualquer outro credor, impedido de os reduzir unilateralmente (*pacta sunt servanda*), o que, acrescente-se, pode ser justo. Mas então que *ideologia subliminar* leva a excluir de uma tal lógica os rendimentos do trabalho, também eles resultantes de um contrato, no caso o de trabalho? A natureza, laboral ou orçamental, da medida não é, a meu ver, decisiva para efeitos de apurar se respeita ou não quer o princípio da igualdade quer o princípio da protecção da confiança.

de medidas específicas ou exclusivas desta natureza ou como se sobre os seus titulares recaísse algum ónus especial de resposta a eventuais situações de excepção.

Como seria desnecessário salientar, o problema jurídico-constitucional não reside, neste caso, na falta de fundamento das medidas. Compreende-se que a situação de excepção do défice orçamental justifique uma oneração excepcional, conjuntural, transitória, das diferentes categorias de rendimentos. O problema reside na desigual distribuição dos sacrifícios sem que para tanto se vislumbre fundamento objectivo razoável. O problema não reside, pois, repete-se, na falta de justificação das medidas de agravamento dos encargos da generalidade dos membros da colectividade que delas espera beneficiar; *o problema reside no desigual sacrifício solicitado ou imposto aos titulares das várias categorias de rendimentos e na arbitrariedade da escolha da categoria sujeita a um esforço contributivo especial e suplementar, como se sobre eles recaísse alguma responsabilidade especial.*

O princípio da igualdade proíbe, como repetidamente tem sido afirmado pela doutrina e pela jurisprudência, medidas que estabeleçam distinções discricionárias, ou seja, diferenças de tratamento materialmente não fundadas ou sem fundamento razoável, objectivo e racional (Ac. do TC, 409/99), diferenças que tanto se podem traduzir na atribuição de uma vantagem como na imposição de uma desvantagem a determinada categoria social, sendo então importante apurar, uma vez que a igualdade é, por definição, um problema relacional, se, no caso concreto, a atribuição da vantagem ou a imposição da desvantagem à categoria social em causa tem ou não fundamento bastante, isto é, se há fundamento que sustente a justiça do esforço suplementar imposto aos destinatários da medida do art. 19.º da Lei n.º 55-A/2010.

É essa a questão que nos merece uma resposta negativa, sendo, por isso mesmo, a norma do citado art. 19.º susceptível de censura constitucional por violação do princípio da igualdade consagrado no art. 13.º da Constituição.

ANEXO

«CAPÍTULO III
Disposições relativas a trabalhadores do sector público

SECÇÃO I
Disposições remuneratórias

ARTIGO 19.º
Redução remuneratória

1 – A 1 de Janeiro de 2011 são reduzidas as remunerações totais ilíquidas mensais das pessoas a que se refere o n.º 9, de valor superior a € 1500, quer estejam em exercício de funções naquela data, quer iniciem tal exercício, a qualquer título, depois dela, nos seguintes termos:

a) 3,5% sobre o valor total das remunerações superiores a € 1500 e inferiores a € 2000;

b) 3,5% sobre o valor de € 2000 acrescido de 16% sobre o valor da remuneração total que exceda os € 2000, perfazendo uma taxa global que varia entre 3,5% e 10%, no caso das remunerações iguais ou superiores a € 2000 até € 4165;

c) 10% sobre o valor total das remunerações superiores a € 4165.

2 – Excepto se a remuneração total ilíquida agregada mensal percebida pelo trabalhador for inferior ou igual a € 4165, caso em que se aplica o disposto no número anterior, são reduzidas em 10% as diversas remunerações, gratificações ou outras prestações pecuniárias nos seguintes casos:

a) Pessoas sem relação jurídica de emprego com qualquer das entidades referidas no n.º 9, nestas a exercer funções a qualquer outro título, excluindo -se as aquisições de serviços previstas no artigo 22.º;

b) Pessoas referidas no n.º 9 a exercer funções em mais de uma das entidades mencionadas naquele número.

3 – As pessoas referidas no número anterior prestam, em cada mês e relativamente ao mês anterior, as informações necessárias para que os órgãos e serviços processadores das remunerações, gratificações ou outras prestações pecuniárias possam apurar a taxa de redução aplicável.

4 – Para efeitos do disposto no presente artigo:

a) Consideram-se remunerações totais ilíquidas mensais as que resultam do valor agregado de todas as prestações pecuniárias, designadamente, remuneração base, subsídios, suplementos remuneratórios, incluindo emolumentos, gratificações, subvenções, senhas de presença, abonos, despesas de representação e trabalho suplementar, extraordinário ou em dias de descanso e feriados;

b) Não são considerados os montantes abonados a título de subsídio de refeição, ajuda de custo, subsídio de transporte ou o reembolso de despesas efectuado nos termos da lei e os montantes pecuniários que tenham natureza de prestação social;

c) Na determinação da taxa de redução, os subsídios de férias e de Natal são considerados mensalidades autónomas;

d) Os descontos devidos são calculados sobre o valor pecuniário reduzido por aplicação do disposto nos n.ºs 1 e 2.

5 – Nos casos em que da aplicação do disposto no presente artigo resulte uma remuneração total ilíquida inferior a € 1500, aplica-se apenas a redução necessária a assegurar a percepção daquele valor.

6 – Nos casos em que apenas parte da remuneração a que se referem os n.ºs 1 e 2 é sujeita a desconto para a CGA, I. ou para a segurança social, esse desconto incide sobre o valor que resultaria da aplicação da taxa de redução prevista no n.º 1 às prestações pecuniárias objecto daquele desconto.

7 – Quando os suplementos remuneratórios ou outras prestações pecuniárias forem fixados em percentagem da remuneração base, a redução prevista nos n.ºs 1 e 2 incide sobre o valor dos mesmos, calculado por referência ao valor da remuneração base antes da aplicação da redução.

8 – A redução remuneratória prevista no presente artigo tem por base a remuneração total ilíquida apurada após a aplicação das reduções previstas nos artigos 11.º e 12.º da Lei n.º 12-A/2010, de 30 de Junho, e na Lei n.º 47/2010, de 7 de Setembro, para os universos neles referidos.

9 – O disposto no presente artigo é aplicável aos titulares dos cargos e demais pessoal de seguida identificado:

a) O Presidente da República;

b) O Presidente da Assembleia da República;

c) O Primeiro-Ministro;

d) Os Deputados à Assembleia da República;

e) Os membros do Governo;

f) Os juízes do Tribunal Constitucional e juízes do Tribunal de Contas, o Procurador -Geral da República, bem como os magistrados judiciais, magistrados do Ministério Público e juízes da jurisdição administrativa e fiscal e dos julgados de paz;

g) Os Representantes da República para as regiões autónomas;

182 *Estatuto Jurídico-Constitucional do Salário: Considerações a propósito ...*

h) Os deputados às Assembleias Legislativas das regiões autónomas;
i) Os membros dos governos regionais;
j) Os governadores e vice -governadores civis;
l) Os eleitos locais;
m) Os titulares dos demais órgãos constitucionais não referidos nas alíneas anteriores, bem como os membros dos órgãos dirigentes de entidades administrativas independentes, nomeadamente as que funcionam junto da Assembleia da República;
n) Os membros e os trabalhadores dos gabinetes, dos órgãos de gestão e de gabinetes de apoio, dos titulares dos cargos e órgãos das alíneas anteriores, do Presidente e Vice-Presidente do Conselho Superior da Magistratura, do Presidente e Vice-Presidente do Conselho Superior dos Tribunais Administrativos e Fiscais, do Presidente do Supremo Tribunal de Justiça, do Presidente e juízes do Tribunal Constitucional, do Presidente do Supremo Tribunal Administrativo, do Presidente do Tribunal de Contas, do Provedor de Justiça e do Procurador-Geral da República;
o) Os militares das Forças Armadas e da Guarda Nacional Republicana, incluindo os juízes militares e os militares que integram a assessoria militar ao Ministério Público, bem como outras forças militarizadas;
p) O pessoal dirigente dos serviços da Presidência da República e da Assembleia da República, e de outros serviços de apoio a órgãos constitucionais, dos demais serviços e organismos da administração central, regional e local do Estado, bem como o pessoal em exercício de funções equiparadas para efeitos remuneratórios;
q) Os gestores públicos, ou equiparados, os membros dos órgãos executivos, deliberativos, consultivos, de fiscalização ou quaisquer outros órgãos estatutários dos institutos públicos de regime geral e especial, de pessoas colectivas de direito público dotadas de independência decorrente da sua integração nas áreas de regulação, supervisão ou controlo, das empresas públicas de capital exclusiva ou maioritariamente público, das entidades públicas empresariais e das entidades que integram o sector empresarial regional e municipal, das fundações públicas e de quaisquer outras entidades públicas;
r) Os trabalhadores que exercem funções públicas na Presidência da República, na Assembleia da República, em outros órgãos constitucionais, bem como os que exercem funções públicas, em qualquer modalidade de relação jurídica de emprego público, nos termos do disposto nos n.ºs 1 e 2 do artigo 2.º e nos n.ºs 1, 2 e 4 do artigo 3.º da Lei n.º 12 -A/2008, de

27 de Fevereiro, alterada pelas Leis n.os 64-A/2008, de 31 de Dezembro, e 3 -B/2010, de 28 de Abril, incluindo os trabalhadores em mobilidade especial e em licença extraordinária;

s) Os trabalhadores dos institutos públicos de regime especial e de pessoas colectivas de direito público dotadas de independência decorrente da sua integração nas áreas de regulação, supervisão ou controlo;

t) Os trabalhadores das empresas públicas de capital exclusiva ou maioritariamente público, das entidades públicas empresariais e das entidades que integram o sector empresarial regional e municipal, com as adaptações autorizadas e justificadas pela sua natureza empresarial;

u) Os trabalhadores e dirigentes das fundações públicas e dos estabelecimentos públicos não abrangidos pelas alíneas anteriores;

v) O pessoal nas situações de reserva, pré-aposentação e disponibilidade, fora de efectividade de serviço, que beneficie de prestações pecuniárias indexadas aos vencimentos do pessoal no activo.

10 – Aos subscritores da Caixa Geral de Aposentações que, até 31 de Dezembro de 2010, reúnam as condições para a aposentação ou reforma voluntária e em relação aos quais, de acordo com o regime de aposentação que lhes é aplicável, o cálculo da pensão seja efectuado com base na remuneração do cargo à data da aposentação, não lhes é aplicável, para efeito de cálculo da pensão, a redução prevista no presente artigo, considerando-se, para esse efeito, a remuneração do cargo vigente em 31 de Dezembro de 2010, independentemente do momento em que se apresentem a requerer a aposentação.

11 – O regime fixado no presente artigo tem natureza imperativa, prevalecendo sobre quaisquer outras normas, especiais ou excepcionais, em contrário e sobre instrumentos de regulamentação colectiva de trabalho e contratos de trabalho, não podendo ser afastado ou modificado pelos mesmos.

MEMORANDO DA "TROIKA"
E SETOR PÚBLICO EMPRESARIAL*

J.M. Coutinho de Abreu

O que manda o Memorando para o SPE? Em síntese: redução de custos e aumento de receitas; inclusão do SPE na Administração Pública nos orçamentos de Estado; elaboração de relatório sobre a situação financeira do SPE, não podendo ser criadas novas empresas públicas até essa avaliação; elaboração de plano para "reforçar a governação" no SPE; apresentação, pelo Governo, de proposta de lei à Assembleia da República para regulamentar criação e funcionamento das empresas públicas; privatização de empresas e participações sociais públicas.

Encaremos alguns pontos que mais interessarão aos juristas.

1. Começando pelo princípio: *criação de empresas públicas*.

Depois da Revolução de Abril, entre 1974 e 1976, muitas empresas públicas foram criadas por via de nacionalizações. Muitas delas situavam-se em "setores básicos" da economia (banca, seguros, petroquímica, siderurgia, cimentos, celuloses, transportes, etc.); e eram, ou possuíam aptidão para serem lucrativas.

À febre das nacionalizações de 70 sucedeu a febre das privatizações de 80 e, sobretudo, 90.

Em aparente contradição com o movimento privatizador e anti-EP, assistimos nas duas últimas décadas à constituição de numerosas empresas públicas societárias (sociedades anónimas) e, principalmente nos últimos

---

* Ao texto apresentado no Congresso foram acrescentadas nótulas de atualização, motivadas pelo DL 8/2012, de 18 de janeiro, que alterou o EGP (DL 71/2007, de 27 de março).

anos, entidades públicas empresariais (EPE). A que se juntaram centenas de empresas municipais e regionais.

Contudo, estas novas empresas públicas apresentam sinais curiosos. Olhando para o que agora mais interessa: muitas delas *não têm escopo lucrativo* (p. ex., nos sectores da cultura, da requalificação urbana – sociedades "Polis" –, da saúde – 41 EPE! –, de transportes).

Ora, a legislação actual não exige que todas as EP tenham finalidade lucrativa. Embora prescreva como regra tal finalidade ou, ao menos, a procura de equilíbrio entre custos e receitas de produção.

Deve continuar a permitir-se que a regra se transforme em excepção? A transformação de institutos públicos não empresariais em empresas públicas? A criação de empresas públicas com funções perfeita e mais economicamente desempenháveis por serviços municipais? A criação de empresa públicas "gastadoras", isto é, financiadas sobretudo pelo orçamento de estado? A pseudo-justificação de que "novos modelos de gestão" ou a "racionalidade económica" são apenas possíveis em formato empresarial?

A menos que se queira manter em reserva, para utilizar sempre que pareça oportuno, a velha bandeira de uma campanha sempre eficaz: o SPE tem milhões de prejuízos, o SPE é ineficiente, o Estado não sabe gerir, etc.

2. Em geral, são *anónimas* as sociedades-empresas públicas estaduais e regionais. Encontram-se algumas também no setor empresarial local. Por outro lado, tanto nas EPE como nas EEL (entidades empresariais locais) os *órgãos de administração e de fiscalização* correspondem aos das sociedades anónimas (art. 27.º, 1, do RSEE – DL 558/99, de 17 de Dezembro –, art. 38.º, 1, do RSEL – L 53-F/2006, de 29 de Dezembro).

Depois da reforma de 2006, o CSC admite nada menos que três tipos de estruturação orgânica para a administração e fiscalização das sociedades anónimas: (*a*) sistema tradicional (conselho de administração / conselho fiscal ou fiscal único); (*b*) sistema de tipo germânico ou dualístico (conselho de administração executivo/conselho geral e de supervisão); (*c*) sistema monístico (conselho de administração, compreendendo comissão de auditoria).

Não se bastando com todas estas opções do CSC, o legislador aditou em 2007 sete artigos sobre "estruturas de gestão" no RSEE. Acrescentando *complexidade e prolixidade*. Dá-se preferência a conselhos de administração com administradores executivos e não executivos, "sendo estes em número superior ao daqueles", e a órgãos de fiscalização plurais (designadamente comissão de auditoria conselho geral e de supervisão).

Ora, as "boas práticas de governo" das EP (evocadas também pelo DL 300/2007, de 23 de Agosto) exigiriam, e exigem, redução da complexidade e de custos financeiros.

Não será aconselhável alargar a possibilidade de algumas empresas públicas terem somente um administrador? Porque há de o número dos administradores não executivos ser superior ao dos executivos? Porquê engordar os órgãos de fiscalização, quando é certo que as empresas públicas estão sujeitas ao controlo de autoridades públicas várias (ministros, Inspeção-Geral de Finanças, Tribunal de Contas)? Porque revogou o citado DL de 2007 o DL 26-A/96, de 27 de Março, que havia acabado com o conselho fiscal nas sociedades de capitais públicos, substituindo-o por ROC fiscal único? As clientelas partidárias insaciáveis têm de ser saciadas?

Ainda a propósito de órgãos: nas sociedades unipessoais de capitais públicos, a assembleia geral é em grande medida "paródia de assembleia". Porquê, então, fartas mesas de assembleia? Aprecie-se esta pérola do RSE Madeira (DLR 13/2010/M, de 15 de Agosto, art. 24.º): "A mesa da assembleia geral das empresas públicas regionais deve ser composta por um presidente e um ou mais vogais e por um secretário".

3. Os *gestores públicos* – as pessoas humanas membros de órgão de administração de empresa pública – são *designados*, no fundamental, por nomeação ou por eleição (cfr. art. 13.º do EGP – DL 71/2007, de 27 de Março). A nomeação, prevista principalmente para as empresas não societárias, é feita pelos órgãos de governo das entidades públicas respectivas. Mas também a eleição ("feita nos termos da lei comercial": art. 13.º, 4, do EGP[1]) acaba por ser, mormente nas sociedades cujo sócio único seja o Estado, região autónoma ou autarquia local, nomeação por aqueles órgãos.

As pessoas nomeadas ou eleitas devem ter, no dizer do art. 12.º do EGP, "comprovadas idoneidade, capacidade e experiência de gestão, bem

---

[1] O n.º 4 do art. 13.º passou a n.º 6.

188 *Memorando da «Troika» e Sector Público Empresarial*

como sentido de interesse público"[2]. Não obstante, é sabido que nem sempre (longe disso) estes requisitos são observados.

Não será tempo de alterar os procedimentos de escolha dos gestores públicos, a fim de minorar nepotismos e oportunismos? Instituindo, inclusive, uma base de dados de candidatos qualificados por procedimento concursal supervisionada por comissão independente? (Apontam nesta direcção as "Directrizes da OCDE sobre governança corporativa para empresas de controlo estatal", de 2005).[3]

4. Os gestores públicos podem ser *destituídos* com justa causa ou "por mera conveniência" (arts. 24.º-26.º do EGP).

Não seria salutar permitir a destituição somente com justa causa? Promovendo a independência dos gestores, contrariando as meras conveniências político-partidárias, evitando as indemnizações que a prática tem revelado tão pródigas?

Menos aceitável – inclusive por contrariar a regra, que se vem consolidando, de a destituição dos membros dos órgãos de fiscalização só poder ser feita com justa causa – é a possibilidade, prevista no art. 26.º, 1, do EGP, de os membros do conselho geral e de supervisão serem destituídos "por mera conveniência".

5. A *remuneração* dos gestores públicos executivos pode ser certa ou fixa, ou em parte certa e noutra parte variável (art. 28.º, 1, do EGP).[4] Os gestores públicos não executivos têm só remuneração fixa (art. 29.º).

A parte fixa da remuneração compreende uma importância em dinheiro.[5] A parte variável corresponde a um prémio (dinheiro, normalmente) cuja atribuição depende da efectiva concretização de objectivos previamente determinados (art. 28.º, 8).[6]

---

[2] V. agora o (pouco diferente) n.º 1 do art. 12.º.

[3] V. agora os n.ºs 2 e 3 do art. 12.º (que não se aproximam do sugerido em texto).

[4] O art. 28.º foi alterado. Mas mantem-se a possibilidade de a remuneração compreender, além de uma parte certa, uma parte variável.

[5] Interessa registar os dois primeiros n.ºs do (atual) art. 28.º: "1 – A remuneração dos gestores públicos integra um vencimento mensal que não pode ultrapassar o vencimento mensal do Primeiro-Ministro./ 2 – A remuneração dos gestores públicos integra ainda um abono mensal, pago 12 vezes ao ano, para despesas de representação no valor de 40% do respetivo vencimento." Grande "representação" para grandes "despesas"!

[6] V. agora o art. 30.º, 1, b), 2, 3 e 4.

Mas são habituais, e muitas vezes demasiadas, as prestações acessórias. Por exemplo, utilização de viatura automóvel da empresa para fins profissionais e privados, seguros vários cujos prémios são pagos pela empresa, utilização de telefones móveis. A que podem acrescer "benefícios sociais conferidos aos trabalhadores da empresa" (muitas vezes conferidos pela administração...) – art. 34.º, 1.[7]

As diversidades remuneratórias são potenciadas pela variedade de entidades competentes para as fixar. No sector empresarial do estado, as remunerações são fixadas «por deliberação em assembleia geral» (ou por decisão do sócio único...), nas empresas públicas societárias, e por despacho ministerial, nas EPE (art. 28.º, 2). Em vez disto, a competência para a fixação pode ser atribuída a uma comissão de remunerações designada pela assembleia geral, o sócio único ou o conselho geral e de supervisão, ou, no caso das EPE, por despacho ministerial (art. 28.º,4). É ainda possível constituir, por despacho ministerial, comissão para fixar as remunerações dos gestores de várias empresas públicas integrando um mesmo sector de actividade (art. 28.º, 6). Contudo, quando sejam celebrados «contratos de gestão», as remunerações devem ser reguladas aí (art. 30.º).[8]

Não se imporá reduzir complexidades, eliminando e explicitando prestações acessórias (aponta neste sentido o Memorando), bem como, em prol da coerência global, centralizar competências para a fixação das remunerações?[9]

Mas um aspecto positivo neste campo deve ser relevado. A divulgação das remunerações de cada administrador das sociedades anónimas tem sido tema muito discutido nos últimos anos. Para promover (maior) informação dos accionistas, transparência e publicidade crítica, leis recentes de alguns países impõem e muitos códigos de *corporate governance* recomendam tal divulgação. Recentemente, também a L 28/2009, de 19 de Junho, impôs a divulgação anual das remunerações auferidas por todos e cada um dos membros dos órgãos de administração e de fiscalização das sociedades «de

---

[7] O legislador de 2012 limitou em alguma medida a panóplia das prestações acessórias (v. arts. 30.º, 32.º, 33.º, 34.º).

[8] Os arts. 28.º e 30.º foram alterados. Nota-se alguma diminuição na variedade das entidades competentes para fixar as remunerações e o aumento na coordenação.

[9] V. as duas nótulas anteriores.

interesse público» (sociedades cotadas, sociedades financeiras, seguradoras, gestoras de fundos de capital de risco e de fundos de pensões, etc.).

Os imperativos de transparência e publicidade crítica são ainda maiores em relação às empresas públicas. Pois bem, já desde 2007, o RSEE (alterado pelo DL 300/2007) manda que os relatórios anuais das empresas contenham o montante das remunerações de cada administrador (art. 13.º--A, l)); e esta informação constará também em aviso a publicar na 2.ª série do Diário da República (art.13.º-B, 1, *g*)).

6. A *responsabilização de gestores* pela prática de actos ilícitos reforça, evidentemente a boa governação empresarial.

No entanto, o EGP dedica apenas um seco artigo à "responsabilidade". Diz assim o art. 23.º: "Os gestores públicos são penal, civil e financeiramente responsáveis pelos actos e omissões praticados durante a sua gestão, nos termos da lei".

Também por isto, será de admirar a notável raridade de casos judiciais de responsabilização dos gestores públicos?

7. O Memorando propugna a aceleração das *privatizações*. Sem carácter limitativo, menciona Aeroportos de Portugal, TAP, CP Carga, GALP, EDP (estas duas já não são EP, mas há ainda participações públicas nelas), REN, CTT, Caixa Seguros. E o Governo, de passos maiores que as pernas, apressou-se a aditar à lista outras empresas públicas.

Para acabar de vez, e a preços de saldos, com as empresas públicas lucrativas? Para alienar centros de decisão nacionais importantes? Para engavetar o princípio "fundamental" da "subordinação do poder económico ao poder político democrático"? Para hastear a bandeira da política de curto prazo, do "curto-prazismo" tão criticado na governação empresarial?

Em suma, no que mais interessaria desenvolver, o Memorando é muitas vezes vago e telegráfico; e é especificador em matérias em que talvez não devesse meter-se.

Por isso deixei aqui algumas interrogações e sugestões.

REPERCUSSÕES QUE OS MEMORANDOS DA TROIKA TERÃO NO CÓDIGO DA INSOLVÊNCIA[*]

Alexandre Soveral Martins

1. O(s) Memorando(s)

O MoU (Memorando de entendimento sobre as condicionalidades de política económica) e o MPEF (Memorando de Políticas Económicas e Financeiras) pouco dizem sobre as eventuais alterações ao regime da insolvência.

Estava desde logo prevista a alteração do Código da Insolvência até ao fim de Novembro de 2011. Entretanto, pelos aditamentos aos Memorandos esse prazo foi alargado para Dezembro de 2011.

Em ambos os Memorandos é dada especial atenção a matérias relacionadas com aquilo que é designado genericamente por reestruturação.

As alterações a introduzir devem nomeadamente visar «uma maior rapidez nos procedimentos judiciais de aprovação de planos de reestruturação».

Estava prevista a adopção de «princípios gerais de reestruturação voluntária extra-judicial em conformidade com boas práticas internacionais» (até Setembro de 2011). Esses princípios constam já de uma Resolução do Conselho de Ministros publicada em 25 de Outubro.

Surgiu referida a necessidade de tomar medidas que autorizem «a administração fiscal e a segurança social a utilizar uma maior variedade de instrumentos de reestruturação baseados em critérios claramente definidos» desde que «outros credores também aceitem a reestruturação dos seus créditos», devendo ser revista a lei tributária[1].

---

[*] Este texto ficou concluído em 19 de Dezembro de 2011.

[1] Nos termos do art. 30.º, 2, da LGT «o crédito tributário é indisponível, só podendo fixar-se condições para a sua redução ou extinção com respeito pelo princípio da igualdade

Quanto às pessoas singulares, aparece mencionada a necessidade de «melhor apoiar a reabilitação» das mesmas.

No Memorando é assim dada especial atenção a questões relacionadas com a dita reestruturação. O que não deixa de ser curioso, tendo em conta que ao nosso CIRE é por vezes apontado como aspeto negativo o facto de dar primazia à liquidação e não à recuperação[2].

Mas a verdade é que tem sido dito por muitas vozes autorizadas que pelo menos as instituições financeiras credoras acabam em regra por ter melhores resultados se for possível uma recuperação apoiada e ordenada do que através da pura e simples insolvência.

Alargar as vias para se alcançar uma reestruturação com a colaboração dos vários credores revela-se de grande importância. Quando o devedor começa a enfrentar dificuldades e procura soluções individualmente negociadas com um ou outro credor, tem que ser ponderado o risco da posterior declaração de insolvência e de resolução em benefício da massa insolvente. E o resultado dessa ponderação pode ser a inexistência de acordo.

É por essas questões que dizem respeito à recuperação que vamos começar.

Sendo certo que muito do que diremos parte de textos que a Direcção Geral de Política da Justiça elaborou em Setembro. Há por isso o risco de algumas das nossas observações já estarem desatualizadas. Por outro lado, como veremos, uma parte considerável das alterações em estudo não diz propriamente respeito ao Código da Insolvência[3].

---

e da legalidade tributária». O n.º 3, aditado pela Lei do OGE para 2011, acrescenta que o disposto no n.º 2 prevalece sobre qualquer legislação especial. E o art. 125.º da Lei até dispõe que o n.º 3 é aplicável aos processos de insolvência pendentes e que não tenham sido objeto de homologação (sem prejuízo da prevalência dos privilégios creditórios dos trabalhadores previstos no CT sobre quaisquer outros créditos). No site do IAPMEI (consulta em Outubro de 2011) constam informações sobre o que é exigido para que os credores públicos negoceiem um acordo PEC.

[2] Depois de proferida a conferência que se apoiou no presente texto, surgiu o «Anteprojeto de diploma que altera o Código da Insolvência e da Recuperação de Empresas» (o «Anteprojeto»). Nesse texto, surge dito no n.º 1 do art. 1.º que «o processo de insolvência é um processo de execução universal que tem como finalidade a satisfação dos credores pela forma prevista num plano de insolvência, baseado, nomeadamente, na recuperação da empresa compreendida na massa insolvente, ou, **quando tal não se afigure possível**, na liquidação do património do devedor insolvente e a repartição do produto obtido pelos credores» (negrito nosso). Trata-se de uma alteração digna de realce.

[3] Veja-se, porém, o «Anteprojeto», no qual surge integrado o «procedimento especial de revitalização» (que nada tem que ver com intervenções dentárias).

2. Reestruturação do devedor

2.1. «Procedimento judicial de aprovação de planos de reestruturação negociados entre credores e devedor fora dos tribunais»

Está a ser analisada a criação de um procedimento judicial de aprovação de planos de reestruturação negociados entre credores e devedor fora dos tribunais.

Estes planos podem abranger devedores «em situação económica difícil» que tenham «capacidade de recuperação e de exercício regular da atividade económica a que se dedicam».

Um primeiro aspeto importante a sublinhar é precisamente o de que não parece, à primeira vista, que o procedimento dependa de uma situação de insolvência tal como caracterizada no CIRE[4].

O procedimento pressupõe a existência de um acordo extra-judicial entre o devedor e uma percentagem significativa de credores para a recuperação económica daquele. Na proposta divulgada em Setembro, seria necessário que o acordo abrangesse «credores que representassem pelo menos 50% dos créditos devidos»[5].

O devedor com dificuldades económicas que pode recorrer ao procedimento deve estar em condições de ser recuperado (com financiamento ou com medidas que incidam sobre o passivo)[6].

---

[4] No art. 1.º, 2, do «Anteprojeto» o que consta é o seguinte: «Estando o devedor em situação económica difícil, ou em situação de insolvência meramente iminente, este pode, antes de se apresentar à insolvência, requerer ao tribunal a instauração de processo especial de revitalização, de acordo com o previsto nos artigos 17.º-A a 17.º-I».

[5] O «Anteprojeto» prevê no seu art. 17.º-C a possibilidade de se iniciar o procedimento de «revitalização» «pela manifestação da vontade do devedor e de, pelo menos, um dos seus credores, por meio de declaração escrita, em encetarem negociações conducentes à revitalização daquele por meio da aprovação de um plano de recuperação».

[6] Texto já divulgado em Setembro: «Artigo X.º. Procedimento especial de homologação de acordo de recuperação de devedor em situação económica difícil. 1 – Existindo aprovação de acordo para recuperação de devedor em situação económica difícil, assinado pelo devedor e por credores que representem pelo menos 50% dos créditos devidos, o devedor remete o acordo obtido ao tribunal competente para conhecer da sua insolvência. 2 – Recebido o acordo, o juiz procede, no prazo de [...] dias, à convocação de uma assembleia de credores, a realizar entre [...] dias e [...] dias a contar do inicio do procedimento, para discussão e apreciação do acordo referido no número anterior, aplicando-se, com as necessárias adaptações, o disposto nos artigos 209.º e seguintes do Código da Insolvência

194 *Repercussões que os Memorandos da Troika terão no Código da Insolvência*

Tudo indica que as negociações poderão decorrer no âmbito do existente procedimento de conciliação junto do IAPMEI (cujo regime será revisto): estou a falar do procedimento de conciliação para viabilização de empresas em situação de insolvência ou em situação económica difícil, regulado pelo Decreto-Lei n.º 316/98, de 20 de Outubro[7], e cuja articulação com o CIRE bem merece atenção do legislador[8]. As negociações devem ser voluntárias e respeitar um conjunto de princípios orientadores das condutas dos participantes.

Contudo, parece que o acordo poderá ser alcançado fora desse procedimento[9]. O acordo que não obtém a aprovação de todos os credores carece de homologação por um juiz. Nos trabalhos preparatórios que nos foram facultados é dito que essa homologação torna o acordo vinculativo para todos os credores.

Mas a homologação judicial irá exigir alguma coisa mais. Não bastará um acordo extrajudicial. Com efeito, a homologação ocorrerá no âmbito de um procedimento especial. O procedimento inicia-se com um requerimento do devedor, a que se junta o acordo. A homologação desse acordo provavelmente deverá ficar sujeita às regras a que obedece a homologação do plano de insolvência. Será convocada pelo juiz uma assembleia de credores para aprovação do acordo (o tal que já contou com a aprovação de um certo número de credores). Nessa assembleia, e recorrendo mais uma vez à proposta divulgada em Setembro, «Os credores que tenham assinado o acordo referido (...) não podem votar em sentido contrário ao mesmo».

---

e da Recuperação e Empresas. 3 – Os credores que tenham assinado o acordo referido no n.º 1 não podem votar em sentido contrário ao mesmo. 4 – A decisão do juiz é notificada a todos os credores do devedor pela secretaria do tribunal, que emite nota com as custas do procedimento. 5 – Compete ao devedor suportar as custas referidas no número anterior».

[7] Não foi essa a solução alcançada no «Anteprojeto» quanto ao procedimento de «revitalização».

[8] Chamando a atenção para isso, João Labareda, «O Novo Código da Insolvência e da Recuperação de Empresas. Alguns aspetos mais controversos», Miscelâneas n.º 2, IDET/Almedina, 2004, p. 49. Em face das soluções consagradas no «Anteprojeto», cabe perguntar se o regime do procedimento de conciliação sobreviverá. Isto porque o «procedimento especial de revitalização» regulado nos arts. 17.º-A e ss. «destina-se a permitir ao devedor que, comprovadamente, se encontre em situação económica difícil ou em situação de insolvência meramente iminente, mas que ainda seja susceptível de recuperação, estabelecer negociações com os respectivos credores de modo a concluir com estes acordo conducente à sua revitalização».

[9] O art. 17.º-I do «Anteprojeto» também prevê a possibilidade de «homologação de acordos extrajudiciais de recuperação de devedor».

Parece um pouco estranha esta duplicação quando o acordo já chega ao tribunal assinado pelos credores necessários para a aprovação do plano de insolvência[10].

Nem é isso que encontramos no regime do procedimento de conciliação.

Mas também não surgiu anunciada a existência de um apenso de verificação de créditos. Daí que mereça especial atenção a forma como o legislador vai resolver o problema da determinação do número de votos conferidos a cada credor[11].

As regras constantes do art. 212.º do CIRE quanto ao quórum serão, segundo parece, aplicáveis. Se a assembleia aprovar o acordo, o juiz deve homologá-lo ou recusar essa homologação com base no disposto nos artigos 215.º e 216.º do CIRE, que tratam, como se sabe, da não homologação oficiosa e da não homologação a solicitação dos interessados.

Ou seja: o juiz recusará oficiosamente a homologação «no caso de violação não negligenciável de regras procedimentais ou das normas aplicáveis ao seu conteúdo, qualquer que seja a sua natureza, e ainda quando, no prazo razoável que estabeleça, não se verifiquem as condições suspensivas do plano ou não sejam praticados os actos ou executadas as medidas que devam preceder a homologação». Mas também será recusada a homologação a solicitação de interessados nos termos em que essa recusa terá lugar quanto ao plano de insolvência (art. 216.º). Atendendo aos casos previstos

---

[10] O legislador teve em atenção estas preocupações no «Anteprojeto». O art. 17.º-I, 1, dispõe que «o procedimento previsto no presente título pode igualmente iniciar-se pela apresentação do devedor de acordo judicial de recuperação de devedor, assinado pelo devedor e por credores que representem pelo menos a maioria de votos prevista no n.º 1 do artigo 212.º [...]». O n.º 5 acrescenta: «[...] o juiz procede, no prazo de 10 dias, à análise do acordo extrajudicial, devendo homologá-lo se respeitar a maioria prevista no n.º 3 do art. 17.º-F [...]». Por sua vez, o art. 17.º-F, 3, exige «a maioria dos votos prevista no n.º 1 do artigo 212.º» (agora remete-se para o art. 17.º-F, 3, ao contrário do que vemos no art. 17.º-I, 1).

[11] Também isto foi tido em conta pelo legislador na redação do «Anteprojeto». Assim, no art. 17.º-I encontramos dito no n.º 3 que o administrador judicial provisório que seja nomeado notifica a existência do acordo extrajudicial aos credores que nele não intervieram e que constem da lista de créditos relacionados pelo devedor. O administrador judicial provisório publica igualmente no Citius a lista provisória de créditos, sendo feita remissão para os n.ºs 2 a 4 do art. 17.º-D (assim se abrindo possibilidade de reclamação e impugnação de créditos; se houver impugnação, o juiz decidirá no prazo de cinco dias). Só após a conversão em definitiva da lista de créditos é que o juiz analisa o acordo extrajudicial (art. 17.º-I, 5).

no art. 216.º, talvez sejam necessárias algumas adaptações. Designadamente quanto à necessidade de prévia oposição.

O novo regime será previsivelmente integrado no do já existente procedimento de conciliação para viabilização de empresas[12].

O tipo de processos de que estamos a falar (e que trazem ao tribunal um acordo obtido fora dele) não é novo. No entanto, o que parece estar a ser projetado não se confunde com aquilo que já hoje encontramos no referido procedimento de conciliação regulado pelo DL 316/98. Este pressupõe que a empresa esteja «em condições de requerer judicialmente a sua insolvência». Tanto assim é que o IAPMEI recusa liminarmente o requerimento de conciliação se entender que não há «situação de insolvência, ainda que meramente iminente» (art. 4.º, 1, d) do DL 316/98).

Esta, aliás, será talvez uma das razões que leva a que muitos devedores fujam destes procedimentos[13]. É que para isso têm que reconhecer que já estão em situação de insolvência.

Por outro lado, o procedimento de conciliação «destina-se a obter a celebração de acordo, entre a empresa e todos ou alguns dos seus credores...». Isto é, o acordo será obtido no âmbito do procedimento de conciliação e não fora dele.

O que não quer dizer que as coisas não possam ter sido preparadas antes.

O regime do actual procedimento de conciliação até prevê a possibilidade de suprir judicialmente, em certos termos, a falta de aprovação do acordo por uma parte dos credores, com subsequente homologação do acordo.

É o que se verifica quando:

a) A proposta de acordo corresponda ao disposto no n.º 2 do art. 252.º do CIRE;

b) Essa proposta tenha obtido aprovação escrita, no âmbito do procedimento, por mais de dois terços do valor total dos créditos relacionados pelo devedor nesse procedimento.

Sublinhe-se: esta possibilidade surge para os casos em que:

---

[12] É diferente a solução esboçada no «Anteprojeto»: o procedimento de homologação de acordo extrajudicial de recuperação de devedor surge no art. 17.º-I do CIRE.

[13] Mais uma vez, o legislador acompanhou as nossas preocupações ao dar no «Anteprojeto» a redacção que ficou a constar do art. 1.º, 1, do CIRE.

a) Houve a aprovação pelos tais dois terços do valor total dos créditos relacionados pelo devedor;

b) Essa aprovação teve lugar no âmbito do próprio procedimento de conciliação.

Os créditos que para este efeito interessam são os que foram relacionados pelo devedor. E o requerimento de procedimento de conciliação deve integrar credores que representem mais de 50% das dívidas da empresa (art. 3.º, 3).

Na proposta divulgada em Setembro, para o novo procedimento será necessário que o acordo apresentado a tribunal tenha sido assinado por «credores que represent(ass)em pelo menos 50% dos créditos devidos»[14].

E não será exigível que o acordo seja obtido no âmbito do procedimento de conciliação. Mas, por outro lado, o acordo deverá ser aprovado em assembleia de credores com respeito pelas regras contidas no art. 212.º: devem estar presentes ou representados credores cujos créditos constituam, pelo menos, um terço do total dos créditos com direito de voto; deve recolher mais de dois terços da totalidade dos votos emitidos; deve recolher mais de metade dos votos emitidos correspondentes a créditos não subordinados. As abstenções não se contam.

Noutros países, a possibilidade de apresentação a tribunal de um plano de recuperação é conhecida também.

Nos EUA, existe o chamado *prepackaged plan*, que não deixa de ser um *bankruptcy plan*. Esse *prepackaged plan* ainda é abrangido pelo famoso *Chapter 11* do *Bankruptcy Code*. O § 1126 faz expressa referência a planos que mereceram a aceitação de credores antes do *commencement of the case*. O recurso ao *Chapter 11* está aberto mesmo a pessoas individuais que não estejam «*engaged in business*»[15].

A doutrina salienta como vantagens do *pre-pack*:

a) o facto de reduzir o tempo de duração do processo de *bankruptcy*;

b) menor perturbação na empresa do devedor;

---

[14] No «Anteprojeto», e mais uma vez quanto à homologação de acordos extrajudiciais de recuperação de devedor, prevê o art. 17.º-I, 1, que o procedimento pode «iniciar-se pela apresentação pelo devedor de acordo extrajudicial de recuperação de devedor, assinado pelo devedor e por credores que representem pelo menos a maioria de votos prevista no n.º 1 do artigo 212.º [...]».

[15] USSC, *Toibb v. Radloff* (1991).

c) maior controlo por parte do devedor[16].

As desvantagens são, entre outras, as seguintes:

a) durante as negociações não há protecção do devedor ao abrigo do *Chapter 11*;
b) não há moratória;
c) pode ser difícil evitar contratos desvantajosos;
d) é mais útil para devedores com dificuldades financeiras do que para os que têm dificuldades ditas operacionais[17].

Também no Reino Unido são usados os *prepacks*. A *Insolvency Act* (na Parte I) prevê a possibilidade de obtenção de *Company Voluntary Arrangements* ou CVA's. Em regra a administração mantém os seus poderes e não é necessário que se verifique uma situação de insolvência. Estes CVA's podem destinar-se a obter a venda de ativos e a distribuição do valor pelos credores ou a realizar a entrega de valores resultantes da atividade do devedor a um supervisor, que os distribuirá em conformidade com o acordado. Podem ser alcançados sem qualquer procedimento de liquidação ou administração[18]. Além disso, é também possível chegar a acordo para uma reestruturação (*workout*), fora de qualquer processo de insolvência. É uma via muito influenciada pela chamada *London Approach* estimulada pelo *Bank of England*[19]. A própria *Companies Act* de 2006 prevê, na *Section* 899, um procedimento judicial para superar a discordância de credores minoritários.

A Itália conhece, já há uns anos, os *Accordi di ristrutturazione dei debiti*, previstos no Art. 182- bis da *Legge Fallimentare*. Perante uma situação de crise pode ser solicitada ao tribunal a homologação de um acordo de reestruturação das dívidas que tenha sido celebrado com credores que representem pelo menos sessenta por cento dos créditos. Tais acordos, considerados de «geometria variável», podem conter medidas muito diversas:

---

[16] DAVID G. EPSTEIN, *Bankruptcy and related law in a nutshell*, 7ª ed., Thomson-West, 2005, p. 446.

[17] DAVID G. EPSTEIN, *Bankruptcy and related law in a nutshell*, cit., p. 447.

[18] ROY GOODE, *Principles of corporate insolvency law*, Sweet and Maxwell, London, 2010, p. 389.

[19] ROY GOODE, *Principles of corporate insolvency law*, cit., p. 407.

dilação de pagamentos, perdão de juros, emissão de títulos de crédito com novação, conversão de créditos em capital, etc.[20].

Também a Espanha contém na sua *Ley Concursal* a previsão da possibilidade de apresentação de uma «propuesta anticipada de convenio» (arts. 104. e ss.). Essa proposta pode ser apresentada com o requerimento de «concurso» entregue pelo devedor. Nesse caso, deve ser acompanhada da adesão de credores que representem pelo menos a décima parte do passivo identificado pelo devedor. Quando a proposta seja apresentada posteriormente, é necessário que conte com a adesão de credores cujos créditos sejam superiores à quinta parte do passivo identificado pelo devedor (art. 106, 1, da *Ley Concursal*)[21].

Na França, e para além da mais antiga *sauvegarde* que pouco nos ajuda quanto ao nosso tema[22], surgiu no final de 2010 uma *procédure de sauvegarde financière accélérée*, com a nova redacção dada aos arts. L628-1 a L628-7 do *Code de Commerce*. Trata-se de um procedimento aberto a pedido de um devedor que já está envolvido num procedimento de conciliação. E na verdade não há ainda acordo quando o novo procedimento é iniciado. Mas na prática é como se houvesse, pois o devedor tem de mostrar que o projeto de plano que apresenta com vista a assegurar a «pérennité de l'enterprise» é susceptível de recolher um apoio suficientemente vasto por parte de certos credores (cfr. *Code de Commerce*, L626-32) de forma a tornar verosímil a adoção do plano num certo prazo (cfr. *Code de Commerce*, L628-6).

---

[20] Para mais desenvolvimentos, Stefano Ambrosini, «Articolo 182-bis», cit., p. 2544. O autor escrevia antes da redação dada ao preceito pelo D.Lgs. 12 Settembre 2007, n. 169, que no entanto não parece levar a conclusões diferentes das expostas.

[21] Eduardo Valpuesta Gastaminza, «Artículo 104», *Comentarios a la Ley Concursal*, t. II, 2ª ed., Thomson Reuters/Aranzadi, Cizur menor, 2010, p. 118, esclarecia que «el hecho de que la propuesta deba presentarse ya avalada con la adhesión de acreedores que supongan una quinta o una décima parte del pasivo (art. 106.1 LCon) evidencia que nos hallamos ante una solución convenida que ya há sido debatida y tratada con algunos acreedores y cuenta con un cierto respaldo de éstos. Ello justifica tramitarla, pues ya existe una cierta expectativa positiva de que el acuerdo es viable y puede llegar a ser aceptado por un buen número de acreedores».

[22] Não obstante a previsão, nos arts. L. 626-30-2 e L. 626-31 do *Code de Commerce*, da possibilidade de um plano de *sauvegarde* negociado com os *comités de créanciers*, tal decorre já no decurso do processo. Sobre isto, cfr. Philippe Roussel Galle, *Réforme du droit des enterprises en difficulté par la loi de sauvegarde des entreprises du 26 juillet 2005*, LexisNexis/Litec, Paris, 2005, p. 244 e ss. (devendo ser tidas em conta as alterações legislativas entretanto surgidas).

Para conseguir provar que é assim o devedor terá que apresentar alguma coisa. Desde logo, serão tidas em conta as negociações que possam estar já a decorrer no procedimento de conciliação. Uma grande diferença em relação ao regime que está a ser pensado para Portugal reside no facto de este procedimento francês ser ainda um procedimento de sauvegarde, com nomeação de administrador judicial. Além disso, não é qualquer devedor que pode recorrer ao procedimento referido[23]. No entanto, como só diz respeito a certos credores, o devedor continuará a pagar aos restantes.

Na Alemanha, a informação que tenho é a de que só terá havido até agora um caso com o recurso a um acordo prévio à abertura do processo de insolvência. Foi o relativo à proprietária de uma cadeia de lojas, *Sinleffers*, acordo esse que permitiu salvar 2.500 empregos em 25 localidades.

Voltemos ao nosso projetado procedimento judicial de aprovação de planos de reestruturação. Este não irá envolver, pelo que sabemos, a inibição parcial ou total do devedor quanto à administração ou disposição dos bens nem a designação de um administrador, liquidatário ou fiscalizador, isto é, de um síndico tal como a figura é entendida no Regulamento CE 1346/2000, relativo aos processos de insolvência.

O facto de não ser abrangido por esse Regulamento pode ser visto como uma desvantagem para grandes devedores[24].

Além disso, negociar com a corda na garganta raramente permite falar de valores razoáveis, designadamente para a realização de vendas, trocas, etc.. E há certamente o risco de aproveitamento da situação por administradores ou sócios[25].

Acrescente-se que o procedimento está pensado para recuperação de devedor em situação económica difícil. É de perguntar se, de acordo com a lógica do sistema (na «filosofia» do sistema), não seria de ir mais longe: um acordo extrajudicial para a liquidação sujeito a homologação.

---

[23] A empresa não pode ter cessado os pagamentos e deve ter dificuldades que não consegue superar; deve ter um volume de negócios (*chiffre d'affaires*) superior a 20 milhões de euros e ter mais de 150 trabalhadores.

[24] Também aqui o «Anteprojeto» parece ter-nos dado ouvidos. No art. 17.º-I surge prevista a nomeação de administrador judicial provisório logo que recebidos os documentos necessários para o início do procedimento de homologação de acordos extrajudiciais de recuperação de devedor. Prevê-se igualmente a aplicação do disposto nos arts. 32.º a 34.º do CIRE.

[25] Chris Mallon, citado por Muazzin Mehrban, «Pre-packaged Bankruptcies Back in Fashion», www.financierworldwide.com, 26/10/2011.

Veja-se que o conhecido *Chapter 11* do *Bankruptcy Code* é também usado para a venda de bens, incluindo a empresa. Tem vantagens em relação ao processo de liquidação, pois em regra o devedor continua *in possession* e pode negociar os termos da venda[26].

No entanto, parece positiva a criação de mais uma alternativa para evitar o agravamento da situação do devedor. Provavelmente, será sobretudo utilizável por devedores que têm acima de tudo problemas financeiros e que podem negociar com um número relativamente reduzido de credores. E, naturalmente, o facto de o devedor não ser afastado da administração dos seus bens torna este caminho atraente. Além disso, os custos de reputação são mais reduzidos.

Contudo, dizem-me os práticos que a esmagadora maioria das insolvências de sociedades envolvem um número de credores tão elevado e disperso que tornam inútil a tentativa de encontrar um acordo pré-judicial. Há aliás um risco acrescido: um credor, ao ser contactado para se tentar chegar a um acordo, pode preferir avançar com o pedido de declaração de insolvência.

2.2. Os princípios a seguir pelos participantes em procedimentos extrajudiciais de recuperação

Foi publicada no dia 25 deste mês a Resolução do Conselho de Ministros n.º 43/2011, contendo uma lista de Princípios Orientadores da Recuperação Extrajudicial de Devedores.

São princípios que devem ser seguidos pelos participantes em procedimentos extrajudiciais de recuperação, de acordo com o que se considerou ser as boas práticas e recomendações internacionais, para utilização «em negociações envolvendo o devedor e todos os seus credores ou apenas o devedor e os principais credores».

Não é nada de novo, uma vez que princípios desse género podem ser encontrados nos sítios da Internet de organizações internacionais que se dedicam ao tema da insolvência. É assim, por exemplo, na página da INSOL.

Desses princípios, que são onze, retiram-se as seguintes linhas de força:

---

[26] David G. Epstein, *Bankruptcy and related law in a nutshell*, cit., p. 425.

202 *Repercussões que os Memorandos da Troika terão no Código da Insolvência*

- O procedimento extrajudicial como um compromisso, não como um direito, utilizável quando «os problemas financeiros do devedor possam ser ultrapassados»;
- Deve estar presente a necessidade de atuar de boa fé e a procura de uma *win-win situation*;
- São admitidos comités e representantes de credores e de peritos (pois isso *facilita também a coordenação entre os sujeitos*);
- Pretende-se uma cooperação e partilha de informação;
- Deve haver a garantia de que durante o período moratório os credores se abstêm de agir contra o devedor (*até para garantir que as posições não se alteram*);
- Durante esse período moratório deverá o devedor abster-se de agir contra os direitos, garantias e perspetivas dos credores;
- Durante o período moratório deverá haver transparência;
- Deve haver confidencialidade;
- O plano de negócios deve ser viável e credível;
- O financiamento concedido durante o período moratório ou no âmbito da reestruturação da dívida deve merecer tutela

Provavelmente, no ambiente da *City* e, quem sabe, dos *Clubs* londrinos, isto até surge como natural. Entre nós, a ver vamos.

2.3. Financiamento e resolução em benefício da massa insolvente

A recuperação de devedores em situação económica difícil depende muitas vezes do financiamento a que possam aceder.

Contudo, após a concessão do financiamento, os financiadores ainda correm o risco de ver declarada a insolvência do devedor. E, com a insolvência, surge a ameaça da resolução a favor da massa insolvente dos negócios jurídicos em que intervieram[27].

O art. 121.º do CIRE, por exemplo, prevê no seu n.º 1, al. *c*), a possibilidade de resolução incondicional da constituição pelo devedor de garantias reais relativas a obrigações preexistentes ou outras que as

---

[27] Para uma solução que tutela, em certos casos, os que financiaram um devedor em situação económica difícil, cfr., na Espanha, o artigo 8.º do *Real Decreto-Lei* n.º 3/2009, de 27 de Março.

substituam, nos seis meses anteriores à data de início do processo de insolvência; a al. *e*) abrange a «constituição pelo devedor de garantias reais em simultâneo com a criação das obrigações garantidas, dentro dos 60 dias anteriores à data do início do processo de insolvência». Por sua vez, o art. 120.º, 3, presume serem prejudiciais à massa «sem admissão de prova em contrário, os actos de qualquer dos tipos referidos no artigo seguinte [o 121.º], ainda que praticados ou omitidos fora dos prazos aí contemplados». E como se não bastasse, o art. 120.º, 5, acrescenta que se entende por má fé «o conhecimento, à data do acto, [...] *a*) De que o devedor se encontrava em situação de insolvência [...]». A mesma situação de insolvência que é pressuposto do procedimento de conciliação regulado no DL 316/98.

Ao que tudo indica, será conferida tutela perante essa ameaça se o financiamento tem lugar «no contexto de *processo extrajudicial de conciliação ou outro processo equiparável, desde que previsto na lei*»[28]. Trata-se de criar aquilo a que nos EUA se chama um *safe harbour* ou porto seguro[29].

---

[28] Dispõe o art. 17.º-H do «Anteprojeto», epigrafado «Garantias», o seguinte: «1 – As garantias convencionadas entre o devedor e os seus credores durante o procedimento, com a finalidade de proporcionar àquele os necessários meios financeiros para o desenvolvimento da sua atividade, mantêm-se mesmo que, findo o procedimento, venha a ser declarada a insolvência do devedor no prazo de dois anos. 2 – Os credores que, no decurso do procedimento financiem a atividade do devedor disponibilizando-lhe capital para a sua revitalização gozam de privilégio creditório mobiliário geral, graduado em seguida ao privilégio creditório mobiliário geral concedido aos trabalhadores e precedente aos privilégios creditórios referidos no n.º 1 do artigo 748.º do Código Civil».

[29] Cfr. a *Section* 364, e), do *Bankruptcy Code*: «The reversal or modification on appeal of an authorization under this section to obtain credit or incur debt, or of a grant under this section of a priority or a lien, does not affect the validity of any debt so incurred, or any priority or lien so granted, to an entity that extended such credit in good faith, whether or not such entity knew of the pendency of the appeal, unless such authorization and the incurring of such debt, or the granting of such priority or lien, were stayed pending appeal»..
Na Espanha, a doutrina tem aceitado que «la doctrina desde un principio destaco que una "renegociación" de deudas, que permita un nuevo vencimiento, o una amplicación, o una mejora de las características de la deuda, aunque vaya acompañada de una constitución de garantias puede no ser "perjudicial", sino precisamente todo lo contrario: beneficiosa para el deudor, por esa prorroga, ampliación o mejora del crédito»: cfr. ELENA SILVETTI, «Artículo 71», in FAUSTINO CORDÓN MORENO (dir.), *Comentarios a la Ley Concursal*, I, Aranzadi/Thomson Reuters, 2010, p. 811.

204 Repercussões que os Memorandos da Troika terão no Código da Insolvência

2.4. Suspensão da assembleia de credores para permitir negociações

Como sabem, o regime vigente, no que diz respeito à possibilidade de suspensão da assembleia de credores, é bastante restritivo.

O art. 76.º do CIRE apenas permite que o juiz suspenda os trabalhos da assembleia por uma só vez e terá de determinar que tais trabalhos «sejam retomados num dos cinco dias úteis seguintes». É muito pouco. Sobretudo quando está em causa a eventual aprovação de um plano de insolvência.

Daí que se pretenda flexibilizar o regime referido. Possivelmente, o juiz passará a poder suspender a assembleia o número de vezes que considerar necessário para a obtenção de um acordo. Por outro lado, tal suspensão poderá perdurar por um prazo mais alargado: 15 dias úteis, em lugar dos atuais cinco[30].

Tudo isto, em teoria, parece bem. Mas não deixa de ser curioso notar que muitos magistrados criticam o regime vigente pelo facto de na sentença que declara a insolvência dever constar dia e hora para a assembleia de apreciação do relatório.

E veja-se que, nos termos do art. 209.º, 2, do CIRE, a assembleia de credores para discutir e votar a proposta de plano de insolvência só pode reunir depois da realização da assembleia de apreciação do relatório do administrador da insolvência.

No Portugal real, o que é dito por alguns práticos do direito é que a assembleia de credores para apreciação do relatório de pouco serve; o que é dito é que os credores que aparecem na assembleia muitas vezes não viram o relatório do administrador da insolvência. Pode ser que uma ou duas suspensões permitam fazer essa leitura[31].

---

[30] Ficou assim redigido, no «Anteprojeto», o art. 76.º: «O juiz pode decidir a suspensão dos trabalhos da assembleia, determinando que os mesmos sejam retomados num dos 15 dias úteis seguintes».

[31] O «Anteprojeto» teve em conta as preocupações relatadas, como se lê no projetado art. 36.º, 1, n): «Na sentença que declarar a insolvência, o juiz [...] n) Designa dia e hora, entre os 45 e os 60 dias subsequentes, para a realização da reunião da assembleia de credores aludida no artigo 156.º, neste Código designada por assembleia de apreciação do relatório, ou declara, fundamentadamente, prescindir da realização da mencionada assembleia». No entanto, esta última possibilidade não existirá se o devedor requereu a exoneração do passivo restante no momento da apresentação à insolvência (art. 36.º, 2, do «Anteprojeto») e, para além disso, no prazo para apresentação das reclamações de créditos qualquer interessado pode requerer ao tribunal a realização daquela assembleia (art. 36.º, 3, do «Anteprojeto»).

Como foi dito, os Memorandos mencionam a necessidade de introduzir «uma maior rapidez nos procedimentos judiciais de aprovação de planos de reestruturação». Em bom rigor, também o regime contido no CIRE para aprovação e homologação do plano de insolvência é um procedimento judicial que pode dizer respeito a um plano de reestruturação. Por isso, talvez surjam ainda alterações a essas normas.

Por exemplo, no que diz respeito ao já referido art. 209.º, 2. Trata-se de uma norma que obriga a esperar bastante tempo até que seja possível reunir a assembleia de credores para discutir e votar a proposta de plano de insolvência.

Também acho que poderia ser repensada a lista de requisitos que devem estar preenchidos para que o juiz possa atribuir a administração da massa ao devedor. Designadamente quanto à necessidade de acordo do requerente da insolvência que não seja o devedor. Em muitos casos, o administrador da insolvência pode precisar de muitos meses até conseguir conhecer aquilo que tem que administrar.

3. Reclamação de créditos

3.1. Agilização e simplificação do incidente de verificação e graduação de créditos

Na sentença que declara a insolvência o juiz designa prazo para reclamação de créditos. Terminado o prazo para as reclamações, o administrador da insolvência tem 15 dias para apresentar a lista dos credores por si reconhecidos e a dos não reconhecidos. Após esse prazo de 15 dias abre-se um prazo de 10 dias para que qualquer interessado possa impugnar a lista de credores reconhecidos «com fundamento na indevida inclusão ou exclusão de créditos, ou na incorrecção do montante ou da qualificação dos créditos reconhecidos» (art. 130.º, 1).

Na ausência de impugnações é proferida sentença de verificação e graduação dos créditos com homologação da lista de credores reconhecidos e graduação dos créditos.

Mas podem surgir impugnações e bem assim respostas às impugnações. O art. 136.º, 1, prevê a existência de uma tentativa de conciliação, a convocar pelo juiz. O que estava a ser proposto em Setembro era que essa

206 Repercussões que os Memorandos da Troika terão no Código da Insolvência

tentativa de conciliação passasse a ter caráter facultativo, cabendo ao juiz apreciar, caso a caso, a respectiva utilidade[32].

Parece uma boa medida. Dá-se a possibilidade de queimar uma etapa e poupa-se tempo.

3.2. Reclamação ulterior de créditos

Mesmo que os credores deixem passar o prazo para a reclamação de créditos podem ainda obter o reconhecimento dos seus créditos através de acção proposta contra a massa insolvente, os outros credores e o devedor. É o que lemos no art. 146.º do CIRE.

Essa acção, atualmente, deve ser proposta no prazo de «um ano subsequente ao trânsito em julgado da sentença de declaração de insolvência, ou no prazo de três meses seguintes à respectiva constituição», quando este último prazo termine posteriormente.

A proposta de alteração vai no sentido do encurtamento desse prazo: o prazo de um ano subsequente ao trânsito em julgado da sentença de declaração de insolvência será reduzido para seis meses[33].

Eu diria que esta não é uma má solução mas penso que os mecanismos já existentes para dar publicidade ao processo de insolvência devem ser aperfeiçoados.

4. Venda antecipada de bens e poderes do administrador da insolvência

Pretende-se imprimir maior celeridade ao procedimento de venda de bens. Estabelece o n.º 1 do art. 158.º que o administrador da insolvência procede à venda dos bens da massa insolvente após o trânsito em julgado

---

[32] No «Anteprojeto», os n.ºs 1 e 8 do art. 136.º surgem com nova redação. O juiz passa a ter a possibilidade e não o dever de marcar a tentativa de conciliação em causa. E se entender que «não se mostra adequado realizar a tentativa de conciliação», deverá proferir de imediato despacho «nos termos previstos nos artigos 510.º e 511.º do Código de Processo Civil».

[33] O «Anteprojeto» acolhe essa redução com a mudança proposta para a redação do art. 146.º, 2, b). e reduz para 30 dias o tempo após o qual a instância se extingue e caducam os efeitos do protesto «se o autor, negligentemente, deixar de promover os termos da causa durante 30 dias».

da sentença que declarou a falência e depois da assembleia de apreciação do relatório do administrador da insolvência.

Nos casos em que os bens da massa estão sujeitos a deterioração ou depreciação e por isso não se podem ou não devem conservar, prevê o n.º 2 do mesmo artigo que a sua venda será imediata mas apenas mediante prévia concordância da comissão de credores ou, na sua falta, do juiz.

Com as alterações em preparação possivelmente vão ser atribuídos ao administrador da insolvência poderes para que possa, por si, tomar a decisão de vender esses bens sujeitos a deterioração ou depreciação de uma forma mais célere.

Será no entanto de prever que existam válvulas de escape, que permitam reagir perante atos do administrador da insolvência[34].

5. Incidente de qualificação da insolvência

5.1. Eliminação do carácter urgente

Curiosamente, no que diz respeito à responsabilização do insolvente (ou dos membros da administração) pouco tem sido dito. Pelo contrário, o que vemos é uma alteração que acaba por beneficiar o insolvente com culpa.

Até aqui, o art. 9.º, 1, do CIRE previa que «o processo de insolvência, incluindo todos os seus incidentes, apensos e recursos, tem carácter urgente e goza de precedência sobre o serviço ordinário do tribunal».

Mas aparece agora proposto que o incidente de qualificação da insolvência deixe de ter caráter urgente.

Se isto serve o objetivo da maior celeridade, é estranho. É certo que aparece a justificação de que o caráter urgente do incidente obsta a que outros atos urgentes possam ter lugar mais depressa e que não há justificação material para a atual solução.

---

[34] A «venda imediata dos bens da massa insolvente que não possam ou não se devam conservar por estarem sujeitos a deterioração ou depreciação», a realizar pelo administrador da insolvência sem necessidade de «prévia concordância da comissão de credores, ou, na sua falta, do juiz», surge prevista no artigo 158.º, 2, do «Anteprojeto». No entanto, o «Anteprojeto» prevê que o administrador da insolvência deverá notificar previamente o devedor, a comissão de credores que exista e o juiz, estando referidas medidas de reação.

Contudo, acho que se deve perguntar: não há interesse em procurar chegar mais depressa à inibição para o exercício do comércio do insolvente culposo? Não há interesse em que esse mesmo sujeito seja mais depressa considerado inabilitado nos casos em que isso não é inconstitucional? E a responsabilização do insolvente culposo não deveria ser incentivada?[35]

É verdade que o incumprimento do dever de apresentação à insolvência faz atuar uma presunção de culpa grave (alínea *a)* do n.º 3 do artigo 186.º do CIRE). Mas não me parece que isto seja «sanção bastante para a omissão do cumprimento do aludido dever».

5.2. O incidente não terá que ser necessariamente aberto

Uma outra alteração de monta ao regime do incidente de qualificação da insolvência diz respeito aos casos em que o mesmo é aberto.

Até aqui, a sentença de declaração de insolvência deve declarar aberto o incidente de qualificação de insolvência, «sem prejuízo do disposto no artigo 187.º».

Se for avante o que foi divulgado em Setembro, o incidente inicia-se, por iniciativa do juiz, só nos casos em que haja indícios de que a situação de insolvência foi criada com culpa do devedor ou de algum dos seus responsáveis.

É uma solução que pode acabar por atrasar as coisas. Nomeadamente porque o juiz pode acabar por se aperceber desses indícios num momento mais tardio.

6. O prazo para apresentação à insolvência

A preocupação com a celeridade do processo tem alguns reflexos nos prazos. Assim, estará em cima da mesa o projeto de redução para metade do prazo para apresentação à insolvência previsto no n.º 1 do artigo 18.º do CIRE. Esse prazo talvez passe de 60 para 30 dias[36].

---

[35] Quanto a este aspeto, ficámos confortados por ver que no «Anteprojeto» o legislador não alterou o art. 9.º.

[36] Assim ficou no «Anteprojeto».

7. Outras alterações

Atendendo ao disposto nos Memorandos e aos textos preparatórios que foram já dados a conhecer, é ainda de prever que surjam alterações quanto a outros temas:

a) Quanto ao «regime de reestruturação e saneamento das instituições de crédito em dificuldades que lhes permita, sob controlo oficial, manter o exercício da atividade, para promover a estabilidade financeira e a protecção dos depositantes»;

b) Quanto à existência de «secções especializadas nos Tribunais comerciais com juízes especializados em processos de insolvência»;

c) Quanto à articulação com o processo executivo[37];

d) Quanto a alimentos a menores dependente;

e) Quanto ao regime de publicidade no âmbito da insolvência:

f) Quanto à suspensão do processo de insolvência por força do falecimento do devedor[38];

g) Quanto à possibilidade de o juiz encerrar o processo de insolvência sempre que, havendo ou não bens na massa insolvente, seja requerida, por devedor que seja pessoa singular, a exoneração do passivo restante[39];

h) Quanto à articulação entre o CIRE e o regime de custas judiciais;

i) Quanto ao regime de distribuição.

Mas a ampulheta é implacável e o meu tempo terminou.

Muito obrigado pela atenção.

---

[37] Veja-se, por exemplo, que o «Anteprojeto» introduz um n.º 3 no art. 20.º, dispondo que o «Ministério Público junto do tribunal onde correu termos a execução deve requerer a insolvência do devedor inscrito na lista pública de execuções, seguindo o processo de insolvência os termos previstos no artigo 39.º».

[38] Em caso de falecimento do devedor prevê o art. 10.º, b), que tenha lugar a suspensão do processo pelo prazo de cinco dias «quando um sucessor do devedor o requeira e o juiz considere conveniente a suspensão». No «Anteprojeto», prevê-se a suspensão sem necessidade de requerimento e sem que o juiz faça qualquer apreciação quanto à conveniência da suspensão.

[39] Na redação do «Anteprojeto», esse encerramento está previsto na al. e) do n.º 1 do art. 230.º.

REFORMAS DA LEGISLAÇÃO DE DEFESA DA CONCORRÊNCIA[1]

CAROLINA CUNHA

1. Introdução

Em primeiro lugar, nas pessoas dos membros da sua direcção e, em particular, no Doutor Coutinho de Abreu, gostaria de felicitar o IDET no final desta sua primeira década de existência. Está verdadeiramente de parabéns por tudo aquilo que tem vindo a conseguir, não só na área do ensino e da formação, como no domínio da investigação – e da publicação dos resultados dessa investigação. É um privilégio ter podido colaborar desde a primeira hora nesta já longa caminhada e uma honra estar hoje, aqui, nestas jornadas de comemoração, cujo tema, apesar de não nos ser particularmente querido enquanto cidadãos, é sintomático do modo como o IDET está atento aos marcos da evolução legislativa.

---

[1] Optámos por manter, como base, o texto que utilizámos para a apresentação no Congresso – o que explica um certo travo coloquial da escrita. À data em que o actualizámos para publicação, encontrava-se submetido a consulta pública, sob a forma de Proposta de Lei, o regime da futura Lei de Defesa da Concorrência, não sendo ainda certa, portanto, a sua fisionomia definitiva. De todo o modo, julgámos oportuno enriquecer este breve apontamento com a referência a algumas das normas da referida Proposta de Lei. Note-se que o texto recuado inserido após cada um dos títulos reproduz os pontos relevantes do Memorando em matéria de concorrência.

É devido um público agradecimento ao Dr. Miguel Gorjão-Henriques por todo o apoio que gentilmente nos prestou na elaboração deste trabalho e que nos permitiu auscultar e interpretar o sentido de algumas (eventuais) futuras concretizações dos comandos, genéricos e por vezes imprecisos, contidos no Memorando da *Troika*.

212   *Reformas da Legislação de Defesa da Concorrência*

A concorrência é uma palavra recorrente no Memorando da *Troika*: a existência de um regime de defesa da concorrência adequado e eficaz é **condição de sucesso** de muitas das medidas e das reformas a implementar em outras áreas. Daí a necessidade de limar diversas arestas da actual Lei de Defesa da Concorrência (LDC), **melhorando** o dispositivo legal existente – seja em função de uma **reflexão crítica** sobre a experiência acumulada na sua aplicação (reflexão que pode, todavia, conduzir a resultados diversos consoante os operadores jurídicos que a levem a cabo), seja da **necessidade** (aliás na LDC expressamente reconhecida e consagrada) **de compaginar** o diploma nacional com o direito comunitário da concorrência

E é também muito significativa preocupação do Memorando com os **meios disponíveis** para a Autoridade da Concorrência (AdC) levar a cabo a sua tarefa, mergulhados que estamos num contexto de forte contenção orçamental[2].

São essencialmente **quatro** os compromissos assumidos pelo Estado português no plano da reforma da LDC. O projecto está há várias semanas prestes a ser divulgado e submetido a consulta pública, com sucessivos atrasos na apresentação. Enquanto aguardamos, passemos então em revista os compromissos do Memorando em matéria de direito da concorrência[3].

2. Estabelecer um tribunal especializado em matéria de concorrência

- *Estabelecer um tribunal especializado no contexto das reformas do sistema judicial T1-2012*
- *Tornar completamente operacionais os tribunais especializados em matéria de concorrência T1-2012*

I. A LDC começou por **concentrar** a fiscalização da legalidade das decisões da AdC, em primeira instância, no **Tribunal de Comércio de Lisboa** – quer tais decisões dissessem respeito à aplicação de coimas ou de outras sanções (como sucede em matéria de práticas restritivas), quer

---

[2] Veja-se o n.º vii do ponto 7.20 do Memorando, no qual o Estado português se compromete a "assegurar que a Autoridade da Concorrência dispõe de meios financeiros suficientes e estáveis para garantir o seu funcionamento eficaz e sustentável".

[3] Cfr. o esclarecimento que fizemos na nota anterior quanto ao quadro legislativo e seus avanços desde a data em que apresentámos esta breve comunicação.

fossem proferidas em procedimentos administrativos (como sucede com a matéria do controlo de concentrações)[4]. Esta opção teve a vantagem de permitir a **especialização** deste Tribunal na área do direito da concorrência, com a qual nem sempre os magistrados em geral estão suficientemente familiarizados. Mas o problema é que a competência do Tribunal de Comércio abrange igualmente os processos de insolvência, os quais, como é sabido, se têm vindo a **acumular**, entravando o funcionamento da instituição .

Entretanto, a Lei n.º 5272008, de 28 de Agosto, que aprovou a Lei de Organização e funcionamento dos tribunais judiciais, previu a criação de juízos de competência especializada junto dos tribunais de comarca (art. 74.º 1), juízos entre os quais encontramos os de comércio (art. 74.º 2d), aos quais se atribuiu a competência para julgar "os recursos das decisões da Autoridade da Concorrência, em processo de contra-ordenação" (art. 121.º 1b). O legislador de 2008 aproveitou ainda o ensejo para proceder à modificação dos arts. 50.º, 52.º e 54.º da LDC, por forma a que o recurso **quer** das decisões da AdC que determinem a aplicação de coimas ou de outras sanções, **quer** das decisões da AdC proferidas em procedimentos administrativos, **quer**, ainda, da própria decisão ministerial de autorização de uma operação de concentração proibida pela AdC, passasse a ser interposto para o **juízo de comércio** da respectiva comarca. Previu-se, porém, que "caso não exista juízo de comércio na comarca é competente o juízo de comércio da comarca sede de distrito ou, não havendo, o que existir no distrito da respectiva comarca; não havendo juízo de comércio no distrito, é subsidiariamente competente **o juízo de comércio do tribunal de comarca de Lisboa**" (arts. 50.º 2 e 54.º 2 LDC).

II. Mais recentemente, a Lei n.º 46/2011, de 24 de Junho veio determinar a criação de um **Tribunal de competência especializada para a concorrência, regulação e supervisão**, ao qual caberá conhecer das questões relativas a recurso, revisão e execução das decisões da AdC e dos Reguladores Sectoriais. Segundo o Memorando, deverá começar a funcionar no final do primeiro trimestre de 2012.

Todavia, ainda **não está muito clara a extensão da competência territorial** do novo tribunal da concorrência. A **intenção** inicialmente divulgada ia no sentido de criar **um único tribunal**, com competência sobre

---

[4] Cfr. a primitiva redacção dos arts. 50.º1 e 54.º1.

214 *Reformas da Legislação de Defesa da Concorrência*

todo o território nacional; contudo, a Lei n.º 46/2011 acabou por possibilitar a criação de **vários** tribunais ou juízos de competência especializada junto dos tribunais de comarca[5].

Se assim vier a suceder, sai, em nosso entender, **frustrado** o objectivo da especialização, bem como as correspondentes vantagens do **aumento da qualidade** das decisões judiciais em matéria de concorrência e da **diminuição do tempo** consumido na adopção dessas mesmas decisões[6].

3. Tornar a LDC o mais autónoma possível do Direito Administrativo e do Código de Processo Penal

> ▪ *Propor uma revisão da Lei da Concorrência, tornando-a o mais autónoma possível do Direito Administrativo e do Código de Processo Penal*
> ▪ *Simplificar a lei, separando claramente as regras sobre a aplicação de procedimentos de concorrência das regras de procedimentos penais, no sentido de assegurar a aplicação efectiva da Lei da Concorrência*
> ▪ *Garantir mais clareza e segurança jurídica na aplicação do Código de Procedimento Administrativo ao controlo de fusões*
> ▪ *T4-2011*

I. Sucede que a LDC **contém diversas remissões** para o **Código de Procedimento Administrativo** (*v.g.*, arts. 19.º e 20.º quanto aos procedimentos sancionatórios e de supervisão; art. 30.º sede de controlo das concentrações) e para o **Regime Geral do Ilícito de Mera Ordenação Social (RGIMOS)** (cfr. o art. 19.º quanto a procedimentos sancionatórios em geral; o art. 22.º em sede de processos relativos a práticas restritivas; ou os art. 49.º e 52.º em sede de recurso). Por sua vez, o **RGIMOS** remete, como direito subsidiário, para o **Código Penal** (cfr. o respectivo art. 32.º

---

[5] Com efeito, a nova redacção do art. 51.º2 da Lei de Organização e Funcionamento dos Tribunais Judiciais prevê que "sempre que o volume ou complexidade do serviço o justifique, *podem ser criadas secções* sociais, de família e menores e de comércio, propriedade intelectual e *da concorrência, regulação e supervisão.*"

[6] Note-se, contudo, que a Proposta de Lei se refere (no singular) ao "Tribunal da Concorrência, Regulação e Supervisão" (arts. 74.º1, 79.º1, 82.º1 e 83.º1).

quanto à fixação do regime substantivo das contra-ordenações) e para o **Código de Processo Penal** enquanto direito subsidiário e em matéria de recurso (arts. 41.º1, 80.º e 81.º do RGIMOS). Quanto ao acesso ao processo, há ainda que contar com o regime da Lei de Acesso aos Documentos Administrativos (**LADA**)[7].

Ora, parece-nos que o sentido da autonomização prevista pelo Memorando só pode querer dizer respeito à **redução desta dispersão normativa**, **facilitando a tarefa do intérprete e aplicador** do direito da concorrência e **diminuindo**, ao mesmo tempo, os conflitos e dúvidas de compatibilização entre os regimes subsidiariamente aplicáveis. Este objectivo poderá ser alcançado através da **criação** de um regime processual e procedimental **próprio** do direito da concorrência, com sede na LDC

Mas tal regime não poderá nem deverá importar a **violação de princípios gerais superiores** do ordenamento jurídico ou a **restrição de garantias processuais** básicas. Será aceitável, portanto, que nos deparemos com uma **reprodução**, na futura LDC, de uma síntese das **regras** contidas naqueles diplomas que se **mostrem mais relevantes** em sede de aplicação do direito da concorrência. E não nos repugna, inclusive, que, num ponto ou noutro, se proceda a uma **adaptação dessas regras às especificidades das situações a regular** pelo direito da concorrência, mas sempre dentro do respeito por aqueles princípios basilares.

A questão delicada é, justamente, determinar **o ponto de equilíbrio** nesta tarefa de adaptação. Como exemplos de alterações pertinentes que têm sido sugeridas, podemos referir o **alongamento dos prazos de prescrição**, justificado pela complexidade dos processos de contra-ordenação decorrentes práticas restritivas da concorrência; ou a criação de um regime próprio para a **suspensão** e **interrupção** desses prazos, de modo a evitar as actuais dificuldades e incertezas decorrentes da aplicação subsidiária de outros diplomas[8]. Tem sido igualmente sublinhada a necessidade do aumento do **número de testemunhas** que podem ser levadas a julgamento – o limite de testemunhas que decorre da moldura normativa vigente tem-se revelado desajustado à especificidade dos processos jusconcorrenciais.

---

[7] Lei n.º 46/2007 de 24 de Agosto.

[8] E veja-se, justamente nesse sentido, o detalhado regime do art. 72.º da Proposta de Lei.

216   *Reformas da Legislação de Defesa da Concorrência*

II. Cremos que a referência particular do memorando à necessidade de garantir mais **clareza e segurança jurídica** na aplicação do Código de Procedimento Administrativo ao **controlo de concentrações** terá sobretudo que ver com os inúmeros problemas relacionados com a **contagem de prazos** e causas da respectiva interrupção e suspensão[9].

Mas essa referência pode também ser entendida como dizendo respeito a **matérias mais sensíveis,** como sejam: as dificuldades em determinar o que é e não é **documento confidencial** das empresas[10]; a clarificação do **conceito de terceiros interessados** e **contra-interessados** para efeitos de participação no procedimento de controlo das operações de concentração[11], ou para efeitos de audiência prévia e de consulta obrigatória; ou, ainda, a determinação das **condições de exercício do direito à informação** (por exemplo, saber se a consulta integral do processo pode ou não ser realizada a todo o tempo – ao contrário das informações sobre estado e andamento do processo, que é pacífico que possam ser pedidas em qualquer momento)[12].

---

[9] A Proposta de Lei preocupa-se, expressamente, com a contagem dos prazos em sede de processo sancionatório relativo a práticas restritivas (art. 12.º – regras gerais sobre prazos), mas contém, igualmente, novas referências a prazos em matéria de controlo de concentrações – cfr. os arts. 45.º 2 e 3 (prazos relativos à intervenção no procedimento), 49.º 2 (prazos em matéria de compromissos), 52.º2 (prazos em matéria de audiência prévia) ou 53.º 2 e 3 (prazos em matéria de articulação com autoridades reguladoras sectoriais).

[10] Sobre o carácter confidencial dos documentos versam, na Proposta de Lei ora em discussão, os arts. 8.º (confidencialidade do pedido de dispensa ou de redução do montante da coima e documentos relacionados); 13.º 1c) (informações prestadas que devam considerar-se confidenciais), mas, sobretudo, os n.os 4, 5 e 6 do art. 34.º (confidencialidade das informações prestadas no âmbito da apreciação de um operação de concentração).

[11] Globalmente definidos pelo art. 45.º 1 da Proposta nos seguintes termos: "São admitidos a intervir no procedimento administrativo de controlo de concentrações os titulares de direitos subjectivos ou interesses legalmente protegidos que possam ser afectados pela operação de concentração e que apresentem à Autoridade da Concorrência observações em que manifestem de forma expressa e fundamentada a sua posição quanto à realização da operação".

[12] Veja-se, precisamente, o art. 46.º 2 da Proposta de Lei, que determina que *"entre o* termo do prazo para a apresentação de observações a que se refere o artigo anterior *e* o início da audiência prevista no artigo 52.º, as pessoas referidas no número anterior, com excepção da notificante, *apenas têm direito a ser informadas sobre a marcha do procedimento"*.

4. Harmonizar a LDC com o enquadramento legal da concorrência da UE

> ■ *Propor uma revisão da Lei da Concorrência, tornando- mais harmonizada com o enquadramento legal da concorrência da UE*
> ■ *Estabelecer os procedimentos necessários para um maior alinhamento entre a lei portuguesa relativa ao controlo de fusões e o regulamento da UE sobre fusões, nomeadamente no que diz respeito aos critérios para tornar obrigatória a notificação ex ante de uma operação de concentração*
> ■ *T4-2011*

I. Este objectivo do Memorando acaba por corresponder ao **cumprimento do comando** imposto pelo art. 60.º da actual LDC: "*O regime jurídico da concorrência [...] será adaptado para ter em conta a evolução do regime comunitário aplicável às empresas, ao abrigo do disposto nos artigos [...] do Tratado que institui a Comunidade Europeia e dos regulamentos relativos ao controlo das operações de concentração de empresas*".

II. Na verdade, são patentes alguns **desfasamentos significativos** entre o actual direito nacional e o direito comunitário da concorrência, sobretudo em matéria de **concentrações**, já que a redacção da LDC se baseou no Regulamento comunitário anterior ao actualmente vigente[13], e esta é, sem dúvida, uma boa altura para os eliminar.

Necessário nos parece que o legislador nacional afine o critério de apreciação das operações de concentração pelo padrão europeu, substituindo o **teste da dominância** pelo **critério dos entraves significativos à concorrência efectiva**[14]. Assim resultarão abrangidos os chamados oligopólios não-colusivos, ou seja, aqueles casos em que a concentração não

---

[13] Ou seja, a LDC tomou por base o Regulamento (CEE) n.º 4064/89 do Conselho, de 21 de Dezembro, com as alterações introduzidas pelo Regulamento (CE) n.º 1310/97 do Conselho ,de 30 de Junho, quando, pouco depois da sua entrada em vigor, veio a ser aprovado o (actual) Regulamento (CE) 139/2004 do Conselho, de 20 de Janeiro.

[14] Compare-se o art. 2.º 2 e 3 do Regulamento (CE) 139/2004 com o actual art. 12.º 3 e 4. A redacção da Proposta de Lei já se aproxima do texto comunitário – cfr. o respectivo art. 40.º 3.

218 *Reformas da Legislação de Defesa da Concorrência*

gera uma posição dominante embora prejudique a concorrência (pense-se na aquisição da terceira maior empresa do mercado pela segunda, continuando a primeira a deter a quota mais elevada – caso em que não existe, nos termos da lei actual, reforço de uma posição dominante).

Igualmente imperativa se nos afigura a **eliminação do prazo de 7 dias úteis para efeitos de notificação** de uma operação de concentração. O actual regime da LdC diverge sensivelmente do que vigora a nível da União Europeia – onde não há um prazo para notificar, mas tão-só a proibição de executar operação enquanto não for devidamente notificada e apreciada[15].

O legislador deverá, igualmente, aproveitar o ensejo para aproximar a redacção da norma nacional que sanciona o abuso de posição dominante da sua congénere no TFUE (art. 102.º), **suprimindo** a expressão "por objecto ou como efeito"[16].

Já será meramente oportuno, por exemplo, introduzir a possibilidade de **transacção com redução da coima** quando a empresa reconheça a sua participação na infração e se disponha a prestar colaboração processual[17] – expediente que já é utilizado pela Comissão em casos de cartéis e que não se confunde com o **regime da clemência**. Quanto a este, poderá ser conveniente – dentro da lógica de redução da dispersão normativa atrás indicada – transpô-lo para a nova LDC, eventualmente harmonizando-o um pouco mais com o regime comunitário[18].

Também na esteira da prática da Comissão, poderá ser criada a possibilidade de **arquivamento do processo mediante aceitação de compro-**

---

[15] Cfr. o art. 39.º1 da Proposta de Lei ("É proibida a realização de uma operação de concentração sujeita a notificação prévia antes de notificada ou, tendo-o sido, antes de decisão da Autoridade da Concorrência, expressa ou tácita, de não oposição."), conjugado como art. 36.º3 ("As operações de concentração abrangidas pela presente lei devem ser notificadas à Autoridade da Concorrência após a conclusão do acordo e antes de realizadas").

[16] Esta alteração, todavia, não consta do art. 9.º1 da Proposta de Lei, onde continua a ler-se: "É proibida a exploração abusiva, por uma ou mais empresas, de uma posição dominante no mercado nacional ou numa parte substancial deste, tendo *por objecto ou como efeito*, falsear ou restringir a concorrência."

[17] Cfr. o extenso regime detalhado no art. 20.º da Proposta de Lei sob a epígrafe "Procedimento de transacção no inquérito".

[18] Embora, de momento, se tenha optado por "acoplar" num anexo à Proposta de LDC o "Regime Jurídico da dispensa e da redução do montante da coima em processos de contra-ordenação por infracção às normas da concorrência".

missos – que, quando comparada com a aplicação de coima, apresenta a vantagem de eliminar o problema jusconcorrencial, que de outra forma se manteria aberto no decurso do subsequente litígio judicial. Naturalmente que esta hipótese deverá implicar uma prévia consulta de terceiros interessados e que o processo poderá ser reaberto caso os compromissos não sejam cumpridos, ou caso se venha a registar uma alteração de circunstâncias ou uma inexactidão das informações recolhidas[19].

5. Medidas para melhorar a celeridade e a eficácia da aplicação das regras da concorrência.

- *Adoptar medidas para melhorar a celeridade e a eficácia da aplicação das regras da concorrência*
- *Racionalizar as condições que determinam a abertura de investigações, permitindo à AdC efectuar uma avaliação sobre a importância das reclamações*
- *Avaliar o processo de recurso e ajustá-lo onde necessário para aumentar a equidade e eficiência em termos das regras vigentes e da adequação de procedimentos*
- *Assegurar que a AdC dispõe de meios financeiros suficientes e estáveis para garantir o seu funcionamento eficaz e sustentável*
- ***T4-2011***

I. Especificamente nesta sede, o Memorando prevê, em termos não tão concretos, algo que podermos reconduzir a uma substituição do **princípio da legalidade** pelo **princípio da oportunidade vinculado**. Ao abrigo do actual art. 24.º, a AdC deve um abrir procedimento *sempre* que tome conhecimento de eventuais práticas proibidas. Com a provável alteração, a AdC *poderá* apreciar a consistência dos indícios e a urgência e/ou importância do problema de concorrência que chega ao seu conhecimento, estabelecendo prioridades no que toca à sua actuação[20].

---

[19] Como devidamente se prevê no aturado art. 21.º da Proposta de Lei sob a epígrafe "Arquivamento mediante imposição de compromissos no inquérito".

[20] Na Proposta de Lei, veja-se sobretudo o art. 22.º (decisão de inquérito).

220 Reformas da Legislação de Defesa da Concorrência

Quanto às **alterações em sede de recurso**, o Memorando não concretiza, mas têm sido ponderadas soluções como a possibilidade de *reformatio in pejus* do valor da coima (com vista a reduzir a – porventura – excessiva litigância neste domínio)[21]; a atribuição de efeitos meramente devolutivos ao recurso de decisão de aplicação de coima ou de outra sanção[22]; e ainda, a introdução de um mecanismo de apensação de recursos quando haja diferentes arguidos num mesmo processo[23].

II. A experiência prática de concretização dos comandos da LDC foi naturalmente **revelando aspectos que poderiam ser melhorados** de modo a aumentar a celeridade e eficácia da aplicação das regras da concorrência, com benefícios para as empresas envolvidas e poupança de recursos económicos públicos e privados

Podemos apontar, como **exemplo relativamente consensual de desejáveis alterações**, o **aumento do limiar da quota de mercado** que determina a notificação de uma operação de concentração – o limite actualmente fixado em 30% tem vindo a conduzir, na maioria dos casos, a um desperdício de recursos, pois dificilmente tais concentrações levantam problemas sérios[24]. Mas também parece oportuno melhorar o regime de **determinação da medida da coima** tornando-o mais transparente e objectivo[25], ou alterar a sistematização da LDC, **agrupando as normas** sobre práticas restritivas e sobre controlo de concentrações em **capítulos unitários** em vez de as manter em segmentos diversos como actualmente

---

[21] Assim determina o art. 78.º da Proposta de Lei: "O tribunal pode agravar a sanção aplicada ao arguido pela Autoridade da Concorrência".

[22] Como dispõe o art. 74.º da Proposta de Lei. Cfr. ainda, os arts. 82.º2 e 83.º4 no que toca às decisões em procedimentos administrativos.

[23] O mecanismo de apensação apenas é expressamente previsto no art. 75.º3 da Proposta de Lei para o recurso de decisões interlocutórias; mas veja-se, também, o n.º 3 do art. 77.º.

[24] Propósito visado pelo art. 36.º2b) da Proposta de Lei, que dispõe que estão isentas de notificação prévia as operações de concentração em que, cumulativamente com uma exigência relativa ao limite do volume de negócios realizado em Portugal, "não se crie ou reforce uma quota superior a 50% no mercado nacional de determinado bem ou serviço, ou numa parte substancial deste".

[25] Como pretende, aliás, o art. 67.º da Proposta de Lei.

sucede (encontramos o direito substantivo numa secção da LDC e as regras de procedimento em outra)[26].

Claro que também há **pontos sensíveis,** nos quais a percepção dos operadores jurídicos envolvidos aponta em sentidos divergentes. Sirva-nos de exemplo a questão dos prazos: cada um dos intervenientes no processo (seja ele sancionatório ou de apreciação) pretenderá a **dilatação** daqueles que são estabelecidos, por assim dizer, em seu benefício – *v.g.*, os arguidos quererão mais tempo para preparar recurso das decisões da AdC; a AdC quererá mais tempo para analisar compromissos propostos pelos notificantes de uma operação de concentração.

6. Conclusão

De tudo isto, concluímos que o memorando deixa uma **ampla margem de manobra ao legislador**, o que leva a que toda a comunidade jurídica interessada por estes temas da concorrência (que não sendo muito grande, tem vindo a crescer nos últimos anos) aguarde com expectativa a divulgação da proposta de lei.

Talvez para a semana...

Muito obrigada pela vossa atenção.

---

[26] Sistematização que veio a ser seguida na referida Proposta de Lei.

ÍNDICE

NOTA DE APRESENTAÇÃO.. 5

INVESTIR E TRIBUTAR NO ATUAL SISTEMA FISCAL PORTUGUÊS
José Casalta Nabais 7

I. Investir e tributar 7
II. As medidas de apoio ao investimento 13
III. A recente evolução do sistema fiscal e o investimento 23

SUSTENTABILIDADE E SOLIDARIEDADE EM ESTADO DE EMERGÊNCIA
ECONÓMICO-FINANCEIRA
Suzana Tavares da Silva... 31

1. Introdução.. 32
2. Estado de necessidade económico-financeiro: conceito e realidades próximas. 34
3. Garantias para o percurso entre o estado de emergência e a sustentabilidade
   financeira 42
4. A solidariedade no entretanto... 55
5. Em jeito de conclusão: até quando? e Até quanto?..................... 57

EVENTUAIS EFEITOS DAS MEDIDAS DA «TROIKA» SOBRE A CONTABILI-
DADE E A FISCALIDADE DAS PEQUENAS E MÉDIAS EMPRESAS (PME)
PORTUGUESAS
Ana Maria Gomes Rodrigues 61

1. O conceito de PME 62
   1.1. Critérios quantitativos utilizados na definição de PME 64
   1.2. Critérios qualitativos comummente utilizados para identificar uma PME 67
2. A contabilidade e as PME... 70
   2.1. O modelo de relato financeiro das PE 76
   2.2. O modelo de relato financeiro das ME.................................. 77
3. O Regime fiscal e as PME 80
4. O Memorando de Entendimento da «Troika» e as PME.............. 85

Índice

4.1. Eventuais efeitos na contabilidade das PME 86
4.2. Eventuais efeitos na tributação das PME 92
5. Nótulas conclusivas 99

Bibliografia citada 101

COOPERAÇÃO ADMINISTRATIVA INTERGOVERNAMENTAL (PARA UMA MAIOR EFICÁCIA DO SISTEMA FISCAL)
Maria Odete Oliveira 103

1. O sistema fiscal e a sua aplicação no novo contexto económico. 103
2. Os novos paradigmas de actuação fiscal 106
3. A cooperação administrativa fiscal 107
4. Os esforços das Organizações Internacionais 109
5. Bases normativas da cooperação administrativa e assistência mútua 110
6. Formas de cooperação administrativa e assistência mútua 113
    6.1. O Intercâmbio de informação tributária propriamente dito 113
    6.2. A realização de exames fiscais simultâneos 114
    6.3. A participação de funcionários de um Estado em auditorias fiscais noutro (s) Estado (s) 114
    6.4. Os serviços de documentação e notificação 115
    6.5. A assistência na cobrança, incluindo medidas cautelares 116
7. A posição do Tribunal do Luxemburgo 116
8. Conclusões 119

O NOVO REGIME DO TEMPO DE TRABALHO
Joana Nunes Vicente 125

TROIKA E ALTERAÇÕES NO DIREITO LABORAL COLETIVO
João Reis 133

1. Introdução 133
2. Alterações propostas 134
    2.1. Salário mínimo 135
    2.2. Extensão das convenções coletivas 139
    2.3. Estudos sobre a concertação social e a sobrevigência 144
    2.4. Negociação coletiva 145
    2.5. Centro de Relações Laborais 149
3. O Compromisso para o Crescimento, competitividade e Emprego, de Janeiro de 2012 150
4. Breve comentário 151

Índice

ESTATUTO JURÍDICO-CONSTITUCIONAL DO SALÁRIO: CONSIDERAÇÕES
A PROPÓSITO DO ART. 19.º DA LEI 55-A/2010

Jorge Leite 161

I. Constitucionalização do direito à retribuição 161

    1. Introdução 161

    2. Comecemos pelo óbvio 163

    3. Tratamento constitucional da matéria salarial 164

    4. Caracterização constitucional do direito à retribuição 166

    5. Direito fundamental 167

    6. Direito fundamental de natureza análoga 167

    7. Direito que incumbe ao Estado assegurar 168

    8. Direito dotado de garantias especiais 170

    9. Concretizações legislativas do direito constitucional à retribuição 171

II. A redução dos salários como restrição ao direito à retribuição 174

    10. A redução como medida de restrição 174

    11. A redução e o art. 18.º 175

    12. A redução das remunerações e o princípio da igualdade 176

    Anexo 180

MEMORANDO DA "TROIKA" E SECTOR PÚBLICO EMPRESARIAL

J. M. Coutinho de Abreu 185

REPERCUSSÕES QUE OS MEMORANDOS DA TROIKA TERÃO NO CÓDIGO
DA INSOLVÊNCIA

Alexandre Soveral Martins 191

    1. O(s) Memorando(s) 191

    2. Reestruturação do devedor 193

        2.1. «Procedimento judicial de aprovação de planos de reestruturação nego-
        ciados entre credores e devedor fora dos tribunais» 193

        2.2. Os princípios a seguir pelos participantes em procedimentos extrajudi-
        ciais de recuperação 201

        2.3. Financiamento e resolução em benefício da massa insolvente 202

        2.4. Suspensão da assembleia de credores para permitir negociações 204

    3. Reclamação de créditos 205

        3.1. Agilização e simplificação do incidente de verificação e graduação de
        créditos 205

        3.2. Reclamação ulterior de créditos 206

    4. Venda antecipada de bens e poderes do administrador da insolvência 206

    5. Incidente de qualificação da insolvência 207

        5.1. Eliminação do carácter urgente 207

        5.2. O incidente não terá que ser necessariamente aberto 208

6. O prazo para apresentação à insolvência.. 208
7. Outras alterações 209

REFORMAS DA LEGISLAÇÃO DE DEFESA DA CONCORRÊNCIA
Carolina Cunha 211

1. Introdução 211
2. Estabelecer um tribunal especializado em matéria de concorrência 212
3. Tornar a LDC o mais autónoma possível do Direito Administrativo e do Código de Processo Penal 214
4. Harmonizar a LDC com o enquadramento legal da concorrência da UE 217
5. Medidas para melhorar a celeridade e a eficácia da aplicação das regras da concorrência. 219
6. Conclusão 221